별도의 표시가 없는 한 교육공동체 벗이 생산한 저작물은 크리에이티브 커먼즈
[저작자표시-비영리-변경금지 4.0 국제 라이선스]에 따라 이용하실 수 있습니다.
http://creativecommons.org/licenses/by-nc-nd/4.0

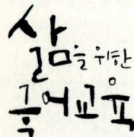

ⓒ 이계삼

2013년 3월 29일 처음 펴냄
2021년 3월 29일 초판 4쇄 찍음

글쓴이 | 이계삼
기획·편집 | 이진주, 설원민
출판자문위원 | 이상대, 박진환
디자인 | 이수정
제작·진행 | 세종 PNP

펴낸이 | 김기언
펴낸곳 | 교육공동체 벗
이사장 | 최은숙
사무국 | 최승훈, 이진주, 설원민, 서경, 공현
출판등록 | 제2011-000022호(2011년 1월 14일)
주소 | 서울시 마포구 성미산로1길 30 2층
전화 | 02-332-0712
전송 | 0505-115-0712
홈페이지 | communebut.com
카페 | cafe.daum.net/communebut

ISBN 978-89-6880-001-6 03370

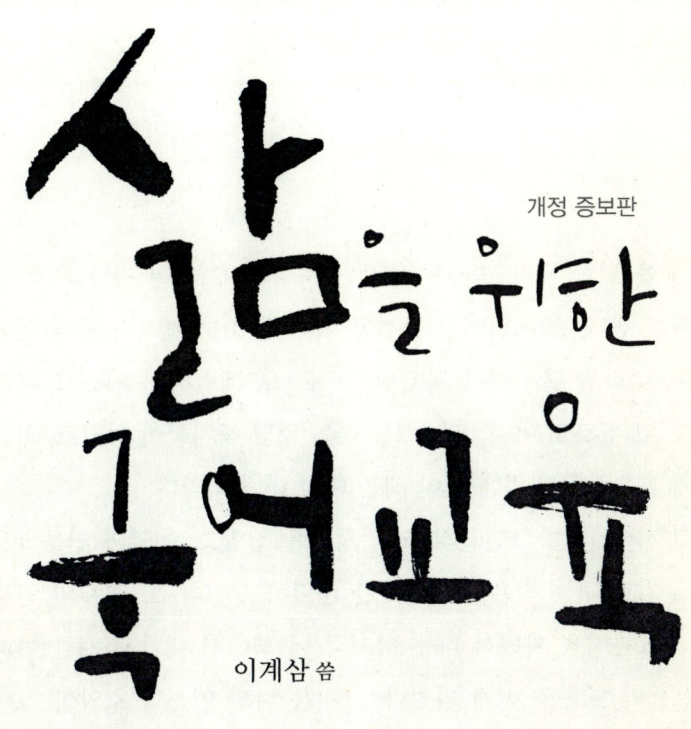

개정 증보판

삶을 위한 교육

이계삼 씀

고육공동체벗

개정 증보판 서문

《삶을 위한 국어교육》이 출간된 지 2년 9개월여 만에 개정 증보판을 낸다. 2010년 6월 출간된 이 책은 18개월여 만에 절판되었다. 나라말 출판사가 복잡한 사정으로 폐업하게 되었기 때문이다. 그 뒤로도 이 책의 소재를 묻는 몇몇 독자들이 있었고, 의논 끝에 교육공동체 벗에서 이 책을 다시 내게 되었다.

그 사이 나는 11년간의 교직 생활을 접었고, 농업과 인문학을 큰 줄기로 하는 작은 농업학교를 준비하고 있다. 그 학교의 인문학 교육과정을 짜면서 나는 다시금 이 책에서 내가 소개한 여러 자료들의 도움을 받게 되었다. 그것은 나의 인문학 소양이 그다지 폭넓지 않다는 반증이기도 하지만,《삶을 위한 국어교육》을 넓은 의미에서 '인문학 교육과정'으로 간주할 수 있다는 의미이기도 할 것이다.

《삶을 위한 국어교육》이 출간될 무렵부터 나는 오늘날 우리 학교교육 현장의 '교육 불가능'에 대해 떠들고 다녔다. 그것은 저성장·탈성장의 현실 속에서 그나마 학교교육을 지탱해 왔던 '노동시장으로의 편입' 기능마저도 닫혀 감으로써 아이들의 일탈과 무기력을 포함한 학교교육의 공동화空洞化 현상이 편만하게 되었다는 진단이면서, 다른 한편 입시와 경쟁의 완력에 숨죽이고 있어야 했던 '삶을 위한 교육'의 가능성이 열리고 있다는 해방의 논리이기도 했다. 나 자신은 이 '교육 불가능'의 문제의식에 골똘하게 빠져들었고, 그 논리의 연장선상에서 '농업'과 '인문학'의 만남에 대해 생각하게 되었다. 그리고, 이것을 실천하는 길 위에 지금 서 있다.

《삶을 위한 국어교육》은 내가 이 책을 쓰면서 염두에 두었던 기존 국어교육 진영으로부터는 아무런 반향도 일으키지 못했다. 그러나, 자신의 수업에 문제의식을 느끼고 있는 몇몇 국어 교사들과 대안학교 교사, 학부모들로부터 고마운 인사를 들을 수 있었고, 나는 이것을 퍽 보람스럽게 생각한다. 오늘날, '교육 불가능'이 더욱 만연해져 가는 시점에서 《삶을 위한 국어교육》이 담고 있는 인문학적 교육과정에 대한 문제의식은 더욱 절실해지리라 믿는다.

개정 증보판에서는 '글쓰기'에 관한 문제의식을 많이 보충하였다. 나의 글쓰기론, 글쓰기와 소통에 기반한 언어공동체에 대한 소망을 담은 강연문, 그리고 인문학 강좌에서 내가 강의한 기록과 수업에서 만났던 아이들의 글쓰기 견본을 새롭게 담았다.

상업적 전망은 거의 없다시피 한 이 책을 출간하기로 결정하고, 신간 출간 작업에 값하는 성가신 과정들을 매듯하게 마감해 준 교육공동체 벗 식구들에게 우정의 인사를 드린다. 늘 세상에 대한 어두운 글만 주절거려 왔는데, 그나마 작은 쓸모라도 갖춘 책을 내놓게 되어 편안한 마음이다.

2013년 3월
이계삼

초판 서문

　대학에서 배운 교육학 지식과 교과교육론은 교단에서 거의 아무런 쓸모가 없었다. 이것을 나는 교사가 된 첫날 단박에 깨달았다. 생각해 보니 그것은 교육 현장에 대해 거의 가르쳐 주지 않는 우리나라 교원양성기관들의 일반적인 병폐였다.

　수업 시간마다 내가 싸워야 했던 가장 큰 적은 아이들의 졸음이었다. 내가 들어가는 한 시간의 국어 수업은 아이들에게는 하루 평균 12시간 학습 노동 가운데 한 시간일 뿐이었으며, 아이들은 어떤 수업이건 잠들 수 있는 모든 준비를 다 하고 있었던 것이다.

　고3쯤 되면 아이들은 국어 과목에서만도 초·중·고등학교 합쳐서 수십 권의 문제집을 풀어 왔지만, 자신이 겪었던 내밀한 사랑의 감정을 한 번도 글로 옮겨 본 적이 없는 경우가 대부분이었다. 다섯 개 중에 틀린 하나를 골라내는 것은 귀신같이 해내는데, 그 이유를 설명해 보라고 하면 열이면 열 다들 막막해했다. 시인에 대해 조사해서 발표하는 숙제를 내 줬더니, 한 아이는 빈손으로 터덜터덜 교탁 앞으로 나와 주머니에서 전자 사전을 꺼내 검색된 내용을 그대로 읽기도 했다. 오늘날 이러한 교육 현실 속에서 대체 아이들에게 지식이란 무엇이고, 삶이란 무엇이란 말인가.

이 책에서도 언급하고 있지만, 교사 초년 시절 내가 큰 충격을 받았던 일은 수능이 끝난 뒤 학교 안으로 커다란 트럭이 들어오고, 아이들이 그동안 수험 시절에 썼던 책들을 모두 내다 버리는 장면이었다. 아니, 결국 내다 버리기 위해, 수능 성적표 한 장과 바꾸기 위해 아이들은 저 많은 책들을 사서 밤낮없이 공부를 하고 선생들은 목이 터져라 수업을 했단 말인가. 그때의 분노가 잊히지 않는다.

아이들은 교과에서 다루는 지식들이 놓여 있는 현실적 맥락에 대해서도 거의 모르고 있었다. 학교에서 가르치지 않기 때문이다. 미국이 이라크를 침공할 당시 80%의 미국인들이 이를 지지하고 나서는 이 집단적인 몽매함은, 미국의 학교교육이 객관적 지식으로 채색된 '이상'만 가르칠 뿐 '현실'에 대해서는 거의 가르치지 않기 때문이라고 미국의 역사학자 하워드 진은 주장한다. 이것은 오늘날 우리나라에도 그대로 적용되는 것이리라. 아이들이 앞으로 살아가야 할 세상이 안고 있는 절실한 문제들을 가르치지 않는 교육은 대체 무슨 의미가 있단 말인가.

나는 입시로 분절되고 지식으로 토막 난 우리의 말글살이를 '삶'이라는 피륙으로 보듬어 싸안는 수업을 꿈꾸게 되었고, 이를 실천에 옮겨 왔다. 경력이 쌓여 가면서 나는 이런 수업들을 관통하는 문제의식을 '삶을 위한 국어교육'이라는 이름으로 정립하게 되었다.

사상가 이반 일리치는 '공생공락共生共樂의 도구'로 도서관, 자전거, 그리고 시를 꼽았다. 일리치의 이러한 지적은 내 인생에도 시사하는 바가 적지 않았다. 국어 교사인 나는 수업 시간에 아이들과 시를 읽고 있고, 내 수업을 듣는 아이들과 도서관에서 책을 빌려 일주일에 한 권씩 서로 돌려가며 읽고 있으며, 자전거로 출퇴근한다. 생각해 보니 나는 일리치가 말한 공생공락의 도구들을 모두 갖추고 살아가는 기적 같은 행운을 누리고 있는 극소수의 사람인 것이다. 내가 서 있는 이곳은 얼마나 복된 자리인가. 한국 교육이라는 감옥의 '간수'라는 불행한 의식의 한켠에서 나는 이런 복된 조건들을 생각하면서 나 자신을 지킬 수 있었던 것이다.

돌이켜보면 나의 국어 수업은 대체로 즐거웠다. 수업이 잘될 때가 가장 좋았고, 아이들과 무언가를 펼쳐 놓고 함께 맛있는 걸 먹을 때가 가장 행복했고, 삶과 세상에 대한 나의 어설픈 이야기에 귀 기울여 주는 아이들이 고마웠다. 거기서 얻은 힘으로 나는 학교 바깥에서 전교조 활동을 했고, 틈틈이 여러 매체에 글을 썼다. 아이들이 베풀어 준 싱그러운 우정의 힘이 내 모든 에너지의 원천이었다.

이 책은 지난 3~4년간 전국국어교사모임의 회지인《함께 여는 국어교육》과 월간《우리교육》등 교육 관련 매체에 나의 교육론과 국어 수업 사례를 정리하여 발표한 것을 묶은 것이다. 나는 이 책에서 아이들을 향한 모든 교육적 노력은 오직 '아이들의 삶과 그들의 세상'을 위해 봉사해야 한다는 믿음을 말하고 싶었다.

이 책을 읽는 이들이 자신감과 용기를 가질 수 있기를 나는 바란다. 우리를 무력하게 하는 이 모든 것들, 입시와 경쟁의 굴레, 타인의 시선과 평판, 자습서와 문제집 따위의 온갖 허위들에 굴복하지 않기를, 우리의 말글살이에서 오직 '아이들의 삶'만을 푯대 삼아 연구하고 가르칠 수 있기를 나는 간절히 바란다.

이 책에 실린 글들이 세상에 나올 수 있도록 이끌어 준 분들께 감사한다. 전국국어교사모임의 이석중 선생님, 강정한 선생님,

《우리교육》의 김기언 편집장과 이진주 기자께 특별히 감사한다. 이 책을 위해 애써 준 나라말 출판사 여러분과 어설픈 글을 꼼꼼하게 다듬어 준 김인숙 님에게도 고맙다는 인사를 전한다.

2010년 5월
이계삼

• 차례 •

개정 증보판 서문 … 4
초판 서문 … 6

1부 삶, 사회, 국어교육

우정을 위한 성찰 … 15
국어 교사로 살아가기 … 25
민중의 평화를 가르치는 고전 교육 … 35
논술 독재 앞에서 … 83
나의 작문론 … 90
공정택, 류근일, 그리고 하워드 진 … 95
사람에게는 얼마만큼의 논술 능력이 필요한 것일까 … 103
아이들은 왜 욕을 할까 … 118
아이들에게 인문학을 가르치자 … 126

2부 삶을 위한 국어교육

지금 '삶을 위한 국어교육'을 생각하는 이유 … 151
'나'를 찾아가는 국어 수업 … 159
　아이들의 글쓰기 … 177

수업 시간의 여백을 어떻게 채울 것인가 … 186
소설을 어떻게 가르칠 것인가 … 202
이 좋은 영화 공부 … 225
아이들에게 '세상의 모습'을 어떻게 가르칠 것인가 … 246
약한 자들의 인문학 … 299

 3부 세상 속으로

혼란을 위한 메모 … 327
2007년 6월의 단상들 … 338
애국자가 없는 세상 … 346
젊은 교사들에게 보내는 편지 … 351
사유하는 교사 … 360
글쓰기와 언어공동체 … 370

글의 출처 … 386

1부

삶, 사회, 국어교육

우정을 위한 성찰

 야간 '자율'학습이 한창인 우리 학교 건물 3층 복도에서 야자 감독을 하며 이 글을 쓴다. 한때 큰 인기를 끌었던 《학교대사전》의 지은이들이 이름 붙인 '복도 한류寒流' 한가운데서 책상과 걸상을 내놓고 간수처럼 앉아 있다. 대개 '성찰'이라는 말은 긴요하지 않은, 조금은 한가한 소리로 들리기도 한다. 그래서 나는 '성찰의 현장성'을 조금이라도 부여잡고자 굳이 이런 자리에서 글을 쓴다.
 비평준화 지역에 속한 우리 학교에는 우열반 제도가 있다. 우수반에 속한 3개 학급의 교실은 굳이 감독이 필요 없을 만치 고요한 침묵이 흐른다. 나머지 4개 교실은 '평반'이다. 아이들은 책상에 앉아 있는 그 자체가 고역인 듯 끊임없이 부스럭거리고, 소곤대고, 문자메시지를 주고받고, 화장실을 들락날락한다. 나는 두

더지 잡기 게임을 하듯 이곳저곳 교실을 오가며 '소음'들을 틀어막는다.

내가 앉은 책상 위에는 오래전 읽었던 사상가 이반 일리치의 대담 기록 〈우정에 대하여〉 번역 인쇄물이 있다. 나는 제도교육의 한가운데서 간수처럼 앉아 현대 교육에 대한 근원적인 비판의 글을 읽는다. 나는 왜 굳이 이런 자리에 앉아 있는 것일까, 문득 생각해 본다. 한 사람의 교사로 올바르게 살기가 너무나 어렵다는 무력감으로 나는 자주 우울해진다. 내가 되돌아갈 수 있는 곳은 '우정'밖에 없다. 이것은 젊은 나로선 어느 정도는 자포자기의 심정처럼 보이기도 한다. 나는 '우정'의 직업으로 교사를 생각했고, 지금도 우정 때문에 이 공간을 떠나지 못한다. 그러나 이것은 착각일까, 나는 종종 스스로에게 묻는다. 그래서 나는 우정으로 난 길 위의 이정표들을 되짚어 보고 싶다. 이것이 지금 내가 할 수 있는 '성찰'이다.

고교 시절

나는 1988년 3월에 고교에 입학하여 1991년 2월에 졸업했다. 내 고교 시절은 교육에 대한 인식과 판단의 원천이다. 나에게 '비폭력'에 대한 신념이 있다면 그것은 그 시절 내가 학교에서 겪은 '폭력' 때문이다. 내가 아이들과 잘 놀아 주는 교사가 되고자 하는 것은 그 시절 선생님들이 우리들과 잘 놀아 주지 않았기 때문이다.

내 고교 시절을 이렇게 건조한 몇 개의 표현으로 정리할 수도 있다. 스파르타식 기숙사 생활, 모의고사 점수, 짧은 스포츠머리의 금욕, 체벌, 수면에 대한 모멸(나는 늘 '자고' 싶었다), 속물근성의 주입. 그 시절을 견딜 수 있었던 것은 '우정' 때문이었다. 기숙사 아이들과의 새벽 축구, 새우깡 봉지를 풀어 놓고 밤새도록 지껄이던 그 많은 이야기들, 야자 쉬는 시간의 철봉과 줄넘기, 자전거를 타고 개구리 울음소리가 요란한 논둑길을 밤늦도록 헤매던 기억, 소금이 가득 담긴 광주리를 누군가가 발로 뻥 차서 흩어 놓은 듯 별들로 총총한 밤하늘……, 그렇게 3년을 견뎠다.

그 시절의 갈망과 그리움을 지금 만나는 아이들에게서도 느낀다. 나는 그것을 충분히 확인했다. 내가 교직에 몸담고 있는 이유는 그 갈망의 시간을 그 나이 대에 겪었던 자로서, 아이들을 다독이고 함께 그리워하기 위해서라고 감히 말할 수 있다. 내가 전교조 활동을 하는 것은 그 조건들, '불관용'과 '통제'가 인이 박힌 학교에 '관용'과 '자유'의 공기를 불어넣기 위한 몸부림이다.

전교조

나와 비슷한 체험을 가진 사람들이 적지 않겠지만, 내 고교 시절 아이들을 '인간적으로' 대해 준 선생님들은 거의 전교조 교사였다. 새로 출시된 자동차 이야기, 공부 잘해서 성공한 제자 이야기, 짧은 시간에 큰돈 버는 재테크 이야기 따위만 늘어놓는 선생님들이 대부분인 학교에서 전태일과 신동엽과 광주의 비극을 이야기해 주던 극소수 선생님들은 예외 없이 전교조 교사였다. 나도 저런 선생님이 되고 싶다는 희미한 꿈을 그때 처음으로 품었다.

대학 시절, 그 당시 대학 사회를 휩쓸던 열병을 나 또한 앓고 있었다. 그러나 나는 '과학적 세계관', '사상 투쟁', '강철 대오' 이런 단단한 금속성의 언어와 군사주의에 적응하지 못했다. 나는 '연민', '가난', '우정'과 같은 연성軟性의 수사에 더 깊이 감응하는 문학도였다. 2학년 무렵 민주광장에서 사범대 학생회가 주최한 '전교조 사진전'이 기억난다. 순하고 착해 빠진 인상의 해직 교사들이 백골단들에게 사지를 비틀린 채 끌려가는 사진, 단식장에 찾아온 제자의 손을 잡고 웃고 있는 선생님의 모습, 교문 바깥에서 교문을 부여잡고 반대편 아이들을 쓸쓸히 바라보는 선생님의 사진을 보고 눈물을 흘리던 기억이 난다. 투사가 될 자신은 없었지만, 저 선생님들처럼 사랑 때문에 고통받는 교사가 될 수는 있을 것 같았다.

대학을 졸업하고 교사가 되기 전까지 2년간 대안교육 잡지 《처음처럼》을 편집하는 실무를 담당하면서 더러 제도권 바깥을 넘보기도 했지만, 결국 공교육으로 들어오게 된 가장 큰 이유는 '전교조' 때문이었다고 감히 말할 수 있다.

그러나 지금 전교조 활동가로 살면서, 올해 위원장 선거까지 통과하면서 나는 착잡한 기분이 된다. 지금 전교조 운동의 가장 큰 걸림돌은 바로 전교조 자신이다. 이 사실을 전교조를 이끌어 가는 활동가들은 깊이 고민하지 않는 듯하다. 그래서 착잡하다.

《녹색평론》

대학 시절, 내가 꿈꾸었던 미래는 이런 것이었다. 작고 깨끗한

집 한 칸, 마당 텃밭에서는 푸성귀들이 자라고, 빨랫줄에는 손으로 빨아 널어놓은 옷가지들이 나부낀다. FM 라디오가 흐르는 방에서 책을 읽고, 다음 날 도시락을 싸서 자전거 뒤에 매달고 출퇴근하는 생활을 나는 꿈꾸었다. 그러나 이런 것들은 이 거대 도시의 생리와는 맞지 않는, 그저 낭만적인 몽상일 따름임을 사회생활 첫해에 곧장 깨닫게 되었다.

나는 어느 순간부터 이대로 가다가는 세상이 그리 오래 지탱할 수 없으리라는 공포를 느끼게 되었다. 그러나 이른바 '진보 사상'은 내 자식, 그 자식의 자식들이 살아갈 불과 50~60년 뒤의 세상조차 그리지 못했고, 인간의 삶이 지속가능한 조건에 대해 성찰하지 않았다. 지금처럼 가다가는 거의 모든 먹거리를 수입해서 먹어야 할 판인데, 석유가 50년 뒤에는 한 방울도 남아 있지 않을 텐데, 지구가 갈수록 더워지고, 자연이 남김없이 파괴되어 가고 있는데, 그 나머지 것들은 대체 무슨 의미가 있는가. 진보 사상과 그들이 그리는 미래 사회에 대한 이러저러한 비전들은 내가 보기엔 그저 '근대적 습관'의 한 형태일 따름이었다.

《녹색평론》만이 오직 이러한 '지적 수음 행위'로부터 벗어나 있었다. 《녹색평론》은 대량 생산, 대량 소비, 대량 폐기로 구조화된 문명을 정면으로 겨냥하고 있었다. 그리고 소비와 안락에 대한 충동, 자기만족과 과시의 욕망에 게걸든 사회를 넘어서, 인간 존재의 근원 자체를 망각한 철저한 교만을 넘어서 '고르게 가난한 사회'로 가야만 우리에게 희망이 있음을 가르쳐 주었다. 《녹색평론》은 지금 이러한 총론의 반복에 그치지 않고 우리 사회의 긴급한 여러 문제를 분석하고 대안을 제시하는 글을 집필하는 일로 분주하다. 《녹색평론》은 과거에도 지금도 한국에서 거의 유일하게 '의미 있는' 지적 공간이다.

안락

　교사 집단을 관통하는 가장 광범위한 정서적 기류는 바로 '안락安樂'이다. 이 사회는 '안락을 위한 전체주의'(후지타 쇼조)가 완성돼 있고, 교육 현장도 예외는 아니다. 속되게 표현하면 이런 것이다. '좀 편하게 가자.' 자동차가 인간에게서 '다리'의 사용 가치를 거세하고 사물을 '풍경'으로 대체하듯이, '안락의 교육'은 교육 그 자체를 거세한다.

　전교조 운동 또한 안락을 향한 교사 집단의 열망을 중심으로 구조화되어 간다. 21세기에도 교사들은 아이들에게 '머리'를 자르라고 지시한다. 심지어 직접 제 손으로 아이들의 머리를 자르기도 한다. 그렇게 '단정한' 두발로 정돈된 교실 풍경에 안정감을 느끼는, 그야말로 파시스트적인 미감을 가진 교사가 지금 너무도 많고, 나는 이런 현실에 말할 수 없이 절망한다. 그런데 이런 문제를 풀기 위한 전교조의 노력은 겨우 '학생인권법 제정'이다. 학생인권법이 통과되면 무엇하나? 동료 교사들과 더러 의가 상하고, 보수 집단으로부터 공격을 당할지라도, 조합원 내부에서 반발이 있을지라도 학교 안팎의 비인권적인 관행과 직접 맞서 투쟁하고 토론하는 길 말고는 다른 길은 없다.

　몇 년 전, 한 '결손' 가정 아이의 집에 가정방문을 갔던 기억이 있다. 엄마도 아빠도 없는 집, 안팎으로 발 디딜 틈도 없이 쓰레기와 옷가지로 가득찬 방에서 새우잠을 자고 학교로 오는 아이가 있었다. 우리는 그 아이의 '빈곤'을 '풍요'로 바꾸어 줄 수 없다. 우리가 할 수 있는 것은 다만 그 아이의 '빈곤'을 '가난'으로, 보살핌과 우정으로 견딜 만한 조건으로 만들어 주는 일이다.

모든 교육적 상황은 백 가지 문제에 대한 백 가지 답을 가진, 근원적으로 무정부적인 것이다. 그러나 문제를 풀려는 노력은 '법과 제도'라는 시스템의 그릇 속으로 옮겨 담아 누군가에게 떠넘기는 방향으로 흐른다. 이것을 사람들은 '개혁'이라 부른다.

감각적이고, 질감이 있으며, 육체성을 가진 교육이 사라지면 인간적인 상호 접촉의 중요한 형식 하나가 사라진다. 오늘날의 교육개혁이란 이 살아 있는 대면 관계의 '황무지'를 구축하고자 하는 것에 다름 아니다. 이것이 바로 '안락'에 대한 편집증이 낳은 비극이다. 교사에게, 그리고 전교조에게 필요한 것은 '자동차'가 아닌 '걸음'걸이의 교육이다.

'지금 여기'

우리의 특기는 현재를 미래로 유예하는 것이다. 우리는 '현재'의 온전한 의미를 배우지 못했다. 고교 시절은 대학을 위해, 대학 시절은 취업을 위해, 취업 이후는 결혼을 위해 언제나, 늘, 유예되었다. 이 습관은 지금도 완강하다. 이 학교가 힘드니 다른 학교로, 이번 주가 힘드니 빨리 놀토가 오기를, 이번 학기가 힘드니 빨리 방학이 오기를, 지금 교장이 너무 마음에 들지 않으니 다음 교장이 들어서서 이 문제를 잘 풀어 주기를, 이 정권이 실망스러우니 다음에는 제대로 된 정권이 들어서 주기를, 미국 제국의 포악이 하늘을 찌르니 부시가 재선에 실패하기를, 혹은 미국 경제가 어서 망해 주기를, 언제나, 늘, 기다린다. 그러므로 우리에게 오늘은 다만 내일을 기다리는 날이다. 그러나 그 내일이 오늘이 되었을 때, 달라진 것은 없다. 그래서 우리는 다시 내일을 기다린다. 그렇게 세월을 보낸다.

바로 '지금 여기' 문제가 있다. '성찰'하는 정신은 '지금 여기'의 문제를 회피하지 않는다. 이 끝없는 유예 뒤에 남는 것은 무엇일까. 그러므로 지금 여기, 아픔을 느낀다면, 지금 할 수 있는 아주 작은 걸음걸이로라도 그렇게 걸어가면 된다. 모든 것이 갈수록 나빠지고 있다. 하루치 신문 한 부를 처음부터 끝까지 정독하면 대번에 알 수 있는 사실이다.

소외될 수 없는 정신 : 우정

이 시대, 인간들은 심리적으로 건강하지 않다. 누구든, 진심을 털어놓을 수 있는 내밀한 공간에서 만났을 때 그들에게는 짙은 고독감이 똬리 틀고 있음을 확인할 수 있다. 경제적인 풍요와 안락이 결코 채워 줄 수 없는, 어떤 의미에서 풍요와 안락이 더욱 가속화시키는 근원적인 고독이다.

우리 교육의 현실을 생각할 때 우리는 깊은 좌절을 느낀다. 답이 없고, 희망이 보이지 않는다는 생각에 우울해진다. 결국 우리가 기댈 수 있는 것은 '우정'이다. 아이들끼리의 우정, 아이들과의 우정. 사상가 이반 일리치의 말을 빌려 표현하자면, "우리 교육은 이렇게 맺어지는 우정들의 결과만큼만 좋아질 수 있다". 이

반 일리치의 대담 기록 〈우정에 대하여〉에 나오는 12세기의 수도사 성聖 빅토르 휴는 '우정'에 대해 이렇게 말하고 있다.

친애하는 형제 로놀프에게, 죄인 휴로부터. 사랑은 끝이 없다네. 내가 처음 이 말을 들었을 때 나는 금방 그게 진실임을 알았었네. …… 나는 이방인이었고, 나는 그대를 낯선 땅에서 만났었지. 그러나 내가 거기서 친구들을 발견한 이상 그 땅은 정말 낯선 곳이라고는 할 수 없었네. 내가 먼저 친구를 만들었는지, 혹은 내가 친구가 되었는지 나는 모르겠네만, 나는 거기서 사랑을 발견하였고 나는 그걸 사랑했으며 나는 그 사랑에 싫증 난 적이 없었다네. …… 그래서 나는 내가 할 수 있는 것을 받아들이고, 이 소중한 선물의 무게에 짓눌릴 정도가 되었지만, 그러나 결코 짐스러움을 느끼지는 않았다네. 왜냐하면 내 온 가슴이 나를 지탱해 준 까닭에. 그리고 이제 긴 여행 끝에 나는 내 가슴이 여전히 따뜻해짐을 느끼고, 그 선물이 조금도 상실되지 않았음을 느낀다네. 사랑에는 끝이 없는 탓이라네.

결국 내가 시작한 곳도, 돌아온 곳도 '우정'이다. '우정'의 신비가 교육의 비밀이다. 나는 우정의 사도가 되어 아이들을 제도濟度하자고 주장하는 것이 아니다. 그것은 가당치 않은 발상이다. 소박한 의미에서, 나는 그저 아이들의 싱그러움과 우정의 힘에 기대어 교사로서의 무력감과 고독을 조금씩 견딜 따름이다.

근대 교육은 '세속적 보편 교회'(라이머)이며, 체제의 지배를 영속화시키는 도구이다. 교사는 내가 지금 앉아 있는 이 자리처럼 '간수'이며, 이 보편 교회의 집사일 따름이다. 근대 교육은 원래부터 그러했고, 거기에 '한국적 극악함'이 덧붙어 있다. 우리의 성찰은 결국 이만큼이다. 우리가 할 수 있는 일이 무엇일까. 아이들에게 선물 같은 존재가 되는 것, 서로가 서로에게 선물임을 느끼게 하는 것, 그리고 이 우정의 조건을 위해 투쟁하는 것. 그러므로 희망은 '우정'의 영토를 조금씩 넓혀 가는 것밖에 없다. '우정'은 영원토록, 소외될 수 없는 정신이다. 사랑에는 끝이 없기 때문이다.

국어 교사로 살아가기

　노자는 《도덕경》 들머리에서 "진리는 말로써 드러낼 수 없다"고 명쾌하게 선언한다. 자신의 가르침 또한 '말'이지만 그것이 진리가 아니라는, 언어의 근본적 한계에 대한 규정이다. 그런데 공자는 "내가 대부大夫가 된다면 제일 먼저 말을 바로잡겠다正名"고 선언한다. 세상의 모순, 부조리가 결국 언어의 타락으로 집약되며, 결국 세상을 바로잡는 것은 말을 바로잡는 과정이라는 뜻이 아닐까, 하고 나는 공자의 말을 해석한다.
　인간은 언어적 존재이다. 인간의 언어는 노자와 공자가 이야기한 두 가지 근본적인 조건 속에서 존재한다. 말과 글을 다루는 자들은 언어의 한계를 의식해야 하면서 또한 언어의 타락으로 집약되는 이 세상의 부조리와 모순에 깨어 있어야 한다.

아이들에게 말과 글을 통해 삶의 모습을 드러내고 전수해 주는 국어 교사는 모름지기 언어에 특별히 민감한 존재가 될 필요가 있다. 국어 교사에게 필요한 언어에 대한 민감함은 무엇보다 '맥락'에 대한 감각이 아닐까 싶다.

대학 시절, 철학개론 강의를 들을 때 비트겐슈타인 부분을 흥미롭게 공부한 기억이 있다. 비트겐슈타인은 헤겔이 전제하듯이 본질이 불변하거나 고정된 실체가 있는 게 아니라고 했다. 본질이 따로 있는 게 아니라 현실 속에서 소통되는 맥락 그 자체가 곧 본질이라는 것이다.

나는 군대를 제대하고 복학해서 보습학원 강사를 한 2년 정도 했는데, 그때 정말 열심히 가르쳤고, 또 행복했다. 그때 기억 중에 지금도 잊히지 않는 것이, 고등학교 국어 교과서에 실려 있는 정병욱 선생의 〈잊지 못할 윤동주〉를 가르칠 때의 일이다. 내가 워낙 윤동주를 좋아하다 보니 그 글과 긴밀히 관련돼 있는 〈별 헤는 밤〉을 열심히 가르쳤을 것이다. 나는 내 감정에 겨워서 한껏 침을 튀기는데, 아이들은 이해가 잘 안 된다는 표정이었다. 그래서 진땀을 빼면서 "왜 느낌이 안 오냐?"며 재우쳐 묻기도 했는데, 한 아이의 답이 이랬다. "선생님, 저희는 서울에서 나고 자라서 하늘에 그렇게 별이 총총한 걸 본 적이 없어요."

그때 나는 큰 충격을 받았다. 내가 일하던 학원이 서울 성북구 삼선동이라는 곳에 있었는데, 전형적인 강북 분위기의 복닥거리는 동네였다. 밤새 불이 환하고, 그래서 캄캄한 밤이 별로 없고, 거기다가 매연 때문에 하늘이 늘 그렇게 뿌옜다. 그 동네 언저리에서 나고 자란 아이들에게는 〈별 헤는 밤〉의 정서를 받아들일 수 있는 원체험이라는 게 아예 없다는 것을 나는 소스라치게 깨달았던 것이다. 이런 상황과 만났을 때 교사는 '그럼에도 불구하고' 〈별 헤는 밤〉의 아름다움을 각인시켜야 하는 게 아니라, 실은 그 시의 아름다움이 소통될 수 없는 현실적 '맥락'에 주목하고, 그것을 통해 〈별 헤는 밤〉의 의미를 재구성해야 하는 것이 아닐까. 〈별 헤는 밤〉의 아름다움은 불변의 텍스트가 아니며, 1960년대, 70년대의 〈별 헤는 밤〉과 2000년대 서울이라는 메트로폴리탄에서 이른바 후기산업사회를 살아가는 아이들이 읽는 〈별 헤는 밤〉은 '본질적으로' 전연 다른 텍스트인 것이다. 요컨대, 언어에 민감한 국어 교사에게 가장 필요한 덕목은 무엇보다 언어가 소통되는 현실적 '맥락'에 깨어 있어야 한다는 점일 것이다.

내가 겪고 있는 갈등 상황

나는 몇 년째 책읽기, 글쓰기, 논술 교육 앞에서 갈등에 빠져 있다. 나도 꽤 오랜 시간 동안 필독서나 권장 도서도 선정하고, 독서 기록장이나 쓰기 공책 따위를 통해 무척 열심히 책읽기와 글쓰기를 가르쳐 왔고, 논술 수업 또한 해 왔다. 그런데 갈수록 뭔가 의혹이 생겼다. 이게 아이들에게 좋은 것일까, 하는 의문이 나 스스로부터 조금씩 강해지는 것을 느낀 것이다. 아무리 좋은 책을 던져 주고, 잘 조직된 자료와 주제를 글쓰기 과제로 제시하더라도 '성적에 들어간다'는 조건이 붙는 한 모든 것이 왜곡되는 것이다. 고교 내신 성적이 상대평가 체제로 바뀐 최근 들어 이런 경향이 더 심해진 것 같다. 그리고 평가에 반영되지 않는 자유로운 책읽기와 글쓰기를 이끌어 내기가 참 힘들어진 것이다.

물론, 이런 한계 속에서도 참으로 대단한 성과를 일구어 내는 선생님들이 계시고, 그런 분들에게는 진심으로 머리가 숙여지지만, 사실 난 이게 참 힘들었다. 교사는 책읽기와 글쓰기가 '어쨌든 좋은 것'이라는 믿음으로 다가간다. 그런데 아이들은 교사와 부모의 강권에다 입시에서 당락의 열쇠를 쥐고 있는 논술의 부담까지 더해서 받아들인다. 그 순간, 아이들에게 책읽기와 글쓰기는 다른 맥락으로 '전화(轉化)'하는 것이다. 이를테면 책읽기와 글쓰기는 일단 부담스러운 것으로, 그리고 교환 가능한 가치 — 이를테면 높은 등급, 상장, 더 나아가 입시에 필요한 스펙 — 를 획득하기 위한 수단으로 전화하는 것이다. 나는 몇 년간 고민을 거듭했고, 그래서 내린 결론은 이러하다. 교환 가능한 어떤 것을 얻기 위한 일이라면, 차라리 안 읽고 안 쓰는 것이 낫다는 것이다. 그래서 내가 글쓰기와 책읽기를 위해 하는 일이란 담임하는 학급 교실에 작은 학급 문고를 만들어서 생각날 때 책을 골라 읽도록 분위기를 만들어 주고, 교무실 캐비닛에 개인 문고를 만들어 두고 어떤 문제에 관심을 보이는 아이에게 책을 빌려 주면서 대화하는 일, 그리고 학급별로 모둠 일기를 꾸준히 써 오는 것과 각자 자신의 일기를 쓰는 것을 권장하는 정도이다. 논술은, 그동안 해 온 것도 있고, 달리 맡을 사람이 없기도 해서 파업을 할 순 없는지라 '태업'을 하고 있다. 전교조 일에 바쁘기도 하고, 논술을 따로 가르칠 시간도 부족하고 체력도 허락하지 않는다.

이런 생각에까지 이르게 된 바탕에는 개인적인 체험도 한몫한 것 같다. 내가 다니던 고등학교에는 도서관도 없었고, 책읽기를 안내해 주는 선생님도 없었다. 집에 굴러다니는 이외수나 이문열 류의 소설책을 가끔 읽긴 했지만, 교양서라 할 만한 책은 거의 읽지 않았다. 대학에 가서부터 책도 읽고, 읽은 것을 토론하고, 또 글도 쓰게 되었다. 문득 이런 생각도 들었다. 그 시절에 지금 아이들처럼 수준 높은 책을 읽거나 논술 같은 거창한 주제를 두고 낑낑대지 않아서 의식화가 뒤늦어지기는 했지만, 오히려 예민한 시기에 흔한 '말과 글에 의한 오염'은 덜하지 않았나 하는 생각 말이다.

결국 나는 책을 읽고 글을 쓰는 행위에 담겨 있는 '한국적 맥락'에 대한 절망 때문에 이렇게 방황하는 것인지도 모른다. 그러나 이 '맥락'을 따져 보는 일은 어쩌면 가르치고 배우는 일의 가장 중심에 서야 하는, 그야말로 중차대한 과제라고 나는 믿는다.

교실에서 세상으로

교육적 '맥락'을 따지다 보면 결국 세상을 향한 문제의식으로 옮아가게 된다. 진정한 교육의 기반을 무너뜨리고, 아이들과의 우정의 소통을 가로막는 '현실적' 맥락 말이다.

내가 교직 생활을 하면서 느끼는 점은 한국 교육에서는 표면적으로 내세우는 공식 교육과정보다 잠재적 교육과정, 혹은 외곽 요소의 규정성이 훨씬 크다는 것이다. 말하자면, 교육이 아닌 '교육 문제'가 교육 마당의 주인 노릇을 하고 있다. 예를 들어, 내가 근무하는 학교를 보면 정규 수업 일과를 관리하는 수업계 선생님보다 보충수업계를 맡은 선생님이 훨씬 바쁘다. 수업계는 신학기 초에만 고생하고 나면 그 뒤부터는 학사 일정의 변동 사항에 따라 수업을 조정하는 일만 하면 되지만, 보충수업계의 경우 방과

후학습 지도비 문제까지 겹치고, 방학까지 포함해서 보충수업 시간표와 수강 과목 인원 및 강사 조정 등으로 1년 내내 엄청나게 바쁘다. 그래서 우리 학교는 수업계 담당 교사는 한 명인데, 보충수업계는 두 명이다. 담임교사가 학생 지도와 관련해서 가장 많은 시간을 쓰는 부분은 아이들의 야간 자율학습, 혹은 방과후학습 시간 관리이다. 공식 교육과정과는 무관한 일에 제일 많은 시간을 빼앗기고 있는 것이다.

한국에서 공식적 교육과정은 좌표나 준거로서의 기능을 전혀 하지 못한다. 교육을 둘러싼 계급·계층적 요구, 다른 출구가 막혀버린 사회에서 유일하게 지위 배분 기제로 작동하는 교육의 사회적 성격, 군사문화의 잔재, 교사 집단의 안락주의와 소시민적 이기심, 풍요와 안락의 껍데기 속에서 갈수록 황폐해져 가는 아이들의 내면세계, 교육 바깥에서 생겨난 '교육 문제'가 교육 마당의 주인 노릇을 하고 있다.

결국 교사가 고민해야 할 것은 교육 그 자체가 아니라 교육이 잇닿아 있는 '현실'이며, 나는 이를 중심으로 수업과 학교 안팎에서 내가 벌이는 활동들을 재구성하게 되었다. 그래서 수업 시간에도 국어 수업의 일반적 준거를 따르지 않는 다양한 내용과 형식을 도입하게 되었고, 아이들의 삶과 직접 연관되는 현실에 대해 많이 가르치게 되었다.

예컨대, 지구온난화 문제를 한번 생각해 보자. 지금과 같은 추세로 온난화가 진행된다면 2100년도에는 지구 평균 기온이 5도 이상 상승할 것이라 한다. 지금 기승을 부리는 온갖 기상이변은 지구 평균 기온이 0.7도 정도 상승한 결과라는데, 만약 평균 기온이 5도 이상 상승한다면 불과 90년 만에 이 세계는 인간이 거주

할 수 없는 공간이 된다. 정말로 시간이 없는 것이다. 불과 100년 뒤의 생존조차 장담할 수 없는 현실에서 이 문제를 가르치지 않는 교육이 대체 무슨 의미가 있단 말인가. 그래서 나는 지구온난화 문제에서 출발하여 현대적 생활 양식, 이를테면 육식, 자동차, 아파트 같은 것들에 대해, 그리고 농업의 소멸을 당연시하는 근대적 사고 따위에 대해 아이들에게 의문부호를 던지는 일을 멈출 수 없는 것이다.

또 하나 예를 들어, 한미 FTA 이야기를 해 보자. 지구온난화 문제는 90년, 100년 뒤까지 고려하는 사고의 범위를 필요로 한다. 일상인이 피부로 느끼기에는 짧지 않은 시간 동안 일어날 변화이다. 2100년까지 지금 존재하는 생물 종의 60~70%가 멸종하더라도 적응할 종은 또 거기에 맞춰 적응할 것이고, 먹이사슬 꼭대기에 있는 인간도 어찌 됐건 거기에 걸맞은 사회적 진화를 할 것이다. 물론 그 과정에서 얼마나 끔찍한 일이 벌어질지는 모르지만. 그러나 한미 FTA는 또 다른 문제이다. IMF 구제금융 사태를 겪은 후 10년 동안 한국 사회가 변화한 것을 생각해 본다면, 한 사회 전체를 미국식 글로벌 스탠더드에 맞추어 폭력적으로 재구성하는 이런 기획이 당장 현실화됐을 때 사회적 약자들의 생존이 그야말로 벼랑 끝으로 내몰리게 될 것은 너무나 자명하다. 지난 10여 년간의 신자유주의 세계화를 완결시키는 것이 바로 이 한미 FTA인 것이다. 그것은 세계 자본주의 경제를 바탕으로 하고 있는 대량 생산, 대량 소비, 대량 폐기의 시스템이 스스로 감당할 수 없는 한계 지점까지 치달아 가고 있다는 의미이기도 하다. 그러므로 가르치는 자는 이 자본주의 체제에 대해 누구보다 깨어 있어야 한다. 재봉틀을 튼튼하게 잘 만드는 싱어라는 세계적인 회사가 있었는데, 결국 망했다고 한다. 그 이유는 다름 아니라 그 회사가 재봉틀을 너무 튼튼하게 잘 만들어서라고 한다. 그러니까 자본주의는 검약과 절제라는 인간정신과 절대 함께할 수 없는 체제인 것이다. 끊임없이 낭비적인 소비와 탐욕을 부추기고, 이윤을 창출할 공간을 찾아 만만하고 약한 존재를 지칠 줄 모르고 공격해야 살아남을 수 있는, 착취의 영구동력기관인 것이다. 이런 체제는 물리적으로도 도덕적으로도 지속가능하지 않다. 한미 FTA는 이러한 자본의 운동이, 미국 입장에서건 한국 입장에서건 벽에 부닥치자 자신의 활로를 찾기 위해 쳐 대는 몸부림인 것이다.

그리고 그것은 윈-윈 게임이 아니라 누군가의 희생을 필요로 한다. 미국 입장에서는 자신보다 경쟁력 없는 한국의 산업이 될 테고, 한국 입장에서 보면 소수의 경쟁력 있는 산업을 제외한 나머지 산업(농업을 포함한)과 서민 대중 전체이다. 한미 FTA는 이 모두를 사회적 보호망 없는 날것 그대로의 약육강식의 싸움터 한가운데로 던져 넣는, 풀뿌리 민중에 대한 테러 행위에 다름 아니다. 이 역할을, 너무나 뜻밖에도, 한국에서는 민주화 세력을 참칭하는 선출된 권력이 대행해 주고 있는 것이다.

'언어의 타락'에 깨어 있는 사람

언어에 민감한 국어 교사는 당연하게도 교과서 속의 언어(말글)에, 국어 교과라는 한정된 분과에 갇혀 있지 않을 것이다. 후기산업사회에서 특히 강력한 것이 바로 언어의 타락이다. 허상의 언어가 실체를 대체하는 것이다. 노무현 정부는 한미 FTA를 홍보하면서 "모두가 경쟁력을 갖춰서 모두가 일류가 되는 공동 번영의 사회로 나아가자"는 식의 주장을 되풀이한다. 그러나 모두가 일류가 되었을 때, 그때는 이미 일류가 아니다. 왜냐하면 누군가가 일류가 되려면 그 밑에서 이류, 삼류로 버텨 주는 다른 누군가가 있어야 하기 때문이다. '경쟁력'이라는 말을 생각해 보자. 이런 말을 논술고사를 준비하는 아이들도 입버릇처럼 쓴다. 그러나 '경쟁력 있는 인간, 경쟁력 있는 사회가 되어야 한다'는 것은 유기체에는 불가능한 요구인 것이다. 예컨대, 내가 고등학생이던 시절 가전제품의 세계 최고는 '소니SONY'였다. 삼성과 금성은 한참 아래였다. 그런데 불과 20년 만에 삼성이 소니를 따라잡았다. 그런데 최고가 된 삼성은 잠시 쉬거나 이를 바탕으로 다른 길을 모색할 여유를 누려야 하지만 따라잡은 삼성이나 1위 자리를 빼앗긴 소니나 모두 조금도 쉴 수 없다. 여기에서 멈추면 곧장 몰락하기 때문이다. 결국 '경쟁력'은 유기체에게 영구동력기관이 되라는 요구에 다름 아닌 것이다. '경쟁력', '일류' 담론은 결국 불가능한 것에 대한 탐욕을 실현하기 위해 '가진 자'들이 만들어 낸 가상의 개념이다. 그런데 그런 허상이 막강한 힘을 가진 실체로 살아 움직인다. 그뿐 아니다. 광고, 텔레비전 드라마, 오락 프로그램과 같은 대중매체의 언어들, 정치인들이 구사하는 언어는 얼마나 깊이 타락해 있는가. 이런저런 영향으로 사람들이 쓰는 언어 또한 매체가 주억거리는 것들을 주워섬긴, 복제된 언어가 주종을 이룬다.

나는 이 글에서 결국 학교와 세상의 담장이 허물어진 세계에서 진정한 교육이 있어야 할 자리를 이야기한 것이다. 민감한 교사라면 자신이 서 있는 곳이 학교라는 교육 공간이면서 또한 세상의 한가운데임을 인정해야 한다. 여기까지가 교육의 영역이라면서

금 그어 놓고 그 안에서만 가르쳐야 한다고 강변하는 것은 실로 우스꽝스러운 일이다.

결국 나는 교육을 교육답게, 언어를 가치 있는 것으로 만드는 일은 세상이라는 넓은 광장에서 그 '현실적 맥락'과 직접 부대끼는 길 위에서 가능하다는 생각을 해 온 것이다. 교육은 교실 안에서는 결코 완성될 수 없는 것이다.

민중의 평화를 가르치는 고전 교육

고전을 가르쳐야 하는 이유

나는 고전 교육의 전반적인 흐름에 대해 문제를 제기하려 한다. 이것은 내가 그리워하는 삶의 모습에 대한 이야기이기도 하고, '근대'를 어떻게 바라보는가에 대한 이야기이기도 하다. 나는 전문 연구자가 아니기 때문에 더러 맥락을 잘못 짚더라도 넓은 마음으로 용서해 주기 바란다.

고전 작품과 아이들 사이에는 실로 두터운 장벽이 가로놓여 있다. 그것은 언어의 장벽이기도 하고, 문화와 가치의 장벽이기도 하다. 그래서 고전 교육은 대개 이 장벽을 효과적으로 무너뜨릴 수 있는 방법론으로 기울어지는 경향이 있다. 나는 이런 노력

그림 1 ⓒ 로이터통신

들을 지켜보면서 어느 순간부터 그 속에 뭔가 중요한 질문이 빠져 있는 것은 아닌가 하는 생각을 하게 되었다. 말하자면, 아이들에게 고전 작품을 왜 가르치는 것인가, 조금 썰렁하게는 "고전 작품을 배워서 어디에다 써먹을까?"라는 식의, 고전 작품을 가르치고 배워야 하는 이유에 대한 질문이다. 물론 고전 작품은 입시 관문을 넘기 위해 반드시 배워야 하기 때문에 분명한 현실적 쓸모가 있다. 그리고 고전 작품을 가르치는 것은 문화의 전수자로서 교사의 당연한 책무이기도 하다. 그러나 그것으로 이 질문에 대한 답이 될 것 같지는 않다. 이 질문에 대한 가장 정직한 답은 "아이들의 삶을 위해서"가 될 것이다. 만약 아이들의 삶을 위해 고전 작품을 가르쳐야 한다면, 우리는 "고전 작품과 아이들의 삶은 무슨 상관이 있을까?"라는 질문을 던져야 한다. 그런데 너무 자명해서인지, 질문의 상투성 때문인지는 몰라도 우리 교육 현장에서 '아이들의 삶'과 고전 교육을 연관 짓는 흐름은 매우 찾기 힘들어졌다.

내 이야기를 사진과 그림을 보면서 시작해 볼까 한다. 그림 1은

그림 2 〈취업 선배와의 대화〉, 2008, 캔버스에 유화 ⓒ 최진욱

영국의 세계적인 통신사인 '로이터'에서 '2008년, 올해의 이미지'로 선정한 사진이다. 경기도 안산에 있는 해병대 청룡캠프장에서 찍은 사진인데, 아마 전 세계적으로도 제 아이를 극기 훈련시킨다고 이렇게 군복 입혀서 캠프장에 보내는 나라는 흔치 않을 것이다. 이 사진은 오늘날 우리 아이들의 자화상으로 여겨진다. 아이들이 힘겹게 들고 있는 것은 어른들이 아이들에게 짐 지운 삶의 무게가 아닐까 싶다. 대단히 우울하고 씁쓸한 사진이다.

그림 2를 보자. 이 그림은 최진욱 님의 작품인데, 언뜻 보면 무슨 그림인지 이해가 잘 안 될 것이다. 제목이 〈취업 선배와의 대화〉이다. 윗부분은 비정규직 투쟁의 상징이 된 KTX 여승무원 노조를 이끈 민세원 지부장의 삭발 장면을 담고 있고, 아랫부분은 〈조선일보〉에 실린 실제 사진을 그림으로 옮긴 것이라고 한다. 대학생들이 취업에 성공한 선배를 만나 취업에 대한 이런저런 조언을 듣고 난 뒤 함께 어깨동무하면서 기념 촬영한 모습을 옮긴 것이다.

'스펙'이라는 신조어가 있다. 대학생들이 취업을 위해서 기업에 제출하게 되는 자신의 경력 상황을 수치로 드러내는 거라고 하는데, 이를테면 학점, 토익 점수, 해외 어학연수 횟수와 기간, 자격증, 봉사활동이나 공모전 수상 등을 뜻한다고 한다. 원래는 컴퓨터의 사양을 뜻했다고 한다. 예컨대, 이 컴퓨터의 스펙은 윈도우 XP에 펜티엄 III급, 하드디스크는 몇 GB라고 하듯이 말이다. 말하자면 '스펙'이라는 신조어는 "나는 이 정도 사양이다, 나를 좀 써 다오, 나보다 더 높은 사양이 있으면 그걸로 쓰시라"며 자신을 기업의 한 부속으로 규정짓는 굉장히 자조적이고 씁쓸한 표현이다. 이 스펙, 먹고살아야 한다는 강퍅한 현실에 저당 잡혀 옴짝달싹 못하는 것이 오늘날 대학생들의 삶이고, 앞의 그림은 그것을 상징적으로 보여 주는 게 아닐까 싶다. 저 그림 속 젊은 학생들은 환하게 웃고 있지만, 그 웃음 속에 서린 불안과 막막함 또한 분명하게 느껴진다.

언젠가 학급 단합 행사를 마치고 아이들의 채근에 못 이겨 함께 노래방을 갔다가 어떤 노래를 유심히 들었던 적이 있다. 집에 돌아와서 인터넷을 뒤져 보니 '마야' — 김소월의 〈진달래꽃〉을 아주 '파워풀하게' 부르기도 했던 — 라는 가수가 부른 〈나를 외치다〉라는 노래였다. 내가 그 노래를 유심히 들었던 것은 아이가 그 노래를 아주 멋지게 부르기도 했지만, 무엇보다 선율이 몹시 절절했고, 그 노랫말이 좀처럼 잊히지 않을 절규를 담고 있었기 때문이다.

새벽이 오는 소리 눈을 비비고 일어나 / 곁에 잠든 너의 얼굴 보면서 / 힘을 내야지 절대 쓰러질 순 없어 / 그런 마음으로 하루를 시작하는데 / 꿈도 꾸었었지 뜨거웠던 가슴으로 / 하지만 시간이 나를 버린 걸까 / 두근거리는 나의 심장은 아직도 이렇게 뛰는데 / 절대로 약해지면 안 된다는 말 대신 / 뒤처지면 안 된다는 말 대신 / 지금 이 순간 끝이 아니라 / 나의 길을 가고 있다고 외치면 돼 /

지쳐 버린 어깨, 거울 속에 비친 내가 / 어쩌면 이렇게 초라해 보일까 / 똑같은 시간 똑같은 공간에 왜 이렇게 변해 버린 걸까 / 끝은 있는 걸까 시작뿐인 내 인생에 / 걱정이 앞서는 건 또 왜일까 / 강해지자고 뒤돌아보지 말자고 앞만 보고 달려가자고 (후략)

나는 절정 부분에서 터져 나오는 절규, "절대로 약해지면 안 된다는 말 대신, 뒤처지면 안 된다는 말 대신" 하는 부분이 강하게 와 닿았다. 그리고 "강해지자고, 뒤돌아보지 말자고, 앞만 보고 달려가자고" 하는 부분도 그랬다. 이건 아주 '근대적'이고 또한 '한국적'인 절규가 아닐까 생각했다. 요컨대, 이 노래는 살아남기 위한 생존 경쟁에 내던져진 이들의 내면이며, 앞 그림 〈취업 선배와의 대화〉 속 젊은이들의 내면 풍경이기도 하다고 느꼈다. 나는 이 노래를 들으면서 이상의 시 〈오감도—시 제1호〉와 〈거울〉을 떠올렸다. 그러나 이 노래는 1930년대 식민지의 수도 경성에서 근대의 우울과 좌절을 선구적으로 체득한 이상이 〈오감도〉에서 터뜨리는 나약한 절규 — 무섭다고 그리오 — 보다 훨씬 더 전투적이고 또 맹목적이다. 그만큼 시간이 흘렀고, 우리들 삶이 더 강팍해졌기 때문인지도 모르지만, 이 노래에는 〈오감도〉에 깃든 우울과 인간적인 번민의 흔적이 없다. 그리고 〈거울〉에서 느껴지는 자기 응시와 분열의 아픔, 화해에 대한 갈망에 비하자면 이 노래에는 훨씬 더 격조 없는 나르시시즘이 도사리고 있다. 그래서 나는 이 노래를 들으며 몹시 불편했고, 마음이 좋지 않았다. 이런 전투적인 서정, 턱없는 결연함, 맹목은 누그러뜨려져야 한다. 그리고 어디선가 다른 삶의 방식을 향한 출구를 열어젖힐 수 있어야 한다. 그래서 고전 교육이 왜 필요한가 묻는다면 나는 "다른 세계에 대한 상상력을 위해, 혹은 다른 삶을 향한 출구를 찾기 위해서"라고 대답할 것이다.

지금까지 고전 교육이 안고 있는 문제점

내가 고전 교육에 대해 갖고 있는 원천적인 불만은 제재 선정에 어떤 가치론적 편견이 작용하고 있다는 점이다. 고전문학 교과서는 익히 알고 있는 바와 같이 지식인들이 남긴 작품이 주종을 이룬다. 고등학교 18종 문학 교과서에 실린 고전 작품 목록을 일별해 보아도 이 점은 분명하다. 수많은 구비 전승들이 문자로 정착되지 못했고, 토착 민중문화에 대한 연구가 그다지 진척돼 있지 않기 때문이겠지만, 고전 작품에 대한 연구와 교육이 주로 지식인의 미감에 치중해 있는 것은 매우 심각한 문제라고 생각한다. 요컨대 지금과 같은 고전 교육을 통해 그 당대인들의 삶과 정서의 실감을 재구再構하는 것은 완전히 불가능하다.

특히나 아이들에게 가르치는 고전 작품들의 상당수는 지식인 문인들의 공적인 삶을 다룬 영역에 속한다. 은거하는 재지在地 사림이 자연 속에서 풍류를 노래하더라도 거기에는 정치적인 긴장이 흐르고 있다. 충신연주지사忠臣戀主之詞의 계보에 빠짐없이 등장하는 정서의 〈정과정〉과 조위의 〈만분가〉, 그리고 정철의 〈사미인곡〉, 〈속미인곡〉에 대해 생각해 보자. 토론이 필요하겠지만 이런 작품을 통해 아이들에게 가르칠 수 있는 것은 무엇일까. 이 작품들은 결국 개인적인 신원(伸寃)의 노래이다. 충신연주지사라고 하지만, 가르치는 나 자신조차도 그들의 억울함에 대한 호소에 공감하기가 쉽지 않다. 이 작품들에는 살벌하고도 피비린내 나는 정치적 쟁투가 깔려 있고, 그래서 몹시 무섭고 표독한 노래이기도 하다. 물론 이런 작품들도 가르쳐야 한다. 그러나 문제는 이런 작품들 일변도로 가르침으로 인해 생기는 문제이다. 공적인 삶과 사적인 삶이 구획되고, 상징과 비유는 언제나 정치적 맥락으로 대입된다. 이를테면 고전 시가에서 '님'은 언제나 '왕'이고, '구름'은 언제나 임금의 총기를 가리는 반대편 당파이며, '자연'은 그 자체로 조화로운 감각의 대상이 아니라 인륜의 질서가 덧쓰인 존재로 이해된다. 그리하여 자연스러운 생활의 실감에 바탕을 둔 개인적인 감각은 항상 공식적인 가치에 비해 열등하고 부수적인 것으로 치부된다. 그럼으로써 우리는 근대 이전의 삶이 공적·정치적 긴장으로 가득했던 것처럼 인식하게 된다. 그것이 비록 문자로 기록된 지식인 문인들의 작품 세계의 대강이라 할지라도 그것을 통해 '근대 이전의 삶이 이러했다'고 할 수는 없는 노릇이다. 이런 맥락에서 지식인 문인이더라도, 한 인간으로서의 구체적 삶의 실감이 담긴 작품들도 같은 무게로 가르쳐야 하리라 생각한다. 이를테면 연암 박지원의 〈큰누님 박씨 묘지명〉을 예로 들어 보자. 이 글은 연암이 마흔셋 나이에 남편과 두 자식을 남기고 죽은 큰누님의 가족들이 결국 가난을 이기지 못하고 배를 타고 산골로 떠나는 것을 전송하는 감회를 담은 것이다.

아아! 누님이 시집가던 날 새벽에 얼굴을 단장하시던 일이 마치 엊

그제 같다. 나는 그때 막 여덟 살이었는데, 건방스럽게 드러누워 발버둥을 치다가 새신랑의 말을 흉내 내 더듬더듬 정중하게 말을 하니, 누님은 그 말에 부끄러워하며 빗을 그만 내 이마에 떨어뜨렸다. 나는 골이 나 울면서 분에다 먹을 섞고 침을 발라 거울을 더럽혔다. 그러자 누님은 옥으로 만든 자그만 오리 모양의 노리개와 금으로 만든 벌 모양의 노리개를 꺼내 나를 달래며 울지 말라고 하였다. 지금으로부터 스물여덟 해 전의 일이다.

  강가에 말을 세우고 멀리 바라보니 붉은 명정銘旌이 펄럭이고 배 그림자는 아득히 흘러가는데, 강굽이에 이르자 나무에 가려 다시는 보이지 않았다. 그런데 강 너머 멀리 보이는 산은 검푸른 빛이 마치 누님이 시집가는 날 쪽진 머리 같았고, 강물 빛은 당시의 거울 같았으며, 새벽달은 누님의 눈썹 같았다. 울면서 그 옛날 누님이 빗을 떨어뜨리던 걸 생각하니, 유독 어릴 적 일이 생생히 떠오르는데 그때에는 또한 기쁨과 즐거움이 많았다. 그 후 세월이 많이 흘렀지만 그 사이에 늘 이별과 근심, 가난이 떠나지 않아 꿈결처럼 훌쩍 시간이 지나갔거늘 형제로 함께 지낸 날은 어찌 그리도 짧은지. (후략)

참으로 아름답고 슬픈, 한 폭의 그림이다. 연암은 죽은 누님을 이를테면 학식이 높았고, 현숙했고, 자식 교육에 헌신적이었다는 식의 '공식적인 언어'로 추억하지 않는다. 오히려 사대부 집안의 학자인 자신을 여덟 살배기 어린아이로 되돌려 놓고, 그때 느꼈던 누님에 대한 사랑의 감정을 아주 구체적이고 절제된 묘사를 통해 그린다. 그리고 사랑의 추억과 죽음이라는 불가해한 운명 앞에서 결국 헤어져야 하는 슬픔을 그린다. 연암과 같은 대사상가에게서 느껴지는 이 다감하고 진솔한 감정은 그의 대가다움을 더해 주는 장식이 아니라, 고전 작품이 현대인에게 주는 보편적인 감동의 한 원형으로 이해하는 것이 옳다. 이런 삶에 대한 보편적 실감을 길어 올릴 수 있는 작품들이 적잖을 것이지만, 여전히 고전문학 교과서는 그 반대편의 공식적이고 정치적인 맥락으로 해석될 지식인 문인들의 작품으로 채워져 있다.

또 한 가지, 고전 교육과 관련하여 내가 품고 있는 의문이 있다. 그것은 "과연 문학은 진보하는 것일까?"라는 질문이다. 문학사는 대개 구비 전승으로부터 기록 문학으로, 고전적 양식에서 현대적 양식으로, 토착민들로부터 전문 예인으로 '발전'했다는 것을 자명한 전제로 받아들인다. 이를테면 고전문학사에서 민중 연희의 역사를 서술한 부분을 보면, 북청사자놀음, 하회별신굿놀이처럼 특정 지역의 '부락제'로부터 고성오광대와 같은 '들놀음'을 거쳐 봉산탈춤과 같은 상업적 시정市井 공간에서 벌어진 놀음으로 '발전', '진보'했다는 식의 서술을 어렵지 않게 찾을 수 있다. 연극적 요소가 화려한 방식으로 강화되었다고 해서, 혹은 그 내용이 다채로워지고, 배우들이 부락 토착민에서 전문적인 놀이꾼으로 변모했다고 해서 그것이 '발전'이고 '진보'한 것이라고 볼 수 있을까. 그 발전 과정 속에서 놀이판의 주체였던 대중이 '구경꾼'으로, '소비자'로 전락함으로써 대중의 '소외'와 '균열'이 더 깊어졌다고 보는 것이 옳지 않을까. 나는 내용이 소박하고 형식이 다채롭지 못할지라도, 생산자 대중 자신들이 직접 자신들의 생활의 실감을 표현한 부락 연희가 더 가치 있다고 생각한다. 이런 맥락에서 기록 문학보다는 구비 전승이, 전문인들보다는 토착민들의 작품이 더 가치 있게 평가받아야 한다고 믿는다. 무엇보다 이것들은 비非근대의 삶 속에 풍부하게 내장되어 있었던 것이다.

'희소한 것'을 존중하는 것은 오로지 근대적인 관념이다. 우리는 문학적으로 풍부한 표현력을 가진 수사, 개성적이고 기발한 발상, 시공간적 규모를 갖춘 고전 작품을 숭상하는 경향이 있다. 그러나 그것은 근대적인 시선이다. 수사적으로 범용하고 보편적인 발상이라 할지라도 거기에 묻어 있는 삶의 실감을 더 가치 있게 바라보는 시선이 필요한 것이다. 말하자면, 문학은 '진보'하는 것이 아니라, 삶에 의해서 언제나 '반복'되는 것이 아닐까.

비근대적 삶에 대한 편견

이 모든 것을 아울러서 우리 고전 교육의 가장 큰 문제는, 가르치는 이나 배우는 이나 모두 비근대적 삶에 대해 편견을 갖고 있는 데서 기인한다고 생각한다. 우리는 근대 문명을 대체로 긍정한다. 근대적 삶을 어쩔 수 없는 것으로, 최선의 것으로 생각하는 뿌리 깊은 관념이 있다. 이를테면 우리나라의 대표적인 인문학자로 손꼽히는 분들의 발언에서도 이를 확인할 수 있다.

> 부국론을 폐기하고 중세적 안빈론安貧論으로 복귀하자는 일부의 논의는 아름답지만 공상적이다.[1]

> 아까 '미개 사회' 얘기를 하셨는데, 그런 생활로 돌아가는 것이 현실적으로 가능한가 그렇지 않은가를 떠나서, 내가 욕망의 교육이 잘

---

1 최원식, 〈세계 체제의 바깥은 없다〉, 《창작과비평》 1998년 여름호

못되어 있어서 그런지는 모르겠지만, 사실 나는 되돌아가고 싶은 생각도 없어요. 죽으나 사나 이 판에 머물면서 좀 더 사람답게 살다가 갔으면 싶을 뿐이고 그것을 위해서 그들로부터 배울 것은 배우자는 생각이지, 그리로 돌아간다는 것은 그야말로 욕망의 축소가 너무 심하다고 봐요. 거짓 욕망과 뒤섞여 있는 가운데서도 인간이 긴 역사를 통해 더 큰 것을 욕망하고 인식하는 것을 배워 왔는데 이것을 포기할 수는 없다고 생각합니다.[2]

이분들은 '자본주의 세계 체제의 바깥은 없다'고 믿고 있으며, 비근대적 시간대에 대해 부정적인 의식을 갖고 있는 것이 틀림없어 보인다. 이런 지식인들의 발언뿐 아니라, 비근대에 대한 일반적인 평가를 있는 그대로 펼쳐 놓는다면 대략 이런 것들이 아닐까 생각한다. 느리고, 지루하고, 가난하고, 불편하고, 고달프고, 무섭고, 엄하고, 사람 목숨 파리 목숨 같고……. 그러나 이것은 근대 자본주의 문명의 시선에서, 그것도 비근대의 부정적인 측면만을 집약한 것이다. 이런 판단에 깃들어 있는 것은 "과거의 모든 삶을 20세기적 사고로 붙잡을 수 있다는 인식론적 착각"(이반 일리치)일 것이다.

아래 글을 보자. 인류학자인 레비 스트로스의 《슬픈 열대》 중에서 이른바 '미개 사회'의 식인 풍습을 서술한 부분이다.

여기에서 나는 우리들의 재판과 형벌의 습관들에 대해 생각해 보고 싶다. 만약 우리가 외부로부터 이것들을 관찰한다면, 우리는 두 개

---

2 백낙청, 〈좌담-생태계의 위기와 민족민주운동의 사상〉, 《창작과비평》 1990년 겨울호

의 상반되는 사회형을 구별해 보고 싶어질 것이다. 식인 풍습을 실행하는 사회에서는 어떤 무서운 힘을 지니고 있는 사람들을 중화시키거나 또는 그들을 자기네에게 유리하도록 변모시키는 유일한 방법은 그들을 자기네의 육체 속으로 빨아들이는 것이라고 믿는다.

한편 우리들 사회 같은 두 번째 유형의 사회는, 이른바 앙트로페미아(anthropémie: 특수 인간을 토해 버리는, 즉 축출 또는 배제해 버리는 일. 그리스어의 émein(토하다)으로부터 나왔음-옮긴 이)를 채택하는 사회이다. 동일한 문제에 직면하여 그들은 정반대의 해결을 선택했다. 그들은 이 끔찍한 존재들을 일정 기간 또는 영원히 고립시킴으로써 그들을 사회로부터 추방한다. 이 존재들은 이 특별한 목적을 위해 고안된 시설들 가운데서 인간성과의 모든 접촉을 거부당한다. 우리가 미개적이라고 부르는 대부분의 사회에서 이같은 관습은 극심한 공포를 일으킬 것이다. 그들이 오직 우리와는 대칭적인 관습들을 지니고 있다는 이유만으로 우리가 그들을 야만적이라고 간주하듯이 우리들 자신도 그들에게는 야만적으로 보이게 될 것이다.

좀 극단적인 예이지만, 저 미개 사회의 구성원들은 죄지은 이에 대한 징벌로서 우리와 같이 추방과 격리를 택하지 않고, 그들을 우리와 동화시키기 위해 '먹어 버리는' 것을 택한다. 토해 내는 것과 빨아들이는 것은 동전의 양면과도 같은 것이다. 어떤 의미에서 저들의 '동화'는 문명 세계의 '추방과 격리'보다 더 인간적인 철학에 바탕을 둔 것이니, 우리가 저들을 두고 함부로 야만적이라고 말할 수는 없는 것이다.

이와 같이 철저히 근대적 시선으로 비근대의 삶을 바라보는 것과 함께 지적할 것은, 근대 직전의 중세 말기에만 시선이 고정되어 있는 점이 아닐까 싶다. 조화로웠던 중세도 있었지만, 중세 말기에는 끔찍한 광신과 원리주의가 있었다. 이를테면 움베르토 에코의 추리소설 《장미의 이름》에서 중요한 모티프가 되는 호르헤 노인의 광신을 한번 생각해 보자. 그는 '웃음'의 인간적인 의미조차 부정해서 아리스토텔레스의 '희극'에 대한 책에 접근하는 숱한 수도사들을 죽여 버린다. 그리고 그의 이러한 광신은 이 사건을 해결해 나가는 윌리엄 수도사와 같은 이성적이고 과학적인 태도와 정확하게 대조되면서 중세 사회의 어두움과 근대의 진보를 그려 낸다. 호르헤 노인의 이야기를 한번 들어 보자.

말은 인간이 지닌 이성의 표징일 수 있으나, 인간은 말로써 하느님을 망령되이 일컬을 수 있습니다. 인간에게 고유한 것이라고 해서 반드시 좋은 것, 온당한 것이라는 법도 없지요. 웃는 자는, 자기가 웃는 대상을 믿지도 않고 미워하지도 않습니다. 따라서 악한 것을 보고 웃는다는 것은, 악한 것과 싸울 준비가 되어 있지 않다는 뜻이요, 선한 것을 보고 웃는다는 것은, 선으로 말미암아 스스로를 드러내는 선의 권능을 부인한다는 뜻입니다.

'선한 것을 보고 웃는 것'조차 부정하는 이런 광신적 원리주의를 중세적 가치의 전체라고 볼 수는 없는 것이다. 아래 장면은 살인 사건을 조사하기 위해 파견된 베네딕토 수도회 사람들과 서로 경쟁 관계에 있던 프란체스코 수도회 사제들이 술에 취해 상대를 헐뜯는 부분이다.

"복음서는, 그리스도에게 지갑이 있었다고 했다." "닥쳐, 이놈아!

네놈들이 십자가 위에다 그 지갑을 그려 넣었지? 그렇다면 주님이 예루살렘에 계시면서도 밤마다 베다니아로 가신 것을 어떻게 설명할 테냐?" "이런 등신아, 주님은, 예루살렘 여관의 숙박비가 없어서 베다니아로 가셨던 것이다." "보나그라치아, 너야말로 청맹과니로구나. 우리 주님이 예루살렘에서 뭘 드셨는지 알기나 하느냐?" "그럼 너는, 목숨을 부지하려고 주인으로부터 귀리를 받아먹은 말을 그 귀리의 소유자라고 할 터이냐?" "네 이놈, 감히 그리스도를 말에다 견주었지?" "네놈이야말로 그리스도를, 성직이나 팔아먹는 똥통 같은 교황청 성직자에 비교하는구나."

　이런 장면을 보면 중세 사회가 몰락하는 것이 참으로 자연스럽다. 그러나 중요한 것은 이것은 이미 정신적으로 몰락한 중세의 모습이라는 점이다. 동양이건 서양이건 이른바 '중세의 가을'은 대체로 이러했다. 요한 호이징가의 《중세의 가을》에 묘사된 중세 말기의 풍경 중에는 길거리에서 스스로를 채찍으로 후려치며 그리스도의 고난을 체험한다는 광신도들의 모습도 있고, 우르르 몰려다니며 성서적 삶에 대한 반동을 찾아내서 집단적 린치를 가하는 패거리들도 있다. 이런 식으로만 중세를 포함한 비근대적 삶을 바라보면 결국 우리는 근대적 삶에 갇혀 버리게 된다.
　지금 인기를 끌고 있는 이른바 역사소설들도 마찬가지다. 이들은 근대 이전 사회를 무대로만 활용하고 있을 뿐 작품을 관통하는 논리는 극히 현대적인 시선이고, 자본주의적인 욕망이 지배하고 있다. 이를테면 작가 김훈의 《칼의 노래》나 《현의 노래》만 봐도 그렇다. 이 작품들에서 김훈은 우리의 지난 역사를 온통 원초적인 폭력과 힘의 논리가 지배했던 야만의 세월로 그리고 있다.

그래서 그 어두운 세계를 살아가는 인간의 대응으로 김훈이 제시하는 것은 초인의 '칼'(이순신)이거나 적응과 투항(우륵)이다. 《칼의 노래》의 무대를 일본 전국시대로 바꾸고, 이순신의 자리에 사무라이를 대입해도 이 소설은 그대로 성립한다. 이 작품들은 조선시대 중반기, 혹은 가야 멸망기를 다룬 역사소설이 아니라, 작가 김훈 자신의 허무주의적 세계관으로 역사를 사유화私有化한 것이다. 텔레비전 역사 드라마들도 마찬가지다. 등장인물들의 이름과 행적만이 역사적인 전거를 가질 뿐, 이 드라마들을 지배하는 논리는 극히 자본주의적 세계 인식과 욕망이다.

우리가 배운 역사는 강자들의 흥망성쇠의 기록일 뿐이다. 그것은 대개 왕조의 연대기이고, 전쟁과 억압, 이에 맞서는 항쟁의 연대기이다. 이를 통해 우리는 모르는 사이에 비근대의 삶을 '무시무시한 사건들의 연속'으로, 지금과는 비할 수 없이 엄혹하고 고통스러운 것으로 인식하게 되었다. 그러나 만약 그것이 진실이라면, 인간의 삶은 오직 어두움뿐일 것이다. 인간의 삶은 언제나 어두웠고, 힘없는 이들은 내내 유린당하기만 했으며, 따라서 그나마 높은 수준의 물질문명을 이룩했고, 형식적이나마 평등한 인간관계를 쟁취한 자본주의적 근대 문명이 가장 진보한 것이라는 인식은 이런 맥락에서 정당하다. 그러나 과연 그랬을까. 시인 신동엽은 이렇게 선언한다.

    우리들에게도
    생활의 시대는 있었다.

    백제의 달밤이 지나갔다,

고구려의 치맛자락이 지나갔다,

왕은,
백성들의 가슴에 단
꽃.

군대는,
백성의 고용한
문지기.

앞마을 뒷마을은
한식구,
두레로 노동을 교환하고
쌀과 떡, 무명과 꽃밭을
아침저녁 나누었다.

가을이면 영고, 무천,
겨울이면 씨름, 윷놀이,
오, 지금도 살아있는 그 흥겨운
농악이여.

……

늙으면 마을사람들에 싸여
웃으며 눈감고

> 양지바른 뒷동산에 누워선, 후손들에게
>
> 이야기를 남겼다.
>
> (후략)

— 신동엽, 〈금강〉 제6장

　지배자들의 흥망성쇠와 무관하게, 민중들이 누렸던 기나긴 평화의 시간대가 있었고, 그 시간대가 근대 이전의 역사를 채웠다. 공동체를 유지시키고, 사회적 약자인 그 누구라도 최소한의 물질적 삶을 가능케 했던 공유지가 있었다. 출생으로부터 죽음까지 한 개인의 삶을 유지하는 토착적인 지혜와 기술들이 자립적인 삶을 가능케 했다. 봉건 영주들 간의 전쟁 속에서도 공유지는 언제나 보호되었고, 그들이 누린 자립과 자치의 제도는 지배자들도 함부로 훼손할 수 없었다. 왕조의 교체와 지배자들 간의 전쟁, 지배자의 억압과 이에 대한 민중의 항쟁은 그 기나긴 평화의 시간대에 비하면 '예외적인 사건'들이었다. 이 '민중의 평화'가 서서히 깨어져 나가고 20세기를 거치면서 돌이킬 수 없을 정도로 파괴된 것이 바로 근대의 역사이다.[3] 우리에게 출구가 없다는 인식, 인간의 삶은 원래부터 그랬다는 인식은 수정되어야 한다. 이런 의미에서 이 출구 없는 세계를 살아가는 우리들에게 다른 세계에 대한 상상력, 다른 삶의 형상을 제공해 주는 것이 바로 고전 교육의 역할이다. 그러므로 고전 교육은 바로 '민중의 평화'를 재구再構해 주는 가장 중요한 기제이다.

---

3 이상의 논의는 이반 일리치, 〈평화의 근원적 의미를 생각한다〉,《녹색평론》 62호(2002년 1-2월)를 참조함

고전 교육의 바른 모습

반봉건의 형상들

〈유충렬전〉은 조선 후기에 〈구운몽〉, 〈춘향전〉과 함께 3대 소설의 하나로 꼽힐 만큼 높은 인기를 누렸고, 귀족적 영웅소설의 대표 격이라 할 만하다. 〈유충렬전〉, 〈조웅전〉, 〈소대성전〉 같은 귀족적 영웅소설에 대해서는 평가가 상당히 박하다. 퇴행적인 장르라는 것이다. 민중들의 피폐한 삶을 이런 귀족적인 영웅들의 활약으로 위로받으려는 대리 충족의 기제라는 것이요, 실제로 유충렬이 신이한 능력으로 끝내 회복하는 것은 극히 봉건적인 질서이다. 간신의 역모로 쫓겨난 황제와 억울하게 쫓겨나 고초를 겪는 부모님을 원래 자리로 돌려놓고, 가족이 한데 모여 살면서 복락을 누리는 것이 〈유충렬전〉의 결말이다. 그런데 이런 보수적인 작품 속에도 대단히 현실적인 분노가 담겨 있다.

정한담은 황제를 끌어내려 말 아래 엎드리게 하고 서늘한 칼끝으로 황제를 겨누었다. "들어라. 하늘이 나 같은 영웅을 내실 때에는 남경의 황제를 시키기 위함이다. 네 어찌 황제를 바라겠는가? 네놈을 잡으려 십 년을 공부하여 변화가 무궁한데 어찌 순종하지 아니하고 조그만 충렬을 믿고 내 군사를 침략하였는가? 네 죄를 논할진대 어서 죽여야 마땅하다. 그러나 옥새를 바치고 항서를 써서 올리면 목숨을 부지하게 할 것이고, 그러지 아니하면 네놈의 노모와 처자를 한칼에 죽이리라." 황제는 간신히 기운을 내어 말했다. "항서를 쓰자 한들 종이와 붓이 없다." 정한담은 어이가 없었다. 저것이 과연 황제의 모습인가? "곤룡포를 찢고 손가락을 깨물어 항서를 쓰지 못할까?" 황제는 곤룡포 자락을 찢고서도 차마 손가락을 깨물지 못하고 있었다.

반란을 일으킨 정한담에게 황제가 "항서를 쓰자 한들 종이와 붓이 없다" 하고, 곤룡포 자락을 찢고서도 손가락을 깨물지 못해 머뭇거리는 대목에서 참으로 비루하고 무능한 황제의 모습이 그려진다. 여기에는 병자호란 당시 인조와 조정에 대한 분노가 투영되어 있다. 심지어 유충렬의 입을 빌려 황제를 직접 타박하기까지 한다.

> 황제가 급히 물었다. "그대는 누구인데 다 죽은 이 사람을 살리는가?" 충렬은 온갖 감정이 북받쳐 말을 이을 수 없었으나 조용히 말을 시작했다. "소장은 동성문 안에 살던 정언 주부 유심의 아들 충렬이옵니다. 사방을 걸식하며 떠돌다 만리 밖까지 가 있다가 아비의 원수를 갚으려고 여기에 왔습니다. 폐하께서 정한담에게 핍박을 당하시리라곤 꿈에도 생각지 못했습니다. 전에 정한담을 충신이라 하시더니 충신도 역적이 될 수 있습니까? 그놈의 말을 듣고 충신을 귀양 보내 죽이고 이런 화를 만나시니 해와 달이 빛을 잃어 하늘과 땅이 아득할 뿐입니다." 충렬이 말을 맺고 통곡하니, 진중은 숙연해졌다. 황제는 아무 말도 하지 않고 우두커니 앉아 있을 뿐이었다.

유충렬이 황제를 구출해 놓고 한소리 한다. 여기에 서려 있는 것은 병자호란을 겪으며 온갖 고초를 겪어야 했던 당대 민중들의 울분이다.

〈박씨전〉도 그렇다. 박 처사의 딸 박씨가 이득춘의 아들 이시백한테 시집을 왔는데, 첫날밤에 보니 그 용모가 말할 수 없이 추하다. 콧구멍이 10개라고 하고, 차마 눈뜨고 볼 수가 없다. 그래도 시아버지 이득춘은 박 처사에 대한 의리도 있고, 박씨가 불쌍하기도 해서 아들 이시백을 나무란다. 사내대장부가 그래서 쓰겠냐, 어서 들어가서 품어 주어라. 그런데 이시백은 끝내 안 들어간다. 박씨는 피화당避禍堂을 짓고 거기에서 몸종 계화와 함께 산다. 그리고 그 와중에 이런저런 신비한 능력도 발휘한다. 시아버지가 급히 입궐해야 하는데 관복이 준비되어 있지 않으니 하룻밤 사이에 시아버지의 관복을 지어 주고, 비루먹은 말을 300냥에 사서 3만 냥으로 되팔아 대박을 터뜨린다. 그런데도 이시백은 박씨를 받아들이지 않는다. 그러던 어느 날, 친정아버지 박 처사가 와서 박씨의 액운이 다했음을 알려 주고 간 뒤에 박씨는 드디어 추한 허물을 벗고 절세미인으로 거듭난다. 그때서야 이시백이 박씨의 처소에 들 마음을 먹지만, 이게 얼마나 부끄러운 일이겠는가. 눈물을 흘리며 사죄하는 이시백의 면전에 대고 박씨가 야단을 친다.

시백이 눈물을 흘리며 말하니 박씨도 불쌍한 마음이 들었다. 하지만 얼굴빛을 더욱 냉정히 하고 시백을 꾸짖었다. "조선은 예의의 나라라 했는데 사람이 오륜을 모르면서 어찌 예의를 알겠습니까? 그대는 아내의 얼굴이 못났다 하여 삼사 년을 거들떠보지도 않았습니다. 그러고도 감히 부부유별을 이야기할 수 있겠습니까? 옛사람이 이르기를 '조강지처는 불하당'이라 하였습니다. 그대가 이렇게 하고서 어찌 덕이 있다 하겠으며, 아내의 심정을 모르고서 어찌 출세하여 이름을 날리겠습니까? 나라를 위해 일한다는 것이 도리어 부질없습니다. 사람 보는 눈이 저러한데 어찌 효와 충을 알 것이며, 백성 다스리는 도리를 알겠습니까? 앞으로는 효도와 충성을 다하지 못할 듯하니, 저 같은 아녀자의 마음으로도 낭군 같은 남자들은 조금도 부럽지 않습니다."

이 대목을 읽으며 여성들이 얼마나 통쾌했겠는가. 〈박씨전〉 후반부에 보면 청나라 황후가 임경업과 박씨를 없애고 난 뒤에 조선을 침략하기 위해서 자객인 기홍대를 보내면서 조선 침략의 명분을 이야기하는데, 그 명분으로 조선 남자들의 색욕과 여성들에 대한 못된 행태를 든다. 그것은 축첩제도 속에서 남성들의 바람기를 외롭게 감당해야 했던 조선 여인들의 한이다.

병자호란 당시 민중들은 말할 수 없이 처참한 고통을 감당해야 했지만, 양반 지배층들의 대응이란 또한 믿을 수 없을 정도로 한심했다. 청나라 군대가 1636년 2월 2일경에 출병했는데, 12일 만인 2월 14일에 한양에 도착한다. 그런데 청나라 군대의 침략 사실이 조정에 보고된 게 평양이 함락되고 개성을 지날 무렵, 즉 한양 도착 바로 전날인 13일이라고 한다. 조정에서는 강화도로 종묘의 신주를 모시고 빈궁 일행을 먼저 들여보내고 왕도 거기로 가려 했지만, 정묘호란 때 왕이 강화로 들어가 버리는 바람에 힘들었던 기억이 있는 청군이 물길을 끊어서 할 수 없이 남한산성으로 들어가야 했다. 그런데 김경징이라는 자가 강화의 책임자인 검찰사였는데, 빈궁 일행보다 자기 식구들을 먼저 피난시켰다고 한다. 그러고는 술에 취해서 큰소리치기를 "우리 아버지는 영의정, 아들인 나는 종묘의 신주를 지키는 검찰사, 국가의 큰일을 우리가 다 하고 있다"고 했다고 한다. 그것도 한양 함락 직전인 2월 13일 저녁에 말이다. 병사들이 강화를 지키기 위해 갑곶으로 가야 하는데 본부에 무기를 산더미같이 쌓아 놓고도

"우리 아버지가 애써 만든 건데, 내가 어찌 함부로 쓰겠냐?"고 하며 수백 명의 군사를 맨손으로 나가게 만들었다고 한다. 거짓말 같지만 사료에 다 나오는 이야기이다. 그러고는 다음 날 김경징과 조정 대신들만 도망가고 나머지 사람들은 청나라 군대에 능멸을 당하고 만다. 수많은 여성들이 물에 뛰어들어 순절하고, 양인 여성들의 머릿수건이 물에 떠 있는 것이 마치 낙엽이 바람을 따라 떠다니는 것과 같았다고 사료에서 묘사하고 있다.

이런 역사적 경험에 대한 보상으로 〈박씨전〉이 나왔을 것이다. 〈박씨전〉에는 피화당이라는 거처가 나온다. 이시백이 박씨를 품어 주지 않자, 박씨가 후원에 따로 지어 살던 집이다. 병자호란 당시 여성들은 실제로는 엄청난 능멸과 죽음을 겪었는데, 여기서는 피화당으로 부녀들이 피신하면서 화를 피하는 것으로 나온다.

여자들의 모습을 본 울대가 불같은 욕심을 이기지 못하고 피화당으로 달려드는데, 갑자기 하늘이 어두워지면서 검은 구름이 자욱해졌다. 곧이어 우레와 벼락이 진동하며 좌우에 있던 무수한 나무가 한꺼번에 갑옷 입은 군사로 변하여 울대 일행을 에워쌌다. 가지와 잎은 창과 칼이 되어 서릿발 같은 기운을 뿜었으며, 갑옷 입은 군사들의 함성 소리는 천지를 뒤흔들었다.

청나라 장수 용골대의 동생 용울대 일행의 침입에 이렇게 '자동 방어 기제'가 작동하여 가볍게 물리치고, 박씨는 아예 나서지도 않고 몸종인 계화 선에서 용울대의 목을 피화당 앞에 효수하는 것이다. 그렇지만 〈박씨전〉에는 또한 분명한 계층적 한계도 있다. 피화당에 대피하는 여성들은 모두 사대부 부녀들이다. 그리고 박씨가 용골대에게 명령해서 왕비가 청나라로 끌려가는 것을 막아낸다. 그런데 왕비는 실제로 청나라가 요구한 인질 명단에 없었다. 그리고 소현세자와 삼학사와 함께 끌려가던 여성들, 나중에 환향녀가 되어 돌아올 이 여성들이 울면서 박씨에게 애걸한다.

"박씨 부인은 무슨 재주로 화를 면하고 고국에 안전하게 있으며, 우리는 무슨 죄로 만리 타국에 잡혀가는가? 이제 가면 삶과 죽음을 기약할 수 없을 것인데, 어느 때 고국산천을 다시 볼 수 있으리오?" 박씨는 땅바닥을 두드리며 통곡하는 부인들을 달랬다. "여러 부인들은 슬픔을 진정하고 내 말을 들으십시오. 세상사는 곧 고진감래요 흥진비래라 합니다. 너무 서러워하지 마시고 평안히 가 계시면 삼 년 후에 우리 세자와 대군, 그리고 그대들을 데리러 올 사람들이 있을 것입니다. 아무쪼록 너무 슬퍼하지 말고 몸성히 지내다가 삼 년 뒤 무사히 돌아오도록 하십시오."

갑자기 이 대목에서 박씨 부인은 노동자들의 파업을 달래는 사장님이 되어 버린다. "참아라, 너무 서러워하지 말아라, 3년 뒤에 데리러 올 사람이 있을 거다" 이러면서 달래는데, 이 작품이 끝나도록 이들을 데려오는 대목은 나오지 않는다. 전쟁으로 인한 여성의 고통과 극복을 다루었으되, 철저히 사대부 부녀의 관점에서 바라본다. 아마도 봉건적 질서를 전면으로 부정하는 인식에까지 이를 만치 당대 소설들이 그렇게 진지한 장르는 아니었던 것으로 보인다.

연암 박지원 선생의 〈예덕선생전〉도 참 좋다. 예덕선생으로 불리는 엄 항수는 오늘날로 치면 '분뇨 수거업'을 하는 '똥퍼'이다. 아마도 연암이 젊은 시절 실제로 사귀었던 인물을 모델로 삼아 그린 것 같다. 이 작품은 연암이 제자인 이덕무에게 엄 항수 이야기를 직접 전해 주는 형식으로 서술되어 있다.

   그런데 저 엄 항수(예덕선생)라는 이는 일찍이 나에게 알고 지내기를 요구한 적이 없었지만, 나는 언제나 그를 칭찬하려는 마음이 간절하였다네. 그의 손가락은 굵직굵직하고 그의 걸음새는 겁먹은 듯하였으며, 그가 조는 모습은 어수룩하고 웃음소리는 껄껄대더구먼. 그의 살림살이도 바보 같았네. 흙으로 벽을 쌓고 볏짚으로 지붕을 덮어 구멍 문을 내었으니, 들어갈 때는 새우등이 되었다가 잠잘 때는 개 주둥이가 되더구먼. 아침 해가 뜨면 부석거리고 일어나 흙 삼태기를 메고 동네에 들어가 뒷간을 쳐 날랐지. 9월에 서리가 내리고 10월에 엷은 얼음이 얼어도 뒷간의 남은 찌꺼기와 말똥·쇠똥, 횃대 아래 떨어진 닭·개·거위 따위 똥이나 입희령(돼지 똥)·좌반룡(사람 똥)·완월사(토끼 똥)·백정향(참새 똥) 따위를 가져오면서 마치 구슬처럼 여겼지. 그래도 그의 청렴한 인격에는 아무런 손상이 없을 뿐더러, 아무리 탐내어 많이 얻기를 힘쓴다고 하더라도 남들이 그더러 "사양하지 않는다"고 말하지는 않거든.
   이따금 손바닥에 침을 뱉고 나서 가래를 휘두르는데, 경쇠처럼 굽은 그 허리가 마치 새 부리처럼 생겼더군. 비록 찬란한 문장이라도 그의 뜻에는 맞지 않고, 아름다운 종이나 북소리도 그는 거들떠보지 않았어. 부귀란 것은 사람마다 모두 원하는 것이지만, 그리워한다고 해서 얻을 수 있는 것이 아니었으므로 그는 부러워하지 않았다네. 남들이 자기를 칭찬해 준다고 해서 더 영광스럽게 여기지도 않았고, 자기를 헐뜯는다고 해서 더 욕되게 여기지도 않는 거지.

왕십리의 배추, 살곶이 다리(성동구 소재)의 무, 석교의 가지·오이·수박·호박, 연희궁의 고추·마늘·부추·파, 염교 청파의 물미나리, 이태인(이태원)의 토란 따위를 심는 밭들은 상上의 상을 골라 쓰는데, 그들이 엄씨의 똥을 써서 기름지고 살지고 평평하고 풍요로워 해마다 육천 냥이나 되는 돈을 번다는 거야. 그렇지만 엄 항수는 아침에 밥 한 그릇만 먹고도 만족스러워하며, 저녁에도 한 그릇뿐이지. 남들이 그에게 고기를 먹으라고 권하면 "목구멍만 내려가면 나물이나 고기나 마찬가지로 배부른데, 왜 맛있는 것만 가리겠소?" 하면서 사양했다네. 또 남들이 새 옷을 입으라고 권하면 "넓은 소매 옷을 입으면 몸에 익숙지 않고, 새 옷을 입으면 길가에 똥을 지고 다니지 못할 게 아니오?" 하면서 사양했다네.

해마다 정월 초하룻날이 되면 비로소 갓을 쓰고 띠를 두르며, 새 옷에 새 신을 신었지. 이웃 동네 어른들에게 두루 돌아다니며 세배를 올리고, 다시 돌아와 옛 옷을 찾아 입더군. 다시금 흙 삼태기를 메고는 동네 한복판으로 들어가는 거지. 엄 항수야말로 자기의 모든 덕행을 저 더러운 똥 속에다 커다랗게 파묻고, 이 세상에 참된 은사隱士 노릇을 하는 자가 아니겠는가?

옛글(《논어》)에 이르기를 "본래 부귀를 타고난 사람은 부귀를 행하고, 빈천을 타고난 사람은 빈천을 행해야 한다"고 하였네. 이 말에서 '본래'란 하늘이 정해 준 분수를 뜻하는 거지. 또 《시경》에 이르기를 "아침부터 밤까지 관청에서 일하시니 타고난 운명이 나와는 다르다네" 하였으니, '운명'이란 것도 분수를 말한다네. 하늘이 만물을 낳으실 때에 제각기 정해진 분수가 있었으니, 운명은 본래 타고난 것인데 그 누구를 원망하랴. 새우젓을 먹을 때는 달걀이 생각나고, 굵은 갈

옷을 입으면 가는 모시를 부러워하는 법일세. 천하가 이래서 어지러워지는 법이니, 농민이 땅을 빼앗기면 논밭이 황폐해지게 마련이지. …… 엄 항수는 똥과 거름을 져 날라서 스스로 먹을 것을 장만하기 때문에, 그를 "지극히 조촐하지는 않다"고 말할는지는 모르겠네. 그러나 그가 먹을거리를 장만하는 방법은 지극히 향기로웠으며, 그의 몸가짐은 지극히 더러웠지만 그가 정의를 지킨 자세는 지극히 고항[4]했으니, 그의 뜻을 따져 본다면 비록 만종의 녹[5]을 준다고 하더라도 바꾸지 않을 결세.

엄 항수는 비록 똥을 지고 살지만, 군자 같은 인물이다. 여기에는 당대 지식인과 지배자들에 대한 연암의 울분도 들어 있는 것 같다. 연암의 다른 한문 단편인 〈호질〉이나 〈양반전〉에서 느껴지는 울분의 연장선상에서 이해할 수 있을 것이다. 이것은 '똥퍼'보다 못한 자들이 쥐락펴락하는 시대에 대한 좌절이기도 하다.

이처럼 반봉건의 형상을 그린 작품들이 매우 많을 것이다. 이런 작품을 통해 우리는 시대의 질곡을 딛고 일어서는 인간의 의지랄까, 문학의 힘이랄까, 이런 것을 엿볼 수 있는 것이다. 중세시대에 만들어진 문학작품을 가르친다면 같은 값이면 이런 작품들이 좋지 않을까 싶다. 〈사미인곡〉, 〈속미인곡〉 같은, 정치적 복선을 깔아 놓고 개인적인 신원을 노래한 작품을 대신해서 말이다.

---

4 高抗. 뜻이 높아 남에게 굽실거리지 않음
5 매우 높은 벼슬

민중적 삶의 실감―자연의 삶과 고통의 의미

반봉건의 형상을 다룬 작품들과 함께 우리가 고전 교육에서 새롭게 탐색해야 할 또 하나의 범주는, 민중적 삶의 실감을 다룬 작품들이다. 그것은 단순히 옛날에는 이렇게 살았다는 차원을 넘어서서 '산다는 것은 무엇일까?'라는 질문까지 아우르는 이야기이다. 고전을 통해서 민중적 삶의 실감을 길어 올림으로써 오늘날 우리 아이들에게 가르칠 중요한 가치는 '자연의 삶'과 '고통의 의미'라고 생각한다. 이를 훌륭하게 구현하고 있는 두 작품을 소개하고자 한다.

하나는 19세기 후반에 경북 순흥 지방에서 전해 내려오는 〈덴동어미 화전가〉라는 작품이다. '화전가'는 규방에 갇혀 지내던 여성들이 볕 좋은 봄날 소풍 가서 화전을 부쳐 먹으며 봄날 경치를 완상하고, 인생의 희로애락을 풀어 놓는 고전문학의 한 갈래다.

〈덴동어미 화전가〉의 줄거리는 대략 이렇다. 어느 봄날, 경북 순흥 지방의 부인네들이 화전놀이를 간다. 있는 집은 있는 집대로 밀가루에 참기름도 많이 내고, 없는 집은 없는 대로 모아서 기분 좋게 논다. 어떤 부인은 《시경》의 시편을 줄줄 외워 자신의 교양을 과시하고, 어떤 부인은 화전 노래를 목청 좋게 불러 젖힌다. 그런 와중에 열일곱 청춘과부가 신세 한탄을 한다. 개가를 해야 할지 말아야 할지 모르겠다고 고민을 털어놓으니, 덴동어미가 뚝 나서며 하는 말이, "가지 마라, 개가해 봤자 잘돼도 내 팔자요, 못돼도 내 팔자"라면서 자신의 그 처절한 인생사를 풀어 놓는다. 그 내용이 이 작품의 큰 줄기이다.

원래 덴동어미는 순흥의 아전인 임 이방의 딸이었다. 조선 후기에 아전은 비록 신분은 중인이지만 대체로 유복하게 살았다.

모자람 없이 자라서 예천읍에 사는 같은 아전인 장 이방네로 시집을 간다. 그런데 그 다음해 단옷날 신랑이 처가에 왔다가 그네를 타는데, 그만 그네에서 떨어져 죽어 버린다. 여기서부터 파란만장한 덴동어미의 고난이 시작된다. 개가를 하는데, 한 급수 낮춰서 아전 밑에서 잡무를 보던 이상찰 집안의 이승발이라는 남정네의 후취로 간다. 가세도 웅장하고, 괜찮은 줄 알았는데 가 보니 그게 아니다. 빚이 엄청 많은 것이다. 관에서 빌려 썼는데, 신관 사또가 부임을 해서 추심을 당하고 졸지에 거지가 된다. 시아버지는 매 맞아 장독杖毒으로 죽고, 시어머니는 화병으로 따라 죽고, 할 수 없이 남편 이승발이와 유리걸식을 한다. 그러다가 경주읍에 가서 객줏집 일을 하게 된다. 그 객줏집은 군아⁶에 딸린 종인데, 조선 후기에는 이런 자들도 돈을 많이 벌어서 따로 객줏집을 차린다. 거기서 이승발이는 머슴 노릇을 하고, 덴동어미는 부엌어미를 하면서 200냥을 선금으로 받아 일수를 놓는다. 군노 놈의 못된 행패도 참아 가면서 제법 돈을 모았을 즈음에 괴질이 돌아 남편 이승발이 또 죽어 버린다. 그런데 남편만 죽는 게 아니라, 덴동어미가 일수 놓았던 자들도 같이 죽어 버린다. 그래서 또 떠돌다가 울산 읍내의 황 도령을 만난다. 그런데 황 도령도 만만치 않은 인생사가 있다. 세 살 때 어머니 죽고, 네 살 때 아버지 죽고, 열네 살 때 외할머니 죽고, 열다섯 살 때 외할아버지 죽고, 머슴살이하다가 돈을 모아 참깨장사를 시작한다. 그런데 울산에서 배에 싣고 서울 가는 길에 풍랑을 만나 모조리 다 잃어버리고 겨우 목숨을 건진다. 무인도에서 생선 뜯어 먹으며 연명하다가 제

6 지금으로 치면 향토부대

주 어부들에게 구출이 되고, 제주 부사가 사람이 좋아서 50냥을 주고 배편을 주선해 줘서 뭍으로 나왔다. 두 냥이 남아서 그 돈으로 도부꾼(등짐장수)을 시작해서 여기까지 온 것이다. 그 황 도령과 덴동어미가 서로 신세를 알아보고, "나랑 삽시다" 해서 살림을 차린다. 그래서 황 도령은 등에 지고, 덴동어미는 머리에 이고 해서 사기그릇을 팔러 다닌다. 그런데 돈이 모일라치면 남편이 병이 나서 약값으로 다 까먹고, 그렇게 근근이 살았는데 울산 읍내에 큰 비가 내려서 산사태가 나고 만다. 그때 남편 황 도령이 묵고 있던 주막집이 무너져서 바다로 휩쓸려 버린다. 이제 덴동어미는 기운이 하나도 없다. 그래서 따라 죽으려는데, 겨우 목숨을 건진 주막집 주인이 죽지 말라고 덴동어미를 말린다. 이 대목을 한번 읽어 보자.

죽지 말고 밥을 먹게 죽은들사[7] 시원할까.
죽으면 쓸 데 있나 살기만은[8] 못하니라.
저승을 뉘가 가 봤는가 이승만은 못하리라.
고생이라도 살고 보지 죽어지면 말이 없네.
훌쩍이며 하는 말이 내 팔자를 세 번 고쳐
이런 액운이 또 닥쳐서 신체[9]도 한 번 못 만지고
동해수에 영결종천[10]하였으니 애고애고 어찌어찌 살아볼고.
주인댁이 하는 말이 팔자 한 번 또 고치게.

7 죽은들
8 사는 것보다는
9 시체. 경북 방언에서는 '시체'를 '신체'라 발음하는 경우가 있음
10 永訣終天, 죽어서 영원히 이별함

세 번 고쳐 곤한 팔자 네 번 고쳐 잘 살런지.

세상일은 모르나니 그런대로 살아 보게.

다른 말 할 것 없이 저 꽃나무 두고 보지.

이삼월의 춘풍 불면 꽃봉오리 고운 빛을

벌이[11]는 앵앵 노래하며 나비는 펄펄 춤을 추고

유객[12]은 왕왕 노다 가고 산조[13]는 영영[14] 흥락[15]이라.

오뉴월 더운 날에 꽃은 지고 잎만 남아

녹음이 만지하여[16] 좋은 경[17]이 별로 없다.

팔구월에 추풍 불어 잎사귀조차 떨어진다.

동지섣달 설한풍[18]에 찬 기운을 못 견디다가

다시 춘풍 들이불면 부귀춘화 우후홍[19]을

자네 신세 생각하면 설한풍을 만남이라.

홍진비래 하온 후에 고진감래 할 것이니

팔자 한 번 다시 고쳐 좋은 바람을 기다리게.

이 대목은 나름대로 중요한 의미를 갖고 있다. 원래 조선 사회는 남편이 죽으면 여성이 따라 죽는 것을 권장했다. 〈삼강행실도〉에서는 남편을 지극 정성으로 모시고, 남편이 죽으면 따라 죽는

---

11 벌
12 遊客, 나그네
13 山鳥, 산새
14 앵앵嚶嚶, 새가 서로 사이좋게 우는 모양
15 興樂, 흥겨워하며 즐김
16 滿地하여, 땅에 가득하여
17 景, 경치
18 雪寒風, 눈바람
19 富貴春花 雨後紅, 풍성한 봄꽃이 비 내린 후 붉게 피는 것

것을 여성으로서의 최고의 명예로 가르치고 있다. 그래서 조선시대에는 임·병란이 끝난 뒤 순절한 여인들이 넘쳐 나게 된다. 그리고 그 열녀의 덕은 대대로 칭송되었다. 보편적인 인류으로는 이해하기 힘든 광신이 생겨난다. 강명관 교수의 글에 나오는 조선시대 한 열녀의 모습을 잠시 보자.

> 이씨는 나이 열다섯에 고엽에게 시집을 갔다. 요즘 중학교 3학년 나이다. 남편은 병자였다. 병명은 모르지만 종기가 하도 심해 고름 냄새가 코를 찔렀다. 아무도 가까이 가지 않았고, 오직 이씨만 잠시도 곁을 떠나지 않고 병 수발을 들었다. 병세를 알고자 남편의 설사를 맛보았고, 고름을 빨았으며, 남편 대신 자신이 죽게 해 달라고 하늘에 빌기도 하였다. 그런들 소용이 있을 리 없다. 급기야 이씨는 머리카락을 태워 남편의 환부에 바르고, 자신의 넓적다리 살을 베어 구워서 남편에게 먹였다. 남편의 숨이 넘어가려고 하면 손가락을 잘라 피를 내서 남편의 입에 부어 넣었다. 피 때문인지 아닌지는 알 수 없지만, 남편은 그렇게 목숨을 이어 갔다. 7년이 흐른 뒤 정성 어린 간호에도 불구하고 남편은 죽고 만다. 상을 치르고 나서 이씨는 독약을 먹고 남편의 관 옆에서 죽는다. 스물두 살이었다.[20]

이것이 조선시대에서 대대로 칭송되던 삶이었다. 참혹하기도 하고, 서글프기도 하다. 물론 이 여인의 희생과 헌신은 존경받아야 하겠지만, 이 여인의 희생을 그토록 장엄하게 만들어 준 것은 분명 당대의 지배적인 가치관이었고, 여인은 거기에 매우 충실

---

20 강명관, 〈고금변증설—'열녀'의 21세기판 변주곡〉, 《한겨레》 2008년 12월 27일

했던 것이다. 그런데 〈덴동어미 화전가〉에서 주막집 여인은 "누구 좋으라고 죽냐"면서 죽음을 통해 이 서러운 삶에 종지부를 찍고, 여성의 명예라도 추스르려는 덴동어미를 일으켜 세우는 것이다. 나는 이런 민중들의 삶에 대한 끈기, 생명력 넘치는 직관이 참 좋다. 이 끈기 넘치는 생명력은 저 봉건사회의 터무니없는 이데올로기보다 훨씬 고귀한 것이다.

그리고 덴동어미 이웃집에는 조 서방이라는 엿장수가 있다. 나이는 오십이고 착하고 순한데, 아직 홀아비이다. 이제 조 서방한테 네 번째 시집을 가게 된다. 그리고 한동안 다복하게 잘 산다. 덴동어미는 집에서 엿을 고고, 조 서방은 장터를 다니며 엿을 판다. 덴동어미의 삶에도 정말 봄이 온 것 같다. 덴동어미 나이가 오십인데, 임신을 하더니 애를 낳은 것이다. 얼마나 좋을까. 그런데 또 한 번 불행이 닥쳐온다. 이 대목은 이 작품의 절정이기도 하고, 그 묘사가 참으로 곡진하니 원문을 읽어 보자.

> 한 달 두 달 이태[21] 삼 년 사노라니 어찌하다가 태기 있어
> 열 달 배술러[22] 해복[23]하니 참말로 일개 옥동자라.
> 영감도 오십에 첫아들 보고 나도 오십에 첫아이라.
> 영감 할미 마음 좋아 어리장고리장 사랑한다.
> 젊어서 어찌 아니 나고 늙어서 어찌 생겼는고.
> 흥진비래 겪은 나도 고진감래 할라는가.
> 희한하고 이상하다 둥기둥둥 일이로다.

---

21 두 해
22 배불러
23 解腹, 해산

둥기둥기 둥기야 아가둥기 둥둥기야.
금자동아 옥자동아 섬마둥기 둥둥기야.
부자동아 귀자동아 놀아라 둥기 둥둥기야.
앉아라 둥기 둥둥기야 서거라 둥기 둥둥기야.
궁둥이 톡톡 쳐도 보고 입도 쪽쪽 맞춰 보고
그 자식이 잘도 났네 인제야 한 번 살아 보지.
한창 이리 놀리다가 어떤 친구 오더니만
수동별신[24] 큰 별신을 아무 날부터 시작하니
밑천이 적거들랑 뒷돈은 내 대줌세.
호두약엿 많이 고고 갖은 박산 많이 하게.
이번에는 수가 나리 영감님이 옳게 듣고
찹쌀 사고 기름 사고 호두 사고 추자 사고
참깨 사고 밤도 사고 칠팔십 냥 밑천이라.

이렇게 해서 별신굿에 쓸 엿을 고게 된다. 한몫 잡으려는 생각에 양도 많이 한다. 그런데 이게 웬일인지, 큰불이 나고 만다.

닷 동이 들이[25] 큰 솥에다 삼사 일을 꼿노라니[26]
한밤중에 바람 이자 굴뚝으로 불이 났네.
온 집안에 불붙어서 화광이 충천하니

---

24 壽洞別神, 수동별신굿. 노국공주魯國公主의 신위를 받드는 국신당제. 이 굿은 안동 지방에서 해마다 정월 보름에 5개 마을 주민들이 진법으로 펼치는 이색적인 굿이라고 한다. 국신당이 경북 안동의 수동촌(지금의 풍산읍 수곡리)에 있기 때문에 수동별신굿이라 불렀다.
25 다섯 동이 들이
26 고노라니

인사불성 정신없어 그 엿물을 다 퍼엎고
안방으로 들이달아 아들 안고 나오다가
불더미에 엎더져서 구불면서[27] 나와 보니
영감은 간 곳 없고 불만 자꾸 타는구나.
이웃 사람 하는 말이 아[28] 살리러 들어가더니
상가꺼지[29] 안 나오니 이제 하마 죽었구나.
한 마룻대[30] 떨어지며 기둥조차 다 탔구나.
일촌 사람 달려들어 부혓치고[31] 찾아보니
포수놈의 불고기 하듯 아주 함박 구웠구나.
요런 망할 일 또 있는가 나도 같이 죽으려고
불더미로 달려드니 동네 사람이 붙들어서
아무리 몸부림하나 아주 죽지도 못하고서
온몸이 콩과질[32] 되였구나 요런 년의 팔자 있나.
깜짝 사이에 영감 죽어 삼혼구백[33]이 불꽃 되어
불티와 같이 동행하여 아주 펄펄 날아가고
귀한 아들도 불에 듸서[34] 죽는다고 소리치네.
엉아엉아 우는 소리 이내 창자가 끊어진다.

이렇게 해서 남편 조 서방은 불에 타 죽고, 아이는 크게 화상을

27 구르면서
28 아이
29 지금까지
30 옹마루 밑에 서까래가 걸리게 된 도리. 상량上樑
31 헤치고
32 '콩 과줄'인 듯. '과줄'은 약과, 정과, 다식 등을 통틀어 일컫는 말
33 三魂九魄, 혼백
34 데어서

입는다. 그래서 아이는 '덴동이'가 되고 자신은 '덴동어미'가 된 것이다. 너무하다 싶을 정도로 처참한 고난이다. 그런데 여기서 또 한 번 감동적인 대목을 만나게 된다.

> 세상사가 귀차내여[35] 이웃집에 가 누웠으니
> 덴동이를 안고 와서 가슴을 헤치고 젖 물리며
> 지성으로 하는 말이 어린 아해 젖 먹이게.
> 이 사람아 정신 차려 어린 아기 젖 먹이게.
> 우는 거동 못 보겠네 일어나서 젖 먹이게.
> 나도 아주 죽을라네 그 어린 것이 살겠는가.
> 그 거동을 어찌 보나 아주 죽어 모를라네.
> 된다군들[36] 다 죽는가 불에 덴 이 허다하지.
> 그 어미라야 살려내지 다른 이는 못 살리네.
> 자네 한 번 죽어지면 살기라도 아니 죽나.[37]

또 한 번 죽으려고 하는 덴동어미를 두고, 이웃집 여인이 자기 젖을 먹여 주면서 덴동이를 생각해서라도 살라고 한다. 그래서 덴동어미는 조막손이 되고 오그라든 덴동이를 데리고 친정인 순흥으로 와서 살게 된다. 친정으로 돌아와서 집안 여인네 만나 밤새 울고, 위로를 받고, 그렇게 그렇게 산다. 그러면서 청춘과부를 위로하고, 또 함께 화전놀이에 온 여인들끼리도 서로 위로하며 눈물짓는다. 말할 수 없이 처참하고 슬픈 운명이지만, 그래도 끝

---

35 귀찮아서
36 (불에) 덴다고 한들
37 (아이가) 살 것이라 해도 아니 죽겠는가, 살아난다 해도 죽게 되지 않겠는가

내 살아남으려는 질긴 생명력이 있다. 어쩌면 이렇게 사람이 불행을 견디게끔 살아가게 하는 힘은, "그럼에도 불구하고 살아야 한다"는 섭리에 대한 순종이 아닐까 싶다. 그리고 같은 처지에 놓인 이들의 위로와 돌봄이고, 그것으로 이어져 온 것이 민중들의 역사가 아닐까.

덴동어미의 삶에서 보듯, 인생은 참으로 고통스럽기도 한 것이다. 그러나 인간의 삶에서 고통이란 어찌할 수 없이 받아들여야 하는 삶의 중요한 한 부분인 것이다.

이제, 권정생 선생의 《한티재 하늘》을 이야기하려 한다. 이 작품 속에 '자연의 삶과 고통의 의미'에 대해 이야기한 구절이 있다. 나는 이런 구절이 바로 근대적 삶에서 거의 사장되어 버린, 비근대적 지혜가 아닐까 생각한다.

> 폭풍이 치고 억수비가 쏟아져도 날씨가 개이면 만물은 다시 햇빛을 받아 고개를 들고 잎을 피우고 꽃봉오리를 맺듯이 사람들도 마찬가지다. 살아 있는 것은 그렇게 또 살아갈 수밖에 없는 것이다.
>
> 천지가 뒤흔들리고 난리가 나도 세상에는 아기가 끊임없이 태어났다. 조선의 골짝골짝마다 이렇게 태어나는 아기 때문에 모질게 슬픈 일을 겪으면서도 조선은 망하지 않았다. 그 아기들은 자라서 어매가 되고 아배가 되고 할매, 할배가 되었다. 참꽃이랑 산앵두꽃이 피어나는 들길로 그 애들이 손잡고 노래 부르고 있었다.

권정생 선생의 《한티재 하늘》은 1895년 을미의병에서부터 선생이 태어난 1937년까지 경북 안동, 의성, 청송 지방에 살던 이들의 이야기를 엮은 것이다. 전통적인 의미의 소설과는 좀 다르다. 특별한 주인공이 따로 없고 거의 100명에 가까운 인물들의 인생 유전이 큰 강물의 굽이를 원경에서 비추듯 담담하게 서술되어 있다. 수많은 인물들이 나오지만 몇 사람만 소개해 본다.

　수동댁은 일찍이 남편을 잃고 과부가 되었다. 아들도 병으로 잃고, 거기다 큰물로 집과 논밭까지 떠내려가자 곱추인 아들 봉원이와 벙어리 며느리 채숙을 데리고 와서 삼밭골에서 도지를 얻어 겨우 사는데, 순흥 가래실로 시집간 딸 정원네가 식구들을 이끌고 삼밭골로 찾아온다. 남편 건재가 빤란구이(의병)에 협력했다는 이유로 매 맞아 죽고, 집마저 불타 버린 것이다. 그렇지만 수동댁은 "옛날 순임금도 어려불 땐 독장사를 했단다"면서 주막을 시작한다. 그런데 아들 봉원이가 지겟짐에 깔려 넘어지면서 지겟작대기에 가슴팍이를 찍혀 피를 토하고 죽고, 외손주 이석이가 도망쳐 온 여종 달옥이와 눈이 맞게 되고, 결국 청송 칠배골로 도망가 버린다. 그리고 벙어리 며느리 채숙이 누구의 씨인지도 모르는 아들을 낳는다. 견딜 수 없는 고통의 연속인데, 수동댁은 외손주 종대와 며느리 채숙을 지켜 주기 위해 주막을 정리하고, 마을을 떠나 울진 바닷가 마을로 떠나 돌아오지 않는다. 감동적인 대목이, 수동댁이 채숙과 종대가 잠든 모습을 내려다보며 이렇게 중얼거리는 장면이다.

　　'그래도 내가 맘 잘 먹었제. 이것들을 어째 냇비리겠노. 그건 사람의 도리가 아니제. 절대 사람의 도리가 아니제……'

　권정생 선생은 불행한 운명을 견디고, 버려질 운명에 처한 것들을 끝내 보듬어 주는 모성의 힘에 대해 말하고 있는 것으로 보인다. 민중들의 삶 속에서 이어진 이 모성의 힘을 수동댁은 '사람의 도리'로 표현하는 것이다. 권정생 선생은 이 작품 전면에 자신의 목소리를 전하지 않고 이야기를 전해 주는 사람으로 철저하게 자리매김하고 있는데, 이 대목에서는 선생이 직접 소설 속에 끼어들어 자신의 목소리를 낸다.

> 사람이 할 도리란 대체 무엇인가? 지체 높은 양반님들은 법을 들먹거리고, 삼강오륜을 내세우고, 공자님 맹자님 이야기를 하지만, 정말 그것들이 사람의 도리를 온다지로 다 했던가? 그것들이 가르치는 대로 고분고분 따르는 게 사람의 도리일까? 정말 그것들이 사람을 살렸던가?

선생은 지배자들의 도덕에 대한 강한 불신을 말하고 있는 것이다. 그건 아마도 이 소설에서 나오는 농투성이들이 그렇게 일 년 내내 힘들게 농사지어 가을에 추수한 곡식을 달구지에 싣고 기다랗게 줄을 서서 갖다 바치는 데가 예학의 본고장인 하회마을의 양반 지주였다는 사실에서 연유하는 듯하다. 그러나 또한 선생은 기성 종교의 도덕에 대한 불신이 아주 강한 분이었다. 선생이 믿는 하느님은 인간의 욕망에 의해 '만들어진 신'이 아니라 '있는 그대로'의 것, 곧 '자연自然'이었던 것 같다. 저절로 태어나 저절로 아름다운 자연 세계, 그 속에 깃들어 사는 인간들의 자연스러운 본성의 삶, 인정, 사랑, 희생, 고통과 죽음의 드라마를 선생은 사랑했다. 그리하여 선생은 이러한 자연의 삶을 왜곡하는 인위人爲의 것, 수탈, 침략, 전쟁, 지배자의 도덕, 지배자의 종교에 분노하고 글로써 저항했던 것이다.

그리고 수동댁의 외손녀인 이순이가 있다. 이순은 어려서부터 함께 자란 이웃 오빠인 서억에게 연정을 느끼고 서억 또한 이순을 좋아하지만, 둘은 맺어지지 못하고 이순은 조석과 분들네의 맏아들인 장득에게 시집을 간다. 무능하고 어리석은 장득과 못된 시어미 분들네 때문에 고생스럽지만, 시아버지 조석의 살뜰한 보살핌으로 잘 견뎌 내는데, 조석이 중풍으로 몸져눕고, 시동생 재득이가 문둥병에 걸리고부터 가세가 기울고, 결국 장득이 노름빚으로 살림을 완전히 날려 버리면서 이순의 고난은 본격적으로 시작된다. 밤이면 호랑이가 으르렁거리는 깊은 산골 우구치에서는 도저히 살 수가 없어 동생 이금이네에 더부살이하면서 떡장사를 하지만, 장득이가 빚 대신 잡혀가고 이금이네가 부산으로 옮긴 뒤부터는 방아품팔이, 빨래품팔이를 하면서 굶기를 밥 먹듯 한다. 그 와중에 큰물이 져서 집마저 떠내려가 버린다. 겨우 빈집을 얻어 꼭지네 주막에 밀주를 담가 주면서 입에 풀칠을 하는데, 이것마저 단속에 걸려서 벌금 50원에 감옥살이를 해야 할 처지가 되고 만다. 근대적인 건물이라고는 처음 들어가 보는 경찰서에서 착해 빠진 이순이가 입술을 깨물고 당당하게 맞선다는 것이, 밀주 담근 내력을 있는 그대로 낱낱이 밝힌 꼴이 되어 버려 이순이로서는 어마어마하게 큰돈인 50원의 벌금을 받고 만다.

"그래, 모두 얼마너치나 해다 팔았소?" "한 달에 쌀로 서 말 할 때도 있었고 엿 말 할 때도 있었니더." "그럼, 돈을 많이 벌었겠구망." "뭔 소리이꺼? 다섯 소실 입에 풀칠하기도 힘들었는데, 돈을 벌다이요." …… 결국 이순은 싸움에서 져 버렸다. "나아리, 보래요. 용서해 주이소." 이순은 두 손을 모았다. "집도 절도 없이 아아들 디루고 하리하리 사는 처지에 뭔 힘으로 그리 많은 돈을 갚을 수 있을리껴? 지발 한 분만 용서해 주이소." "시끄럽소! 하필이면 왜 나라에서 금하는 도둑술을 해서 파는 거요? 이건 역적 노릇이요. 자, 여기 손도장을 찍으시오."

결국 이순은 빚을 갚기 위해 주모 꼭지네의 주선으로 등짐장수 외팔이에게 몸을 팔게 되고, 임신까지 하게 된다. 술도가와 결탁해 밀주 단속을 하면서 민중에 대한 수탈을 대행해 주는 순사 나으리가 있고, '역적 노릇'이라고 순박한 여인을 윽박지르는 저 한심한 권력이 있다. 이순이는 어머니 정원네에게 냉정하게 내침당하고, 시어머니 분들네는 화냥년이라 벌벌 떨면서 내치고, 몇 년째 소식 없던 남편 장득이 그제서야 편지를 보내 온다. 이순은 남의 씨를 밴 만삭의 몸으로 자식들을 데리고 트럭을 타고 떠나게 된다. 어머니 정원네는 발을 동동 구르며 통곡하고…….

슬픈 시대, 운명에 짓눌리고 수탈의 역사가 떠안긴 고통을 온통 몸으로 감당해야 했던 이순이의 삶이 있다. 권정생 선생이 이 슬픈 이야기를 통해 말하고자 했던 것은 무엇일까. 결국은 "산다는 게 뭔지, 고통이란 무엇인지, 그리고 한 사람의 운명을 이토록 처절한 고통 속으로 몰아넣는 우리 근대사의 고통"에 대해 말하고자 했던 게 아닐까 싶다.

《한티재 하늘》에는 고난과 수탈의 처절한 드라마만이 펼쳐지는 것은 아니다. 권정생 선생이 그린 '자연'의 삶에는 화해와 낭만적인 사랑, 낯선 이들에 대한 환대와 따사로운 인정들과 땅에 뿌리박은 민중의 평화가 있었다.

숨실댁은 버림받고 내침당한 기억 때문에 최 서방의 후실로 들어온 뒤에는 귀돌이와 분옥이의 못된 계모 노릇을 한다. 동네 사람들은 "고년 숨실댁이 천벌을 받을"거라고 험담을 한다. 그러나 숨실댁은 이들을 학대하면서 조금씩 그 살이 풀려 자기도 모르게 조금씩 어질어지고, 평온한 정신으로 돌아온다. 숨실댁은 귀돌이와 분옥이를 깊이 아끼게 되고, 죽을 때 귀돌이에게 용서를 빈다. 참으로 따뜻하고, 담담한 슬픔이 깃드는 장면이다.

"돌아, 내가 참 너무했제?" "어매요······." 귀돌이는 말을 잇지 못하고 목이 메었다. "잘못했대이. 내가 너무 했대이······." "······." "내가 참 죄 많은 어마이제. 돌아, 귀돌아, 잘못했대이. 잘못했대이······." 숨실댁은 수없이 수없이 잘못했다는 말만 되풀이했다. 귀돌이는 새어매 숨실댁의 깡마른 얼굴을 닦아 주고, 일으켜 앉혀 머리도 빗겨 줬다. 그렇게 하룻밤을 지내면서 숨실댁과 귀돌이는 스무 해도 넘는 긴 세월 갈기갈기 앙금졌던 것을 모두 쓰다듬어 내렸던 것이다.

아름다운 이야기가 흐르는 평화로운 정경도 있다. 청송에서 동네 머슴으로 가난하게 사는 이석이가 펼쳐 내는 이야기의 세계는 평화와 동경, 신비로 가득 찬 형상들이다. 이 대목을 읽으면 나는 언제나 평화롭고 마음이 따뜻해지곤 한다.

여름밤 하루 동안 고달픈 일을 마치고 나면 귀리짚으로 엮은 거적을 깔고 모깃불을 피우고 식구들이 이리저리 눕는다. 하늘에는 별이 은구슬을 뿌린 듯이 반짝거린다. 이석은 누워서 순태, 순원이한테 얘기를 들려준다. 함께 거적 구석쪽에 앉아 있는 달옥이도 이석이 이야기에 귀를 기울인다.

옛날에 짚신쟁이 할바이하고 수꾸떡장사 할머이가 살았그덩. 할바이는 짚신을 삼아 팔고 할마이는 수꾸떡 맨들어 팔고 부지런히 부지런히 살았제. 할방네한테는 아들이 일곱이 있었는데 모두모두 사이좋게 살았제. 그런데 어는게 여름에 억수비가 쏟아져가주 온 시상이 물바다가 돼뿌랬그덩. …… 그르다가 그르다가 할방네는 모두 죽어 하늘에 올라갔거든. 아들 일곱은 똥바가지가 되어 안죽도 강물을 퍼내고 할바이하고 할마이는 동쪽으로 서쪽으로 헤어져 산단다. 그래서 하늘에 옥황상제님이 하도 불쌍해 까막까치한테 칠석날 밤에 다리를 놓아주게 했제. 요새도 칠석날만 되마 까막까치들이 강물에 다리를 놓아 주고 할바이하고 할마이는 일 년 동안 부지런히 짚신 삼고 수꾸떡 맨들어 기다리다가 그날 하리만 만낸단다.

이야기를 다 하고 나면 모두가 하늘을 본다. 똥바가지가 된 아들들이 북두칠성 별이 되어 있고 짚신쟁이 할바이도 수꾸떡장사 할마이도 별이 되어 은하수 강물 사이에 두고 헤어져 있다. 순태와 순원이는 해마다 여름이면 아배가 들려주는 짚신쟁이 할바이 이야기를 다 알고 있지만 또 듣고 들어도 재미있고 슬프다.

《한티재 하늘》이 길어 올린 또 하나의 풍성함은 바로 사투리가 아닐까 싶다. 경북 북부 지방의 사투리는 이 이야기의 풍성한 실감과 정겨움을 길어 올리는 데 큰 역할을 한다.

"문디년한테 빠지이께네 속이 뒤집힌 거제. 창새꺼정 다 빼 줄긴가?"
— 분옥이를 사랑하는 동준에게 장터 아낙들이 타박하는 말

"내사 이날 입때꺼정 열 서방 만내도 배태 한 분 못해 봤제. 개새끼

라도 좋으이 자식 하나 갖는 기 소원인 년은 정작 눈까진 자식 하나 없는데…… 재복이넨 무단히 호강시러버 그런는 거제."

― 외팔이 등짐장수의 아기를 밴 이순에게 주모 꼭지네가 오히려 제 한풀이를 하는 장면

"술걸이체 하나 얼맹고?" 주막집 술어마이가 묻는다. "그건 말총겸 체시더. 이십 전 받아야 되니더.""이십 전이마 쌀이 한 말인데, 오방지게도 비싸네.""안 그러이더. 말총값 빼고 나마 기우 쳇바꾸 값도 안 나오니더." 술어마이는 강생이를 힐끗 흘겨보고는 "십오 전 줄꾸마, 팔아라" 한다.

― 윤서방이 만세운동으로 감옥에 간 뒤, 강생이가 상구를 업고 체장수 다니는 장면

《한티재 하늘》의 문장은 때때로 예외가 없는 것은 아니지만, 미려하고 장황한 수식은 삼가고, 감정의 굴곡을 드러내지 않은 채 담담하게 흘러간다. 이 작품을 되풀이해서 읽을수록 정갈하고 담백한 문장은 그윽한 맛을 자아낸다. 때로 매우 시적인 서정을 길어 올려 주거나, 그 적실함에 무릎을 치게 하는 문장들이 적지 않다.

가을이 깊어 수채 구멍에 고인 구정물이 얼던 날 /
싸락눈이 닭모이 뿌리듯이 내린 아침 /
산자락으로 아그배꽃이 자북자북 필 때 /
눈알은 시뻘겋고 콧구멍은 그을러 새카맣고 중우적삼은 걸레짝처럼 고질고질했다.

《한티재 하늘》에는 사투리와 문장의 묘미 말고도 비근대 사회

의 삶을 그려 볼 수 있는 많은 요소들이 풍부하게 들어 있다. 이를 테면 삼농사 짓는 법, 길쌈 도구들, 길쌈하는 과정, 온갖 들꽃, 나물, 나무, 새들과 곡식, 무당의 푸닥거리 모습, 민요, 동해 바닷가 마을의 영등제, 보릿고개 때 많이 먹었던 송기떡 만드는 법, 중풍, 노점(폐병), 황달에 걸렸을 때 민간 처방, 심지어 아편 키우는 모습까지 나온다. 봄철에 바쁘게 농사짓는 과정을 묘사한 아래 글을 읽다 보면 이상스레 마음이 풍요로워지고, 그 시절이 그리워진다.

> 봄보리를 갈아놓자 이내 감자씨를 놓아야 했고 보리논 써래질도 해야 했다. 뻐꾸기가 울자 목화씨를 심어야 했고, 올콩을 심고 못자리도 했다. 눈코 뜰 새 없이 바쁜데도 그런 대로 얼추얼추 일이 되어가는 건 이순이 덕택이었다. 겨울 동안 조막조막 갈무려 뒀던 씨앗들을 차례대로 꺼내다 줬고, 못자리를 하면 미리 알고 나락씨를 항아리에 씻어 담그었다. 목화씨에 참깨씨를 한 줌 섞어 놓는 것도, 밭머리에 들깨 심는 일도 이순은 꼼꼼하게 뒷수발드는 일을 했다.

그리고 내가 가지고 있는《민중 국어대사전》에도 나오지 않고, 맥락으로 의미만 어렴풋이 짐작되는데도, 느낌이 참 좋고 흐뭇해지는 몇몇 구절을 옮겨 본다.

> 알매(진흙)를 치다, 회술레질로(함부로) 떠들다, 꽁지벌레처럼 지천대다, 깡다짐으로 꾸짖다, 진동생동 달아나다, 따따분하게 살다

그리고 지금도 뇌리에 삼삼하게 떠오르는 고운 우리말 단어들도 있다.

유름해 놓다(미리 비축해 두다), 강똥하게(단정하게), 둥둥산(수북하게 쌓인 모양), 동두깨미살림(소꿉놀이), 하내나 두내나(어린아이들 놀이), 암끼(질투), 보꾹(천장) 띠앗머리, 정지중니미, 꼬끌불, 오요강아지, 발싸슴하다, 얼분스럽다, 서그레하다, 얼너리치다, 덩두럽다

이들을 하나씩 음미하다 보면, 오늘날 우리들이 향유하는 문화와 언어생활이 얼마나 황폐한 것인지, 반대로 토착적인 비근대적 삶과 문화는 또한 얼마나 풍요로운 것이었는지를 실감하게 된다. 이런 맥락에서 《한티재 하늘》은 우리 문학사에서는 거의 도달한 적이 없는 진정한 의미의 민중소설이며, 비근대적 삶의 실감을 뛰어나게 구현한 풍속소설이라고 생각한다.

마을의 삶, 민중의 평화

비근대적 삶에 대해 이야기할 때에는 반드시 '마을의 삶', '민중의 평화'를 구현한 작품들을 가르쳐야 한다고 생각한다.

나는 백석의 시편들이 참 좋다. 그리고 다산 정약용 선생의 둘째 아들이라고 전해지는 정학유의 〈농가월령가〉 같은 작품도 아주 좋아한다. 결국 우리가 회복해야 할 삶은 서로 돕고 사는 삶, 난 자리에서 뿌리내리고 어울려 살다가 죽어 가는 '마을의 삶'이라고 생각한다. '마을의 삶'을 그린 아름다운 문학작품을 읽고 나면 사람들은 그냥 '아름다운 그림'으로만 생각하고, 실재하지 않았을 거라고 생각하는 경향이 있다. 그러나 인류 역사를 12시간으로 놓고 봤을 때 우리가 지금 살고 있는 근대적 도시화, 산업화의 삶은 11시 55분부터 12시까지 마지막 5분에 불과하다. 아주 오랜 시간, 인간의 자연스러운 삶의 방식은 '마을의 삶'이었다.

물론 민중의 평화를 왜곡하고, 또 전쟁과 봉건적 질곡으로 내몬 힘들이 있었지만, 어쨌든 비근대적 삶의 근간은 마을공동체였다. 소설가 송기숙 선생이 《녹색평론》 66호(2002년 9-10월)에 기고한 〈마을 그 아름다운 공화국〉에 보면, 그 삶은 굉장히 자주적이고 자립적이었다. 우리의 마을공동체들의 근간은 '두레'였는데, 그것은 노동력을 공유할 뿐만 아니라 부족한 자를 보듬어 주고, 힘 있는 자의 전횡을 제어하는 지혜로운 조직이었다. 농사일을 할 때 두레 단위로 집집이 몰려다니며 일을 하는데, 일본 사람들이 와서 보니 몇몇은 일을 하지 않고 농악을 치며 분위기를 돋우고, 늘 술을 마시며 일을 하는 것이었다. 의아해서 자신들이 조사를 했는데, 막걸리를 마시며 농악 속에서 일을 하면 생산성이 45%나 더 높았다고 한다. 그야말로 서로 어울려 한솥밥 먹으며 신명 속에서 일한 것이다. 워낙 막강한 조직이다 보니 일제가 점령 초창기에 두레를 해체하기 위해 민간에 술을 못 빚게 하고, 농악을 금지시켰다고 한다. 그리고 동학농민항쟁 당시에는 마을의 두레 조직이 곧장 농민들의 전투 조직으로 전화한 예가 아주 많았다고 한다. 두레의 위세는 드높아서 농기를 꽂아 놓고 일을 하는데, 그 앞으로는 양반들도 말에서 내려 농기에 예를 표하고 걸어서 지나가게 했다고 한다. 그렇게 하지 않으면 두레의 좌장과 두레원들이 와서는 양반으로 하여금 되돌아가게 한 뒤에 다시 농기에 예를 표하고 지나가게 했다고 한다. 마한시대부터 시작되어 일제 초창기까지 건재했던 자랑스러운 우리 마을공동체의 조직이었다. 이것이 바로 앞서 인용한 신동엽의 대하서사시 〈금강〉에 나오는 "우리들에게도 생활의 시대는 있었다"라는 구절이 뜻하는 실체가 아닐까 생각한다.

민중의 평화를 구현하고 있는 작품은 참으로 많지만, 이 한 편의 시만 읊고 마치려 한다. 백석의 〈국수〉라는 시이다.

눈이 많이 와서
산엣새가 벌로 나려 멕이고
눈구덩이에 토끼가 더러 빠지기도 하면
마을에는 그 무슨 반가운 것이 오는가보다
한가한 애동들은 어둡도록 꿩사냥을 하고
가난한 엄매는 밤중에 김치가재미로 가고
마을을 구수한 즐거움에 싸서 은근하니 흥성흥성 들뜨게 하며
이것은 오는 것이다
이것은 어늬 양지귀 혹은 능달쪽 외따른 산 녚 은댕이 예데가리밭에서
하로밤 뽀오햔 흰 김 속에 접시귀 소기름불이 뿌우현 부엌에
산멍에 같은 분틀을 타고 오는 것이다
이것은 아득한 녯날 한가하고 즐겁든 세월로부터
실 같은 봄비 속을 타는 듯한 녀름볕 속을 지나서 들쿠레한 구시월 갈바람 속을 지나서
대대로 나며 죽으며 죽으며 나며 하는 이 마을 사람들의 으젓한 마음을 지나서 텁텁한 꿈을 지나서
지붕에 마당에 우물든덩에 함박눈이 푹푹 쌓이는 여늬 하로밤
아배 앞에 그 어린 아들 앞에 아배 앞에는 왕사발에 아들 앞에는 새끼사발에 그득히 사리워 오는 것이다.
이것은 그 곰의 잔등에 업혀서 길여났다는 먼 녯적 큰마니가
또 그 짚등색이에 서서 자채기를 하면 산 넘엣 마을까지 들렸다는

먼 녯적 큰아바지가 오는 것같이 오는 것이다

아, 이 반가운 것은 무엇인가
이 히수무레하고 부드럽고 수수하고 슴슴한 것은 무엇인가
겨울밤 쩡하니 닉은 동티미국을 좋아하고 얼얼한 댕추가루를 좋아하고 싱싱한 산꿩의 고기를 좋아하고
그리고 담배 내음새 탄수 내음새 또 수육을 삶는 육수국 내음새 자욱한 더북한 삿방 쩔쩔 끓는 아르굳을 좋아하는 이것은 무엇인가

이 조용한 마을과 이 마을의 으젓한 사람들과 살틀하니 친한 것은 무엇인가
이 그지없이 고담枯淡하고 소박素朴한 것은 무엇인가

고전 작품을 읽어야 하는 이유는 이처럼 출구 없는 막막함과 배타적인 경쟁 심리, '나'로만 수렴되는 고독한 나르시시즘을 비출 거울을 찾아 주기 위해서이다. 그러므로 고전 교육을 담당하는 이들부터 비근대적 삶에 대한 근대적 관념(혹은 착각)을 반성할 수 있어야 한다.

점점 더 파국의 기미를 짙게 드리우는 이 근대 자본주의 문명이 '어찌할 수 없는 본연의 삶'이 아니라는 것을, 유구한 인간의 역사에서 이 시대는 아주 예외적인 상황임을 누군가는 가르칠 수 있어야 한다. 그리하여 아이들에게 다른 세계, 다른 욕망을 향하여 난 출구를 열어 주는 것이 바로 고전 교육의 역할이다. 이런 맥락에서 지금 우리가 자명한 것으로 믿고 있는 고전 교육의 목표와 제재, 방법론은 새롭게 검토되어야 할 것이다.

논술 독재 앞에서

"이제 유치원 애들한테도 논술을 시켜야 하지 않겠어요? 동화책 읽히고, 느낀 점 쓰게 하고, 논리적인 형식을 좀 갖추어서 말이지……." 경북의 한 유치원 교사에게 어느 장학사가 던진 이야기라고 한다. 강원도 원주 상지대에서 열린 전교조 전국참실대회 국어분과 연수에서 이화여고 이형빈 선생의 강의 중에 들었던 이야기다. 이 이야기를 들었을 때 나는 심한 일렁임을 느꼈다. 어디선가 읽었던, 19세기 낭만주의 시인 윌리엄 블레이크의 이런 시구가 떠오르기도 했다.

새장에 갇힌 한 마리 로빈새는 / 천국을 온통 분노케 하며, / 주인집 문 앞에 굶주림으로 쓰러진 개는 / 한 나라의 멸망을 예고한다.

혼자 마음속으로 물어보았다. 블레이크 같은 예언자도 아니면서 이 정도 이야기에 토할 것 같은 기분이 되는 것은 감정의 오버(?)가 아닌가. 그러나 꼭 그렇지만도 않았을 것이다. 나는 한동안 논술 문제로 온 감각이 팽팽해져 있었다. 학교에서는 논술 보충 수업을 하던 중이었고, 우리 학교에서만도 열 명이 훌쩍 넘는 선생님들이 이런저런 논술 연수를 받고 있는 중이었고, 원주 상지대에 가기 전에 먼저 서울로 가서 교사 친구들을 만났는데 거기서도 또 화제가 논술이었고, 버스 타고 서울 거리를 다니다 보니 곳곳에 독서 논술 학원 간판이고, 온 나라가 논술 천지가 돼 버린 것 같아서 그것 때문에 화가 쌓였기 때문일 것이다. 그런데 이제는 유치원 아이들, 그 병아리 같은 꼬맹이들한테도 논술이라는 이름으로 '들이대려' 한다니……. 뭐 이런 나라가 다 있나 싶어서 속이 울렁거렸던 것이다.

나는 "열 살 미만의 아이들에게 문자를 가르치는 것은 독을 주는 것과 같다"는 독일 발도르프 학교의 원칙에 전적으로 동의한다. 그런데 우리나라의 교육 관료는 대여섯 살 아이들에게도 '논술'을 가르칠 생각을 한다. 언젠가 이 바람도 잦아들겠지만 지금만 놓고 보면 그야말로 '논술 파시즘'이다. 영화 〈괴물〉에서 괴물이 인간들을 습격할 당시에 무슨 치명적인 바이러스가 옮겨졌다고 뉴스에서 떠드니깐 순식간에 온 나라가 마스크 천국이 되듯이, "이제 대입은 논술이 관건이란다" 하니 온 세상 어른들이 아이들을 논술로 중무장시키려 한다. 남들 다 하는 것 따라 하지 않으면 불안해서 못 견디는 이 땅 사람들, 그 '바람'을 타고 자신이 지금 무슨 말을 하는지도 모르고 유치원 애들한테까지 논술을 시켜야 한다고 지껄이는 교육 관료가 있고…….

내가 믿고 기대는 매체들도 어느 순간부터 논술 섹션을 만들기 시작했다. 왜 아이들에게 논술을 가르쳐야 하는지 이들 중 아무도 이 사회를 향해 묻지 않았고, 그들 스스로도 물은 바 없다. 네 명 중에 한 명이 1년에 책을 한 권도 안 읽는다는 나라에서, 그나마 읽는 책이라는 게 '성공 처세술'이나 '재테크하는 법' 따위고, 《마시멜로 이야기》 같은 형편없는 물건이 베스트셀러가 되는 나라에서 말이다. 한미 FTA가 체결되면 얼마나 커다란 재앙이 닥치는지 민중운동 진영이 온 힘을 다해 알리고 다녀도 좀처럼 사회적 공론은 형성되지 않는 이런 나라에서 독서 논술 바람은 왜 이리 거센지 모르겠다.

논술 독재 앞에서 던져야 할 질문

몇 년 만에 전국국어교사모임에서 하는 연수에 참여하게 되었다. 국어교사모임이 사단법인으로 전환하면서 회원 자리를 내놓았던 나로선 좀 객쩍은 노릇이었지만, 이 연수에 참여하게 된 것도 무엇보다 '논술' 때문이었다. 국어 선생님들은 이 광풍을 어떻게 바라보고 있는지, 이 광풍 속에서 우리가 할 일이 무엇인지, 이제는 힘을 모아 뭔가 행동할 때가 아닐까 하는 고민을 나누고 싶었다. 사실, 나는 지난 4~5년간 학교에서 논술을 가르치면서 조금은 속 편한 결론을 내리고 있었다. 그 사이 얻은 노하우와 몇 가지 원칙에 따라 남들이야 뭐라든 내 방식대로 아이들을 가르치면 되겠거니, 생각하고 있었다. 그런데 2006년 무렵부터 논술이 급류를 탔다. 2008년 대입부터 논술 비중이 커질 거라는 언론 보도가 쏟아져 나온 이후일 것이다. 이제는 정신 차리기 어려울 정도가 돼 버려서 도저히 혼자서 독야청청할 수 없는 상황이 되었다. 무엇보다 논술 광풍으로 우리들이 그동안 힘겹게 일구어 온 소중한 것들이 크게 훼손당할 것이 불을 보듯 뻔했다.

지금은 입시 논술을 중심으로 이야기하고 있지만, 나는 조금 더 발본적인 문제 제기가 필요하다고 생각한다. 그동안 자명하다고 믿어 온 전제들을 다시 점검해 보아야 한다고 생각한다. 이를테면 "아이들이 좋은 책을 많이 읽고, 그것을 바탕으로 좋은 글을 쓰게 하는 것은 과연 '좋은' 일일까?" 하는 질문 말이다.

우리 사회는 '텍스트의 독재'가 관철되고 있다. 유치원 때부터 동화책이나 학습지로 시작해서, 초·중·고등학교를 거치면서 정말 수도 없는 시험문제와 필독서, 참고 도서를 '강제' 또는 '반강제'로 섭렵해야 한다. 컴퓨터 게임이나 텔레비전에는 가혹하지만 문자 텍스트들에는 너무나 너그럽다. 뭔가를 읽고 쓰는 것은 '무조건' 좋은 일이라고 생각하니까.

나는 "아이들이 좋은 책을 많이 읽고, 그것을 바탕으로 좋은 글을 쓰는 것이 '좋은' 일"이라는 믿음이 없다. 물론 나는 '책읽기와 글쓰기가 좋은 것'이라는 원론을 부정하지 않는다. 오직, 책읽기와 글쓰기가 소통되는 '한국적 맥락'에 대한 가없는 절망 때문이다. 비트겐슈타인을 빌릴 것도 없이, 맥락은 본질에 선행한다. 다른 의미로 맥락이 곧 본질이다. 책읽기와 글쓰기는 자신에서 출발하여 자신의 삶의 의미로 귀속되는 근원적으로 '사적私的'인 행위다. 진정한 교육은 그 개인적인 일이 진정으로 개인적인 의미로 귀속되도록, 다른 의미에서 타락하지 않도록 보호해 주어야 한다.

나는 독후감, 수행평가 서술형 답안지, 혹은 백일장 심사를 위해 응모된 작품들을 읽는 것이 갈수록 고통스럽다. 대체 이런 글들이 아이들의 삶에서 무슨 의미를 가질까 하는 상념으로 마음이 어지럽다. 아이들은 이런 유의 책읽기와 글쓰기에 필요한 규범을 이미 체득하고 있다. 멸시와 모멸 속에 살아가는 혼혈인들이 자신들끼리 모였을 때 알아들을 수 없는 난삽한 영어로 대화하면서 스트레스를 푸는 것을 TV에서 본 적이 있다. 어쩌면 우리 아이들도 '그럴듯한 객관의 언어'로 채색된 책읽기와 글쓰기를 강요하는 어른들을 비웃듯 자신들만의 내밀한 공간에서는 전혀 생뚱맞고 낯선 질質의 언어로 소통하고 있을지도 모를 일이다. 이렇게 책읽기와 글쓰기가 온통 '공적인 의미'를 가지는 교육과정을 12년이나 따라다닌 아이들의 내면은 어떻게 빚어질까. 이제 논술이 중심에 서서 책읽기와 글쓰기 교육을 이끌어 가게 된다면 그야말로 가관일 것이다. 만날 '첫째, 둘째, 셋째' 하는 식으로 스스로 절실하지 않은 이야기들을 주렁주렁 늘어놓는 것을 당연한 '공적 행위'로 여길 것이다. 내밀한 자기 성찰, 극히 개인적인 사색의 공간은 위축될 것이다. 교환 가능하지 않은, 그 자체로 의미를 가지는 가치들, 이를테면 '가난, 진리, 희생, 우정'과 같은 가치를 위해 제 몸과 마음을 쓰는 일을 두려워하게 될 것이다. 그리하여 아이들은 '참여'보다는 '관조'가 몸에 밴 '세상의 평론가'로 빚어질 것이다. 독서 논술 교육의 창의성이니 변별력이니 하는 문제보다 훨씬 더 중요한 문제가 바로 이런 점이라고 나는 생각한다.

'말과 글'을 위한 국어교육이 아니다

어느 순간부터 '양심적이고 역량 있는' 국어 교사들이 '삶을 위한 국어교육'을 놓고 '말과 글을 위한 국어교육'으로 슬그머니 돌아앉은 것은 아닌지 생각해 본다. 그리하여 우리가 "좋은 책 많이 읽힙시다, 좋은 글 쓰게 합시다, 잘 말하게 합시다" 하며 내달림으로써 이 땅의 '텍스트의 독재'를 부추기진 않았는지, 그래서 '논술'이라는 괴물이 출현하는 여건을 조성한 책임은 없는지, 스스로 물어볼 때라고 본다.

지금과 같은 독서 논술 광풍은 오직 상위 30%의 '쓸모 있는' 인적 자원을 감별하기 위해 어마어마한 사회적 자원과 역량을 낭비하는 것임을, 그리고 무엇보다 진정한 교육의 기반을 극심하게 훼손하는 기제임을, '제대로 된' 논술 교육은 우리 교육의 체질 자체를 전면적으로 개선해야만 가능한 것임을, 지금 같은 체제 속에서도 독서 논술 교육이 가능하다는 것은 새빨간 거짓말임을 알려야 한다. 이 속에서 우리 국어교육의 일반적인 흐름에 대한 반성이 일어나야 한다.

지금 이 세상은 '말과 글'이 '실체'에 선행한다. 이것은 또한 이 세상을 이끄는 지배적인 힘의 논리이기도 하다. 세상 사람들이 '말과 글'의 오염으로부터 벗어나 세계의 '실체' 그 자체와 대면하게 된다면 그들의 지배는 무너질 수밖에 없다. 그들은 '말과 글'로써, 자본과 경쟁력, 세계화 따위의 '허상'으로써 이 세계를 지배한다. 독서 논술 광풍도 이 '허상의 지배'를 관철시키는 한 방식이 될 것이다.

교육은 결국 '삶'이라는 대전제를 위해 봉사한다. '文'(글월 문)

자가 원래 '무늬'에 그 어원을 두고 있듯, '말과 글'은 삶의 실체가 아니라 삶의 무늬일 뿐이다. 자라나는 아이들의 삶에서 말과 글의 자리는 물론 조금씩 성장함에 따라 커져 가겠지만, 근원적으로 미미한 자리이다. '말과 글을 위한 국어교육'이 아니라, '삶을 위한 국어교육'으로 되돌아가야 한다. 이를테면 이런 글은 어떤가.

이 지구에 살고 있는 사람들 중의 절대 다수가 책을 읽지 않는다. 그들은 평생 동안 살아 있는 자연만을 마주하고 살아간다. 퍼덕퍼덕 움직이는 세계가 있으니 죽어 있는 글자 따위는 눈에 담지 않는다. 책이 그들의 삶에 파고들 여지는 전혀 없으며 그런 까닭에 '내 인생을 바꾼 한 권의 책'과 같은 게 있을 리 없다. …… 사자가 위장에 탈이 나면 풀을 먹듯이, 병든 인간만이 책을 읽는다. …… 압도적 다수가 책을 읽지 않는다는 사실을 놓고 보면 '책을 읽어야 한다'는 것은 소수의 책 읽는 이들이 벌이는 일종의 음모임에 틀림없다.

— 강유원, 《책과 세계》

나의
작문론

1

나는 중·고등학교 시절, 그 흔한 백일장 대회에도 나가 본 일이 없고, 글쓰기를 잘해서 상을 받아 본 적도 없다. 아마도 내가 쓴 글씨를 나 자신도 못 알아볼 정도로 악필이기 때문일 가능성이 높은데, 그래서 글쓰기 과제에서 받았던 평점도 항상 B 정도였다. 어쨌든 나는 이 모두를 대단히 고맙게 생각한다. 감수성이 형성되는 시절에 글쓰기에서 받은 칭찬과 비난에서 비롯되는 '오염'을 피할 수 있었기 때문이다. 돌이켜 보니 고등학교 시절에는 3년 동안 글쓰기 그 자체에 대해서 배운 적이 전혀 없었던 것 같다. '한 번의 시험'에 고교 3년의 모든 시간이 바쳐지던 '학력고사' 시절이었으니깐. 그래서 늘 긴장되고, 무지무지 큰 스트레스를 받고 살았는데, 그런 연유로 일생토록 함께하게 된 중요한 습관이 생기게 되었다. 그것은 바로 '일기 쓰기'이다. 거의 매일 빠짐없이 일기를 쓴 것이 내 글쓰기뿐 아니라 내 삶에서도 너무나 중요한 계기가 되었다.

나는 일기를 쓰는 일이 참 좋았다. 그때나 지금이나 다를 게 없는 것이, 대한민국의 고등학생이 누릴 수 있는 유일한 자유란 책상 앞에 앉아서 딴생각할 자유밖에 없었던 것이다. 그때 내 마음속을 스쳐 가던 온갖 가지 번민들, 내가 머물던 학교 기숙사에서 벌어지는 일들, 학교 바깥에서 만나던 친구들에 대한 생각을 펼쳐 보기도 하고, 문제집을 풀다가 만나는 멋진 글귀들을 그대로 옮겨 적기도 했다. 판소리 〈춘향가〉의 한 대목도 옮겨 적었고, 김광균, 김현승, 윤동주, 신석정, 김소월, 이런 분들의 시도 옮겨 적었고, 〈광장〉에 나오는 이명준의 독백도 옮겨 적었고, 이렇게 저렇게 참 많이도 옮겨 적었다. 그리고 《성문종합영어》를 공부하면서 만난 멋진 문장들(그중에는 마틴 루터 킹의 그 유명한 연설문 〈I have a dream〉도 있었다)을 그대로 옮겨 쓰는 일도 좋았다.

일기 쓰기는 그 막막했던 시절, 나만의 '밀실'이었고, 스스로에게 바치는 기도처였으며, 윤동주의 표현을 빌자면 '나에게 작은 손을 내밀어 눈물과 위안으로 잡은 악수'(《쉽게 씌어진 시》)였던 셈이다. 그리고, 일기를 쓰는 것만큼이나 좋았던 일은 이미 두툼해진 일기장을 심심할 때마다 처음부터 다시 읽어 보는 일이었다. 몇 번을 그렇게 다시 읽어 보았는지 모르겠다. 그때 다가오던 그 알 수 없는 온유와 평화, 그리움들……. 생각해 보니 이런 것들이 내 정서를 형성했다.

2

물론, 글쓰기에는 일기 쓰기만 있는 것은 아니다. 때로는 누군가를 설득하기 위해, 혹은 짝을 얻기 위해, 그리고 먹고살기 위해 글을 써야 할 때가 있다. 언어적 존재인 인간의 어찌할 수 없는 숙명이다. 글쓰기의 어려움과 고통을 생각할 때마다 2002년 한·일 월드컵 때 보았던 한 장면이 생각난다.

루이스 피구라는 포르투갈 출신의 세계적인 축구 선수가 제 앞에 버티고 선 두 명의 수비수 사이를 번개처럼 뚫고 나오는 장면이었는데, 그 짜릿한 느낌의 한편에 문득 글쓰기의 과정이 또한 그러하다는 생각이 들었다. 머릿속을 떠다니는 상념의 덩어리를 글로 풀어내려 하다 보면 내 앞에 커다란 벽들이 가로놓인 것 같은 느낌이 들 때가 있다. 그러나, 글쓰기란 그 수비수들을 어떻게든 헤쳐서 한 걸음씩 전진해야 하는 일이다. 그것은 때로는 비수처럼 재빠른 직관의 힘으로, 때로는 거북이처럼 느리고 묵직한 사념의 힘으로써 이루어 내는 일이다.

일기 쓰기와 함께 내가 겪었던 글쓰기 훈련은 대학생 시절의 경험들 속에 있다. 나는 국문과를 다녔지만, 4년간 문학 공부보다 학생회나 학생운동에 관련된 일들을 더 많이 했던 것 같다. 그러면서 나는 4년 내내 친구, 선배, 후배들과 독서와 독서 토론, 그리고 논술문 쓰기를 하게 된 셈이었다.

저학년 때는 '세미나'라고 부르는 독서 토론을 많이 했고, '대자보'라고 부르는 대학 내 언론 활동(토론을 통해 정리된 입장을 전지에 매직 글씨로 써서 대학 내 곳곳에 설치된 게시판에 붙이는 일)을 했다. 그리고 고학년이 되어서는 '문건'이라고 불리우는 꽤 기다란 논술문들을 썼다. 사실 그때 내가 썼던 문장들은 대대로 이어져 내려온 운동권만의 독특한 언어 습관으로 범벅이 되어 우리말 어법에도 맞지 않는 형편없는 글들이었을 것이다. 어쨌든 그 과정에서 세상사에 대한 견문이 생겼고, '논리'라는 것이 싹텄던 것 같다. 무엇보다, 눈앞에 막아선 수비수를 어떻게든 제치고 한 걸음씩 전진하는 '문장의 뚝심'이 생겼다.

3

이런 나의 경험을 지금 세대의 아이들에게 요구할 수는 없다. 다만, 내가 말하고 싶은 것은 나의 글쓰기는 내가 절실하게 여기던 어떤 것을 표현하기 위한 방편으로 시작되었다는 사실, 외적인 보상보다 나 자신의 내적 필요에 의해서 시작되었다는 사실이다.

세상 문제를 이야기하는 글을 주로 쓰는 나는 미학적인 글쓰기에 대한 바람도, 불멸의 가치를 가지는 글에 대한 바람도 전혀 없다. 오늘 읽혀지고 내일 아궁이에 불쏘시개로 태워지는 글이어도 좋다. 다만, 갈 곳을 찾지 못하고 떠도는 슬픔과 분노, 이 세상 살이의 아픔들을 붙잡아 활자로 옮기고 싶을 따름이다. 내가 존경하는 아동문학가 권정생 선생은 당신의 글을 두고서 늘 "바른 마음으로, 바른 눈으로 쓰였는지 그것이 두렵다"고 말씀하셨다. 그리고 또 말씀하시기를, 좋은 글이란 "읽은 이를 불편하게 만드는 글"이라고 하셨다.

나의 글쓰기는 고등학교 시절의 일기 쓰기와 대학 시절의 대자보, 문건 쓰기의 연장선상에 있다. 그러나, 글쓰기는 언제나 두렵고 고통스럽다. 연필을 잡고서 그동안 정리해 둔 메모들을 훑어볼 때, 이것들을 갈무리하면서 새롭게 스쳐 가는 상념들을 연필로 휘갈길 때, 내 앞에 거구의 수비수 몇 명이 막아선 듯한 막막한 기분은 여전히 익숙해지지 않는다.

일본의 작가 마루야마 겐지는 《물의 가족》이라는 소설 후기에서 글을 완전히 끝내고 나면 얼마나 진이 빠지고 지치는지 다시 쳐다보기도 싫을 정도로 그 글이 미워진다고 했다. 중국의 대문호 루쉰은 "목에 걸린 가시를 뱉어 내듯 글을 쓰라"고 했다.

누구나 글을 쓸 수 있고, 또 글을 써야 한다. 그러나, 지금 이 세상 많은 이들은 글쓰기의 주체가 아니라 관객이 되어 있다. 지금 유통되는 어머어마한 양의 글들은 대개 '타인의 언어'를 퍼서 나르고 거기에 한두 마디가 덧붙여진 '복제된 언어'들일 따름이다. 백화제방百花齊放, 온갖 자리에서 온갖 언어들이 흐드러지게 피어나야 하는 것이다.

삶에서 얻는 고통은 글로 옮겨야만 치유의 길을 찾을 수 있다. 이 순간의 번민과 기쁨은 글로 옮겨지지 않으면 영원히 사라지고 만다. 세상일도 마찬가지다. 이를테면, 4대강 사업으로 파헤쳐지는 강바닥의 상처를 누군가는 기록해야만 이 어이없는 파행을 심판할 수 있다.

글을 쓰는 일이 고통스럽다면, 우선 일기를 쓰는 습관부터 가져 보자. 내면에서 길어 올려지는 정직한 요구를 언어로써 드러내는 훈련을 해 보자. 그것은 좋은 글을 쓰는 훈련의 과정이기 이전에 무엇보다 '스스로를 구원하는' 길이 될 것이다. '스스로 말하게 하라.' 이것이 오늘날 우리들 글쓰기의 영원한 준칙이다.

공정택, 류근일, 그리고 하워드 진

　공정택 서울시 교육감을 생각하면 그 연세에 정말 대단하시다 싶다. 예전 YTN 〈돌발영상〉에 나온 국정감사 답변 모습을 보면, 청력이나 한글 해독 능력이 걱정스러울 지경인데, 다른 일은 어떻게나 귀신처럼 재바르게 처리하시는지 놀라울 따름이다. 이분은 학원들 편의를 워낙 잘 봐줘서 사정택 교육감, 줄여서 '사교육감'으로 불리는데, 아니나 다를까 선거 비용으로 학원들에서만 18억 원을 빌렸다고 한다. 국제중학교 설립은 국민들 70%가 반대했지만, 서울시 교육위원회까지 바지저고리로 만들면서 밀어붙였다. 전교조와 맺은 단체협약을 일방적으로 해지했는데, 거기에는 "방과후활동이나 야간 자율학습을 학생 동의 없이 강제로 할 수 없다"는 조항도 들어 있다. 그러니까 이제는 강제로 다 시키겠다는 말씀. 그분이 선거운동 당시 트럭 위에서 설파하신 교육관은 이런 것이다. "우리나라는 경쟁이 너무 낮아요. 이래서는 안 된다, 이 경쟁 대열이 초등학교 때부터 이뤄져야 된다, 고 저는 강력히 주장을 하고 있습니다, 여러분~~" 주옥같은 말씀이다. 전체 유권자의 7%만이 그분을 찍었지만, 이를 전혀 개의치 않는 자신감과 추진력은 우리들 나약한 젊은 교육자들의 귀감이 되기에 조금도 부족하지 않다.

한때 큰 바람을 일으켰던 한국 근현대사 교과서 논란의 예광탄을 쏘아 올린 〈조선일보〉 류근일 칼럼 '교육부 편수팀을 교체하라'는, 으리으리한 글로서 문장론 수업의 교본으로 삼을 만하다. 청소년들에게 만연해 있는 '자학사관' — 어디서 많이 들어 본 소린데 — 을 극복하고, 역사 교과서를 대폭 갈아치워 '긍지의 사관'을 가르쳐야 한다는 그 글을 읽으며 나는 거의 눈물을 흘릴 뻔했는데, 하도 명문이기에 끝부분만 소개해 본다.

> 이를 위해선 지금의 교육부 교과서 편수 담당 팀을 대폭 갈아치워야 한다. 지금의 팀은 노무현 시대의 팀 그대로다. 이들을 놔두고선 아무것도 할 수 없다. …… 이래서 이명박 정부는 내년의 '제8차 교육과정' 결정을 뒤로 미뤄야 한다. 그동안은 현행 교과서를 교정해서 쓰게 해야 한다. 대한민국 진영은 '방송 탈환' 투쟁에 이어 '교과서 탈환' 투쟁으로 돌입해야 한다. '촛불'에 겁먹은 이명박 정부가 '역사 탈환'을 결행할 수밖에 없게끔.

거의 상왕이나 대왕대비마마쯤 되는 어른이 아들 임금에게 훈계하는 수준인데, 글을 쓰려면 모름지기 이 정도 배포는 있어야 하는 법이다.

지금 류근일의 주문대로 저들은 '방송 탈환' 이후에 '역사 탈환'으로 넘어가고 있다. 전교조만 따로 상대하겠다는 이들이 단체들을 꾸리고, 여기저기서 기염을 토하고 있다. 한 몇 년 이렇게 잔 매 큰 매 다 맞다 보면 교육계도 거의 초토화될 것 같은 두려움이 들기도 한다.

이런 때에 나는 미국의 민중사학자 하워드 진의 책《하워드 진, 교육을 말하다》를 읽고 큰 위로와 용기를 얻었다. 1930년대 대공황 시절의 소년기부터 미국 체제와 불화하기 시작하여 일생을 시퍼런 대나무처럼 살아온 이 불굴의 지식인의 이야기에 귀 기울여 보자.

하워드 진은 이 책에서 미국 사회가 감추고 있었던 수없는 죄과들을 적시하면서 이 모두를 '가르쳐야만' 한 사회가 정신적으로 지탱될 수 있음을 웅변한다. 그는 이민자의 아들로 태어나 처절한 가난을 겪으며 일찍부터 사회 모순에 눈떴지만, 대학원 박사과정을 마칠 때까지 콜럼버스가 저지른 악행에 대해 거의 아는 바가 없었다고 고백한다. 학교에서 이를 가르치지 않았기 때문이다. 아래는 그가 인용한 초등학교 2학년 아동용 도서 내용이다.

"왕과 여왕은 금과 인디언들을 번갈아 살펴보았습니다. 그들은 놀라워하며 콜럼버스의 모험담에 귀를 기울였습니다. 그러고 나서 그들은 교회에서 기도를 드리고 찬송가를 불렀습니다. 기쁨의 눈물이 콜럼버스의 눈가를 가득 채웠습니다."

이런 식이다. 이러니 1519년 유럽인들이 멕시코에 도착했을 때 2,500만 명에 이르던 인디언들이 1605년에는 100만 명으로 줄어든 연유를, 아이들을 굶주린 개에게 먹이로 던져 주고, 장난삼아 칼로 찌르고, 젖먹이의 머리를 바위 위로 내던졌던 콜럼버스 일행의 끔찍한 악행을 미국 사람들이 알 리가 없는 것이다. 이 같은 방식으로 침략과 전쟁의 역사는 반복되고 있다. 베트남전에서 미군이 저질렀던 미라이 학살 사건을 아는 미국인은 거의 없다. 그러므로 베트남전을 기획하고 추진했으며 따라서 전범으로 기소되어야 마땅한 국무장관 맥나마라가 이를 '단순한 실수'라고 말할 수 있는 것이다. 이라크전 민간인 사상자들에 대해 국무장관 콜린 파월은 "그건 우리가 신경 쓸 문제가 아니다"라고 답했고, 9.11 이후 '테러와의 전쟁'을 주도한 국방장관 도널드 럼스펠드는 탈레반 포로들에 대한 고문을 승인했다. 그래서 탈레반 포로들을 가둬 놓은 컨테이너를 열면 "피범벅이 된 소변, 피, 배설물, 구토물과 썩어 가는 살덩이"가 넘쳐 나는 것이다. 미국인들은 테러 조직 알 카에다에 분노하면서도 조지아 주에 있는 '아메리카 훈련소'에서 6만 명의 라틴아메리카 군인들이 고문, 암살, 테러 훈련을 받고 남미 곳곳에서 그 임무를 수행한 사실은 거의 모른다. 이런 지경이니 이라크전 발발 당시 전쟁 지지율이 80%를 넘고, 후세인과 알 카에다의 연관관계를 여전히 믿고 있는 대학생이 전체 대학생의 60%나 될 수 있는 것이다.

'이상' 말고 '현실'을

이처럼 미국인들이 몽매한 지경에 빠진 것은 미국의 학교가 객관적 지식으로 채색된 '이상'만 가르칠 뿐 '현실'은 전혀 가르치지 않기 때문이라고 하워드 진은 되풀이하여 주장한다. 이것은 오늘날 우리나라에도 적용된다. 수능이 끝난 며칠 뒤에 학교에 트럭이 들어오고, 아이들은 그간 썼던 그 많은 문제집, 자습서들을 통째로 내다 버린다. 이것은 저 '지식 더미'들이 오직 시험을 치르는 데만 소용될 뿐 자신의 삶과는 무관하다는 것을 보여 주는 희극적인 사태다. 아이들은 지식이 현실과 관계하는 맥락도 별로 배운 바가 없다. 이를테면, 거제도 포로수용소의 포로들을 다룬 1950년대 작가 장용학의 〈요한 시집〉이 있다. 그 작품을 가르치다 보면 결국 우리 현대사를 이야기하게 된다. 아이들은 '모스크바 3상회의'는 알지만, 그 회의 내용을 뒤집어 보도하여 격렬한 찬탁·반탁 갈등을 불러일으킨 〈동아일보〉의 그 끔찍한 오보 사태는 아무도 모른다. 아이들은 몽양 여운형은 알지만, 그가 해방 공간에서 얼마나 중요한 인물이었는지를 모른다. 그리고 몽양의 좌우합작 운동이 당시 정세에서 얼마나 절박한 것이었는지를 설명할 수 있는 학생도 거의 없다.

하워드 진의 입을 빌릴 것도 없이 어느 교육학 교과서에건 다 나오는 이야기를 해 보겠다. 아이들은 자신을 구성하는 '현실'을 알아야 한다. 대한민국 학생들이 왜 이렇게 공부만 하면서 살아야 하는지, 이렇게 공부해도 결국 '웬만하면 비정규직'이 될 수밖에 없는지 그 이유를 알아야 한다. 아이들은 이 '자유시장경제'가 전혀 자유롭지 않다는 것을 알아야 하며, 따라서 정부가 금융업계의 천문학적인 차관에는 지급보증을 서 주면서도 가난한 농민들이 대출금을 갚지 못해 농약을 마시고 픽픽 쓰러져도 수수방관하는 것에 분노할 수 있어야 한다. 아이들은 농업을 이토록 멸시하고, 물신숭배가 이렇게 꼭대기까지 차오른 사회는 결코 지탱할 수 없음을 알아야 한다. '건국절' 운운하며 이 나라를 본격적인 이념 논쟁으로 몰아가려는 세력들이 준동하고 있지만, 이념을 떠나서, 이 나라의 건국이란 친일 주구들이 민중의 당면한 요구를 배반하고, 반대편 사회 세력들을 박멸시킨 위에 건설한 테러 통치 체제에 다름 아니었음을 알아야 한다.

약자의 시선, 역사의식, 그리고 용기

하워드 진의 책에는 아메리카 인디언들에 대한 인상적인 이야기가 나온다. 아래는 1880년대 〈인디언 자치지역 해체에 관한 법안〉 — 인디언 쫓아내자는 법이다 — 을 작성한 상원의원 헨리 다이스가 체로키족을 방문했을 때의 기록이다.

> "부족을 통틀어 자기 집이 없는 가정은 없었다. 부족 내에는 단 한 명의 거지도 없었고, 그 부족에게는 단돈 1달러의 빚도 없었다. …… 스스로 학교도 세우고 병원도 지었다. 하지만 체제의 결함은 너무도 명백했다. 그들은 땅을 공동으로 소유하고 있으므로 발전하는 데 한계가 있었다. …… 그곳에는 내 집을 이웃집보다 더 좋게 만들어 줄 기업가 정신이 없었다. 문명의 바탕에 흐르는 이기심이 그곳에는 존재하지 않았다."

이기심. 이것이 솔직한 고백이다. 지상낙원이었던 인디언들의 삶의 터전을 잔인하게 파괴하고, 미국을 물신의 제국으로 이끌고,

더 나아가 오늘날 세상을 이 지경으로 만들어 낸 원동력이 다름 아닌 '이기심'임을 저들은 부지불식간에 솔직하게 고백하고 있는 것이다. 그들은 이 이기심을 어떤 방법론으로 실현했을까. 그것은 '막가는' 것이다. 필리핀을 점령하기 위한 전투에 참여한 한 미군 장교는 솔직하게 표현한다.

"돌려서 말할 것도 없다. …… 우리는 미국 인디언들을 몰살시켰고 모두가 그 일을 자랑스러워한다고 생각한다. …… 그리고 만약 필요하다면, 진보와 개화에 방해가 되는 종족을 뿌리 뽑는 일에 양심의 가책 따위를 느껴서는 안 된다."

그러므로 이 모든 역사를 문명이라 말할 수는 없는 것이다. 이런 정신이 미국 사회를 지배했고, 우리 현대사를 주장질했다. 그것은 지금도 다르지 않다. 오늘날 지배 집단이 우리 교육에 대해 그 어떤 거룩한 이야기를 해도 결국은 제 이익을 지키겠다는 이기심의 표현에 다름 아닌 것이다.

이 체제에 어떻게 맞설 것인가. 하워드 진은 간명한 방법론을 제안한다. 아이들에게 '약자의 시선으로' 바라보는 법을 가르치자는 것이다. 멕시코 전쟁을 통해 전 국토의 절반을 빼앗겼던 멕시코 인민들의 입장에서, 콜럼버스가 아니라 그에 의해 지옥으로 내던져진 인디언들의 입장에서, 테러와 린치를 각오하고 민권운동에 뛰어들었던 1960년대 흑인들의 시선으로 미국 사회를 보도록 가르쳐야 한다는 것이다. 이 자리에 대입될 한국 사회의 약자들은 누구일까.

하워드 진은 '용기를 가질 것'을 주문한다. 그는 자신의 삶을 회고하면서 세상을 바로잡기 위한 이 노력들이 무의미한 안락으로 파묻힐 수도 있었던 자신의 삶에 가치를 부여해 주었다고 말한다. 그리고 그는 역사의식을 가질 것을 주문한다. 꿈쩍하지 않을 것 같은 체제도 역사를 통해 바라보면 아주 짧은 시간에 불과함을 깨닫고 무의미한 절망에 빠지지 않을 수 있었다고 그는 고백한다. 그리고 어디를 가든 저항을 위해 헌신하는 이들을 만났고, 그들은 모두 훌륭했으며 그들과의 우정으로 기쁨을 느꼈다고 고백한다. 부정과 불의 앞에 시퍼렇게 날이 서 있는 그를 보면서 공정택과 류근일류의 인간들로부터 얻은 상처와 피로를 잠시나마 잊는다. 그가 온 힘을 다해 외치는 것은 단순하다. 아이들에게 '현실'을 가르쳐야 한다는 것, 그리고 야만에 맞서 싸워야 한다는 것.

사람에게는 얼마만큼의 논술 능력이 필요한 것일까

이 글의 제목은 러시아의 대문호 톨스토이가 정리한 러시아 민담 〈사람에게는 얼마만큼의 땅이 필요한가〉에서 따왔다. 익히 알려진 이야기이다. 파홈이라는 욕심 많은 농부가 새 땅으로 이주해 갔는데, 그곳 촌장이 1,000루블만 내면 아침부터 해 떨어질 때까지 걸어 돌아온 땅을 모두 주겠다고 한다. 파홈이 환장을 해서 정신없이 내달리다가 해 떨어질 무렵 목표 지점에 기진맥진 도착했는데, 결국 거기서 쓰러져 죽고 만다. 죽은 파홈의 시신을 일꾼들이 땅을 파서 묻었는데, 파홈에게 정작 필요했던 땅은 제 시신을 묻을 만큼의 자리면 됐다는 것이다.

나는 10년 가까운 시간 동안 학교에서 아이들에게 논술을 가르쳐 왔다. 그런데 갈수록 "사람에게는 과연 얼마만큼의 논술 능력이 필요한 것일까?"라는 질문이 간절해진다. 논술 교육을 둘러싼 우리 사회의 모습은 '벌거벗은 임금님'의 이야기처럼, 모두가 알고는 있지만 고발하지 않고 마지못해 따라가고 있는 허위의 행렬이 아닌가 싶다. 지금은 초등학교까지 논술 교육이 내려가 있지만, 사실 초등학생들, 특히 저학년에게 책읽기와 글쓰기를 논술 중심으로 가르치는 것은 범죄적인 행위라고 생각한다. 그리고 중등교육에서 이루어지는 논술 교육은 지금보다 훨씬 후퇴한 자리로 돌려보내야 한다. 정작 '좋은 삶'이라는 큰 틀에서 바라보면 굳이 긴요하지 않은 능력을, 그것도 중등 교육과정에서, 문제를 출제한 교수들도 엉터리 답안을 제출하기 일쑤라는 이 고난도의 시험을 강요하는 이유가 무엇인지, 생각하면 할수록 안타까울 따름이다.

최근 몇 년 동안 논술에 대한 사회적인 관심이 급격히 커졌다. 2008년부터 시행된 대입 제도와의 관련 때문이다. 하루 동안의 학력고사로 '한 방'에 입시를 끝내던 시절과 달리 이제는 3년 동안의 내신과 수능시험, 논술·면접과 같은 대학별고사까지 치러야 한다. 내신과 수능은 그나마 학교교육과 연관이라도 있지만, 입시 논술을 가르치기 위해서는 따로 반을 만들고, 별도의 준비를 해야 한다. 이를 두고 '옥상옥屋上屋'이라고 한다. 집 위에 집을 올리고, 거기에 또 집을 올리는 형국이다. 교사는 지치고, 학생들은 할 일이 너무 많다. 그래서 '학교교육의 집'은 위태로워진다.

그래도 논술은 그 자체로는 '좋은 것' 아니냐고 하는 분들이 있다. 그래서 학교교육 현장에 잘 뿌리내리도록 이끌어 주어야 한다는 분들도 있다. 그렇지만, 무어든 눈여겨봐야 할 것은 그것이 실제로 활용되는 사회적 맥락, 그리고 그것의 영역과 범위의 한계가 아닐까 싶다. 그 '적정선'을 지켜 주는 것은 그래서 몹시 중요하다.

"가장 감미로운 것들도 가장 시어빠진 것이 될 수 있다네. 백합 꽃이 썩을 때 잡초보다 훨씬 나쁜 냄새를 풍긴다네." 이런 시 구절을 어디선가 읽은 적이 있다. 무엇이든 한계치를 넘어서면 그 순간부터는 파괴적인 존재가 된다. 그런데 논술이 저 구석진 자리가 아니라 입시를 향한 꼭짓점에 자리 잡고 있다 보니 중요한 것들을 빼앗게 되었다. 그중에서도 아이들의 문학적 상상력, 감수성과 관련해서 논술은 상당 부분 이들을 잠식하고 퇴화시킬 것이 분명해 보인다. 이 글은 그것들의 관계도를 조금이나마 밝혀 보려는 시도이다.

한 아이의 이야기

이 글을 준비하면서 나는 며칠 동안 틈틈이 교무실 캐비닛에 보관해 두었던 아이들의 글을 꺼내 읽었다. 졸업하고 제법 시간이 흘렀는데, 이 녀석들이 지금 어디서 잘 살고는 있는지 그리워지기도 했고, 새삼스럽게도 국어 선생이라는 자리가 참 복되다는 생각이 들었다.

우연히 한 학생의 글이 눈에 들어왔다. 논술반을 운영하면서 아이들과 여러 권의 책을 돌려 읽으며 서로 짤막한 독후감들도 나누었는데, 포리스트 카터라는 미국 작가가 쓴, 체로키 인디언 소년 '작은 나무'의 성장기를 담은 《내 영혼이 따뜻했던 날들》이라는 책의 독후감 일부이다.

영혼이 빠져나간 통나무. 밤톨만 한 영혼. 머릿속이 숫자로 가득 찬 내 모습과 닮은 것 같다. 남을 짓밟으며 앞으로 나아가려는 욕심. 애써 찾아내려 하지 않아도 마치 우연히 그런 것처럼 눈이 닿는 자리에 욕심이 묻어 있는 듯하다. 충분히 안 쓰고도 살 수 있는 말을 내뱉을 때마다, 이 말은 가시가 되어 때맞춰 고개를 들곤 한다. …… 이 책을 읽으면서, 마음이 어린아이로 거슬러 올라갈 수 있었다. 친구가 뒤떨어져 있으면 어딘가에 서서 기다려 주는 마음이 있었던 그때. 앞서든 말든, 그런 것에는 관심이 없었고, 쓸쓸히 뒤에 혼자 남지만 않는다면 좋겠다고 생각했었다. 아니, 사실 이 생각은 해 볼 겨를조차 없었다. 친구들도 나처럼, 따라잡을 수 있도록 기다려 줬으니까. 내 것이라고 할 만한 무언가를 손에 넣으려고도 해 보았지만, 그 일에 매달리지는 않았다. 지금은 욕심 탓에, 어떤 것을 얻으려고 하면 할수록 더 많은 것을 잃어버렸다는 느낌이 든다.

지금 내 영혼은 얼마만 할까? 욕심을 가질수록 마음을 다친다는 것, 그렇다면 내가 다친 그 마음도 '영혼의 마음'이 분명하다. 마음을 다치지 않고 얼마든 가질 수 있는 유일한 재산이 영혼이 아닐까 싶다. 영혼을 이해한다면…….

이 글은 독후감이면서 시적인 여백과 울림을 가진 아름다운 에세이기도 하다. 이 글을 쓴 학생은 초등학교에 입학할 무렵 목회를 하는 아버지가 독일로 유학을 가시는 바람에 7년간 독일에서 살았다. 약사였던 어머니가 생계를 잇기 위해 자식들을 데리고 한국으로 돌아와서 고등학교까지 마쳤다. 이 학생은 말수가 적지만, 진중하고 사려 깊은 여학생이었다. 문제는, '스피드'를 강조하는 한국식 교육에 좀처럼 적응을 못 했다는 것이다. 언어영역

시험 100분 동안 60문제를 다 풀지 못해서 항상 낮은 점수를 받았다. 책도 아주 느리게 읽었다. 그래도 처절할 정도로 열심히 공부를 했는데, 성적은 그리 좋지 않아 늘 보기 안쓰러웠다. 다행히 논술 수업은 재미있게 따라왔고, 책을 읽고 이야기하는 자리에서는 다른 아이들에게서 좀처럼 보기 어려운 날카로운 통찰도 보여줬고, 위와 같은 빼어난 글을 썼다. 그러나 그 학생이 써내는 논술 글은 보기 안타까웠다. 논술문은 뼈대가 단순한 글이다. 제시문이 말하는 바에 대해 설명하고, 제시문 간의 연관관계를 밝히고, 그를 바탕으로 해서 자신의 주장을 예증하면 되는데, 이처럼 생각이 많고, 생각과 생각 간의 매듭은 느슨하되 그 속에 풍부한 서정을 감추고 있는 학생들, 그것들의 줄가리를 세울 지성을 아직 배양하지 못한 학생은 논술을 끔찍하게 어려워한다. 그래서 그 학생은 아예 논술문에 대한 답을 써내지 못하거나, 질문이 원하는 서너 가지 요소 중에서 자신에게 와 닿은 한두 문제에 대해 깊숙한 이야기를 하다가 분량을 다 채우고 말았다. 그래서 이 학생의 에세이를 읽는 일은 경탄의 연속이었지만, 논술문 첨삭은 정말로 괴로운 일이었다. 그 학생은 재수를 하면서까지 한국에서 자신이 원하는 심리학 공부를 하기 위해 애를 썼지만, 결국 이를 포기하고 아버지가 계시는 독일로 유학을 떠나고 말았다. 다행이라는 생각도 들었다. 아주 가끔 연락이 오는데, 그곳 대학 생활에는 잘 적응하고 있는 모양이다.

좋은 글은 어떻게 태어나는가

대개 백일장에서 상을 타 오는 학생은 모범생들이고, 그래서 학업 성적과 글솜씨의 상관성이 높을 거라 생각하는 분이 많지만, 실상은 별로 그렇지 않다. 이를테면 '백일장 입상용 글'이 따로 있고, 거기에서 상을 타 오는 학생들은 백일장 입상에 필요한 문법을 잘 체득하고 있다. 읽기에는 그럴듯하지만, 가만히 뜯어보면 잘 짜 맞추어진 감동 없는 글들이 많다. 그런 글이 좋은 글이라고 말할 수는 없는 것이다. 내가 보기엔 학교교육에서 학업 성적과의 상관성이 제일 낮은 것이 바로 글쓰기가 아닌가 싶다. 일찍부터 바른 글쓰기 교육을 위해 애써 온 한국글쓰기교육연구회 선생님들이 펴낸 책들이 있다. 중학생들의 글은 《아무에게도 하지 못한 말》, 고등학생들의 글은 《날고 싶지만》이라는 제목으로 묶여 있다. 그 책을 보면서 깜짝 놀란 이유는 뜻밖에도 실업계 고등학교 학생들이 정말 생생하고 진솔한, 감동적인 글을 쓰고 있기 때문이다. 실은 내게도 비슷한 체험들이 있다. 내가 교사 생활을 하면서 읽었던 가장 감동적이고 우수한 글들은 논술이나 백일장과 같은 강력한 보상 체제가 작동하는 틀 속에서는 결코 만날 수 없었다. '좋은 글'들은 가정 형편이나 성적이 좋지 않다거나 하는 이런저런 이유로 생각이 많음에도 나름의 감수성을 다치지 않고 지켜 온 학생들이 편안한 분위기에서 스스럼없이 써내는 그런 글들 속에서 발견할 수 있었다.

지금도 떠오르는 글들이 몇 편 있다. 우리 학교뿐 아니라 지역에서도 거의 싸움 분야의 '통' ― 도시에서는 '짱'이라고 부르지만, 우리 지역에서는 '통'이라고 한다 ― 으로 통하는 아이가 있었다. 술이 덜 깬 채로 등교해서 종일 엎드려 있는 모습도 본 적이 있는 친구인데, 그 녀석이 내가 맡은 3학년 독서 시간에 쓴 글이 생각난다. 대략 이런 내용이다.

나는 원치 않았는데, 중학교 때부터 서열을 재기 위한 싸움에 종종 불려 나갔다. 그때의 고요한 분위기가 너무 싫었다. 싸움이 끝나면 내 주먹은 피에 젖어 있었고 나를 따르는 친구들도 늘어났지만, 이상하게 싸움이 싫어졌다. 지금 나는 일생토록 함께하고픈 존경하는 선배가 있는데, 그분처럼 평범하게 살고 싶다.

이 글을 읽어 주던 시간, 여학생들이 껌뻑 넘어가고, 녀석은 붉어진 얼굴로 연신 손사래를 쳤다. 아마도 녀석은 그 글을 통해 제 맘속에 똬리 틀고 있던 소망, 이를테면 남자들의 약육강식의 힘의 세계로부터 벗어나고픈 꿈을 드러낸 게 아닐까 싶다. 실제로 그 학생은 소망처럼 '폴리텍'이라 부르는 기능대학에 진학했는데, 군 제대 후에 취업해서 착실하게 산다는 소식을 들었다.

다른 한 여학생의 글이 있다. 역시 성적은 그리 뛰어나지 않았다. 이 학생의 글은 밀양 장에 내다 팔기 위해 콩이며 팥이며, 산나물을 뜯어 보자기에 싸서 시내로 나오는 할머니들로 가득 찬 아침 등교 버스의 모습을 묘사한 글이었다. 지금도 잊히지 않는 부분은 "팔걸이에 나란히 매달린 나의 희디흰 팔목과 시커멓고 쭈글쭈글한 할머니의 팔이 너무나 대조되어서, 문득 슬픔이 몰려와 할머니의 그 검고 거칠한 손을 어루만져 주고 싶었다"는 부분이었다.

마지막으로 한 여학생의 글이 떠오른다. '열등감'이라는 주제로 글쓰기를 했는데, 손에 땀이 많이 차고 유독 까칠까칠해서 친구들과 손을 잡지 못하고, 좋아하는 이와 악수할 일이 생기면 자신이 싫어지기까지 했다는 글이다. 이 글은 내가 월간《작은책》에 투고하느라 워드로 직접 입력해서 아직도 보관하고 있는데, 아래는 그 글의 끝부분이다.

    어쩌면 나는 처음부터 알고 있었으면서도 그동안 스스로 인정하지 못한 건지도 모른다. 다음과 같은 사실 말이다. '남과 악수하는 일은 끔찍해요.' — 사실은 악수하는 일은 그 무엇보다 기분 좋은 일이었다. '그 누구와든 손잡기 싫어요.' — 사실은 그 누구와든 손을 잡고 싶었다. '그래서 나는 내 손이 미워요.' — 사실 나는 누구보다 내 손을 사랑한다. 단지 남이 내민 손을 잡을 용기가 없었을 뿐이다.
    나는 이 소재거리를 갖고 쓸 내용을 생각하는 동안 내내 울 수밖에 없었다. 그만큼 남에겐 아무것도 아닌 하찮은 일이 그동안 나에게는 엄청난 심적인 영향을 주고 있었던 것이다. 하지만 그 괴로운 시간을 보내고 한 글자 두 글자 나의 '손'에 대해 적어 가면서 하루 종일 내 '손'을 쳐다보고 끔찍한 기억들을 반복하는 동안 어느새 나는 무덤덤해져 있었다. …… 조그만 희망의 기운이 꿈틀거리는 것을 느낀다. 나는 용기에 대해 생각한다. 내 '손'을 가장 아름다운 것이라고 믿는 그 용기 말이다. 내가 만일 가장 아름다운 손을 가진 사람이라면, 온통 일그러지고 뒤틀린 피부를 가진 사람의 얼굴을 맨 먼저 쓰다듬을 것이며, 내가 만일 가장 부드러운 손을 가진 사람이라면 살가죽이 뼈에 붙은 메마르고 앙상한 아이의 몸을 맨 먼저 어루만지리라. 나는 소망한다. 남을 위해 내가 먼저 손 내밀 수 있기를.

내가 생각하기에 글쓰기에서 가장 중요한 요소는 자유롭고 너그러운 분위기이다. 이 글을 잘 써서, 이 글로 어떻게 해야겠다는 생각이 없을수록 훌륭한 글이 태어난다. 점수나 서열의 척도로 사용되지 않고, 그 어떤 보상과 책임도 없는, 어떤 것이든 다 받아들이는 너그러운 분위기와 자유로움. 이것은 글쓰기에서 나머지 모든 요소를 다 합쳐도 좋을 만큼의 중요한 요소이다.

글쓰기는 언어를 매개로 하여 체험을 이미지와 형상으로 그려내는 작업이다. 이미지와 형상이 작용하는 영역이 넓을수록 예술적이고, 글쓴이 자신의 지평을 넘어서는 초월성을 획득한다. 이런 맥락에서 본다면, 지금 학생들이 목을 매야 하는 논술문은 실은 최하급의 글이다.

나는 학생들이 쓰는 가장 가치 있는 글로 일기를 꼽는다. 일기는 자신이 자신에게 바치는 글이기에 그 어떤 글에도 담을 수 없는 진정성이 있다. 일기는 자신을 표현하고, 치유하고, 성장케 하고, 자신을 초월하는 삶의 비전으로 이끌어 준다. 일기를 통해서라면, 그 누구든 그 자신에게는 일급의 문필가가 될 수 있는 것이다.

그러나 지금 교육 현장에서는 논술의 압박으로 인해 저런 유의 글쓰기는 숨 쉴 공간이 사라지고 있다. 오직 '원하는 것을 얻기 위한', '입시 관문을 통과하기 위한' 글쓰기만이 강조된다. 으뜸과 끄트머리가 뒤바뀐 것이다.

논술이 빼앗는 것과 '교양'의 의미

논술문 쓰기는 물론 미덕이 있다. 이를테면 나는 논술 수업에서 요약하기와 메모하기를 가장 중요하게 가르친다. 텔레비전 토론을 보면 참 엉터리가 많다. 그것은 남의 이야기를 잘 듣지 않고, 대충 제 방식대로 알아들은 뒤에 제 하고픈 이야기를 할 차례만 노리다 보니 맥락에도 맞지 않는 엉뚱한 이야기가 횡행하는 것이다. 주어진 글을 잘 뜯어 읽고 요약하고, 그것들의 맥락을 갈무리하는 과정에서 남의 말을 주의 깊게 듣고 새기는 민주 시민의 자질이 일깨워진다. 그것은 또한 고등 학문 탐구에도 매우 긴요한, 지적인 자질을 훈련하는 과정이기도 하다. 그렇지만 사실 그 정도의 훈련이란 굳이 논술고사라는 거창한 '틀'이 아니더라도, 중등 교육과정 속에 얼마든지 담아낼 수 있다. 논술고사로 인해 상처받는 것들이 너무 많고, 그 상처는 크고 깊다.

논술은 상상력을 빼앗는다. 상상력이란 이를테면 〈해리 포터〉처럼 현실에 뿌리를 둔 공상만을 뜻하지 않는다. 상상력은 주어진 인식의 지평을 넘어 존재하는 세계의 형상을 그릴 수 있는 능력이다. 그것은 꼭 미래나 비현실을 향해 가는 것만은 아니고, 과거를 재구성하는 방향으로 날아가기도 한다. 그러나 논술문 쓰기는 아이들을 일단 주어진 '틀'에 굴복하게 만들면서부터 출발한다. 아이들은 '틀'에 굴복하고, 논제가 요구하는 금 바깥으로 한 발짝도 나가지 못하는 구속감을 경험함으로써 모르는 사이에 상상력을 억압당하게 된다.

논술은 교양의 의미를 왜곡시킨다. 논술 교육에 찬동하는 분들은 어쨌건 책읽기와 토론이 바탕이 되는 논술 교육은 교양을 배양하는 효과적인 틀이 될 것이라 주장한다. 그러나 그것은 교양에 대한 생각의 차이에서 비롯하는 것이다. 교양이란 무엇일까? 단순히 인문·사회과학에 대한 지식을 얻고, 고전을 두루 섭렵해서 배양하는 것이 교양이라면 논술 교육은 어쨌건 교양 교육이 될 수 있을 것이다.

 그러나 내가 생각하는 교양은 좀 다른 개념이다. 이를테면 이런 질문을 던져 보자. "우리 사회의 자칭 지도층들인 '강부자', '고소영'들은 왜 이렇게 '교양'이 없을까?" 요컨대, 내가 생각하는 교양의 맥락으로 볼 때 우리 사회 자체가 실은 무교양의 극치이다. 자신을 헌법이 정한 신성한 의무를 수행하는 통치권자가 아니라 회사 사장CEO으로 규정하고, 국민을 직원으로 여기는 우리 대통령의 언행을 한번 보자. "못생긴 마사지걸이 서비스가 더 좋다", "오케스트라 노조는 금속노조 소속이다. 왜냐하면 바이올린 줄이 쇠로 돼 있기 때문이다". 물론 대통령 후보 시절이지만, 그는 이런 천박한 농담을 부끄러운 줄도 모르고 수없이 주억거렸다. 지난 17대 총선 때 14석을 얻은 '친박연대'라는 정당을 보았을 것이다. 아무리 총선용으로 급조한 정당이고 의석이 급해도 그렇지, 어떻게 정당 이름을 그렇게 지을 수 있는지, 지금도 그 이름을 들으면 유권자의 한 사람으로 수치심이 느껴진다.

 논술문을 잘 쓰는 것과 교양 있는 사람이 되는 것은 전혀 별개의 문제이다. 가장 좋은 교양인은 타인을 아픔을 이해할 줄 아는 사람이고, 그래서 양심적인 사람이다. 그것은 하나의 덕성일 뿐, 남들이 잘 못 읽어 내는 어려운 책을 줄줄 읽고, 따박따박 제 주장을 글로써 펼치는 훈련을 하는 것으로 연마되는 것이 아니다.

 몇 년 전에 가르친 공부를 아주 잘하는 학생이 있었다. 그 학생의 미니홈피를 우연히 구경할 기회가 있었는데, 미니홈피에 자신의 모의고사 점수와 등급을 계속 올려놓고 있었다. 나로선 좀 실망스러웠다. 논술문도 아주 잘 써냈고, 나중에 이른바 명문 대학에 진학했는데, 사실 그런 행동은 내가 볼 때 교양 없는 행동이다. 아마, 미니홈피나 카페 등에서 자신의 성적을 공개하고 서로 상의하는 풍토가 있었던 모양이지만, 그것은 논술 교육이 그나마 추구하는 교양 정신과는 완전히 어긋나는 일이다.

교양은 삶의 덕성이고, 그것을 잴 수 있는 척도가 있는 것도 아니다. 상상력을 억압하고, 교양의 의미를 왜곡시키는 우리 사회의 논술 열풍은 그래서 반교육의 극치이다. 한마디로, 논술은 상위 30% 학생들을 줄 세우기 위한 방편이고, 학생들의 지적 능력의 아주 협소한 부분을 감별해 내는 기제에 불과한 것이다.

진정한 '교양'을 위해

교양을 쌓고, 문학적 상상력과 감수성을 키우는 데 제일 좋은 길은 책을 많이 읽는 것에 있지는 않은 듯하다. 책을 빨리, 많이 읽는 것이 남다른 재능인 것처럼 떠받드는 풍조가 있지만, 그건 허깨비 같은 소리다.

텍스트는 자신에게 다가오는 만큼만 반응한다. 단순하게 비유하자면, 위장(胃腸)과 소화 능력의 관계와 비슷한 것이고, 허용 범위를 넘어서는 음식물이 건강에 치명적이듯 독서량도 그러하다.

나는 필사(베껴 쓰기)와 낭독을 권한다. 실제로 나는 고등학생 시절, 그날 문제집을 풀다가 발견한 좋은 시나 소설의 구절이 있으면 종종 일기장에 옮겨 적곤 했다. 이런 체험을 가진 분들이 적지 않을 것이다. 그것은 눈으로 읽는 것과는 전혀 다른, 텍스트의 '육체성'을 받아들이는 시간이었다. 그래서 그때 옮겨 적은 시들은 20년이 된 지금도 기억이 나고, 그 시를 보노라면 그 시절이 떠오른다. 윤동주, 신동엽, 김수영, 김소월, 박재삼, 김광균의 시들, 황석영의 〈삼포 가는 길〉, 김승옥의 〈무진기행〉, 조세희의 〈난장이가 쏘아올린 작은 공〉, 최인훈의 〈광장〉의 구절들. 다들 문제집에서 만났지만, 이들은 지금도 내가 좋아하는 작품들이다.

베껴 쓰는 것과 함께 낭독 또한 텍스트의 육체성을 느끼는 데 매우 중요한 요소이다. 나는 수업 시간에 아이들과 시나 소설 텍스트를 함께 읽는 일을 즐겨 한다. 낭독은 읽는 이와 듣는 이에게 눈으로 묵독하는 것과는 질적으로 다른 기쁨을 주며 텍스트에 대한 새로운 감각을 길어 올린다.

이반 일리치라는 중요한 사상가가 있다. 그는 만년에 중세 사회에 대해 연구했는데, 그가 밝힌 바에 따르면 중세 때의 '읽기'는 지금의 '읽기'와 매우 달랐다고 한다. 이를테면 일리치는 12세기의 수도사 성 빅토르 휴라는 분에 대해 이야기하는데, 휴와 같은 중세 수도사들은 마치 수도원의 포도밭에서 딴 포도의 맛을 음미하듯이 온몸으로 글을 낭독하면서 한 줄 한 줄 '맛보았다'고 한다. 그것은 즐거운 일이면서 또한 텍스트가 담고 있는 진리를 '육화'하는 과정이기도 한 것이다. 이에 반해 오늘날의 독서는 '하이퍼스페이스 hyperspace 속의 수음 행위' 같은 것으로 변해 버렸다고 일리치는 말한다.

사람에게는 얼마만큼의 논술 능력이 필요한 것일까

　이제 이야기를 좀 정리해야겠다. 논술은 중등 교육과정이건, 고등 학문 탐구를 준비하기 위한 지적 훈련이건 협소한 자리를 차지하고 있을 따름이다. 되풀이하여 이야기하지만, 글을 쓰고 읽는 것에서 무엇보다 중요한 것은 자유롭고 너그러운 분위기이다. 낭독과 필사는 논술의 요약하기와 메모하기보다 더 깊은 의미를 갖고 있다. 이들이 교양을 쌓고, 문학적 감수성과 상상력을 키우는 데 훨씬 가치 있다. 이들이야말로 오늘날 우리 교육 현장에서 되살려야 할 것들이다.

　사람에게는 얼마만큼의 논술 능력이 필요한 것일까. 파홈에게는 제 육신이 묻힐 만큼의 땅만 필요했듯, 사람에게는 자신을 정확히 알고, 자신과 세상의 관계를 표현할 정도의 논리적 직관만 있으면 된다고 나는 생각한다. 이를테면, 2008년 촛불시위 때 인상적으로 보았던 구호 중에 이런 것이 있었다. "광우병 쇠고기 먹고, 민간의료보험으로 치료 못 받고 죽으면, 화장해서 대운하에 뿌려 주오." 이 시국에 담긴 문제들의 기본 구조를 인식할 수 있는 논리적 직관, 이를 저런 위트 있는 문구로 드러내는 표현 능력, 그리고 이를 들고 직접 광장으로 나와 외칠 수 있는 용기만 있으면 되는 것 아닐까?

　그 나머지는 '삶'이 가르쳐 줄 것이다. 나는 이것을 믿는다. 《녹색평론》을 읽다가 오늘날 논술 교육이 담고 있는 허위를 멋지게 찌르는 시가 있어 소개하면서 이 글을 마칠까 한다.

　　창의, 창의 하지 마라

책상 앞에 앉아 머리만 굴리며
창의, 창의
아이디어니 디자인이니 하지 마라

창의도 눈물에서 나오는 것
허리 꺾어지도록 끝없는 반복에서
풀리지 않는 그 고통에서 나오는 것
어느 날 에잇!
다 뒤집어엎고 싶을 때
그 끝에서 창의도 나오는 것
(후략)

— 윤재철, 〈창의력〉, 《녹색평론》 100호, 2008년 5-6월

아이들은 왜
욕을 할까

 이반 일리치가 어느 집에 초대를 받아 식사를 하던 중에 그 집 아이가 사투리와 슬렁가의 단어를 사용하였는데, 그때마다 부모들이 제지했다. 그 모습을 보고 일리치는 "그 집에는 교육만 있지, 자유가 없다"고 말했다. 1492년 콜럼버스가 신대륙을 찾아 떠난 뒤 스페인의 저명한 언어학자 네브리하는 여왕에게 스페인어 문법 사전을 편찬하는 데 돈을 투자하라고 꼬드기면서, "그 문법 사전이 신대륙 발견보다 더 많은 이익을 줄 것"이라고 말했다. 우여곡절 끝에 사전이 만들어졌는데, 당연히 이 사전은 도시 귀족들의 말을 표준말로 삼은 것이었다. 이후 도시 귀족의 언어가 표준말로 교육되고 보급되면서 원주민들의 자급자족 문화는 무너지기 시작했고 개발과 세계화로 이어졌다.

《녹색평론》 발행인 김종철 선생이 사상가 이반 일리치에 대해 강의하는 도중에 말씀하신 내용이다. 물론 우리는 저 부모의 마음을 충분히 이해할 수 있지만, 무엇보다 일리치가 이런 반응을 보인 이유를 곱씹어 볼 필요가 있다. 아마도 그것은 교육이라는 이름으로 아이들에게 행하는 '폭력', 이를테면 '편한 것, 제 몸에 맞는 것, 자유롭고 원천적인 감각'을 거세하는 폭력과 거기에 담긴 계급적 편견에 대해 말하는 것이 아닐까 싶다. 거기에는 사투리나 슬럼가의 단어들, 때로 저속해 보이는 교양 없는 언어가 실은 인간의 원초적인 자유에 더 가깝다는 인식이 담겨 있는 것이리라.

국어 교사지만, 나는 은어와 비속어에 관대한 편이다. 그것들이 담고 있는 언어적 생동감과 풍자 정신을 사랑하기 때문이다. 어느 연수에 갔다가 요즘 서울 쪽 아이들이 즐겨 쓰는 'SC'('센 척'하는 사람을 지칭하는 은어)라는 말을 알게 되었다. 예전에는, 쓸데없이 폼을 잡거나 힘으로 군림하려는 자들을 빈정거릴 때 '가오 잡는다'고 했다. 경상도 아이들은 지금도 '우빵잡는다'고 한다. 그런데 이제는 깔끔하고 산뜻하게 'SC'라고 한다는 것이다.

나는 욕설에도 퍽 관대하다. 한때 〈딴지일보〉라는 B급을 자처하는 인터넷 사이트를 즐겨 드나든 적이 있고, '씨바', '졸라' 정도는 나도 친구들과의 자리에서는 거침없이 쓴다. 내가 가장 좋아하는 작가 중의 하나로 이문구 선생을 꼽는 이유도, 선생의 소설에 등장하는 충청도 사투리와 욕설, 비속어들이 자아내는 생동감 때문이 아닐까 싶다. 그런 작품들을 읽다 보면 나는 나도 모르게 낙천적인 인생관으로 옮겨 가 있는 스스로를 발견하게 된다. 이런 것이 욕설, 비속어 따위 하급 민중문화에 담겨 있는 생명의 에너지가 아닐까 싶다.

　나는 지금 교사 생활을 하고 있는 대학 시절 벗들과 일 년에 한두 번 여행을 하는데, 행선지로 오가는 내내 한 학기 동안 묵혀 둔 온갖 이야기들을 풀어 놓는다. 그 이야기들은 주로 욕설들로 버무려진 뒷담화들이다. 우리 대화를 누군가가 녹음해서 공개한다면, 아마 나도 내 친구들도 사회생활을 하기가 힘들어질 것이다. 욕을 한바탕 하고 나면 확실히 살 것 같다. 인간관계가 편해지거나 깊어진다는 것은 서로 욕설을 공유할 수 있다는 의미도 포함되지 않나 싶다.

　그런데 최근 들어 욕설에 대해 다시 생각할 기회가 있었다. 내가 근무하는 곳은 인문계 고등학교이고, 공부는 썩 잘하지 못하지만 아이들이 순하고 착한 편이어서 욕설 문제를 그리 심각하게 생각해 보지 않은 게 사실이다. 그런데 지난 6월 말 무슨 일로 서울에 갔다가 용산 참사 현장 근처에 있는 한 피시방에서 초등학생들이 하는 이런 욕설을 듣게 되었다. 기억나는 대로 옮기면 이렇다.

　　"그 새끼, 존나 븅신이야. …… 씨바. 그년은 담임한테도 개기고, 술 담배 존나 쎄고, 울 학교 짱 먹는대. 남자애들 다 깨졌어. …… 말도 꺼내지 마. 그 새끼, 지 엄마한테도 질질 싸는 새끼야. 나한테 발렸어. 씨바, 존나 병신 새끼……."

　저들끼리만 알고 쓰는 듯한 온갖 은어들도 난무했는데, 거의 기억나지 않는다. 나는 그때 몹시 피로해서 다음 일정까지의 빈 시간 동안 잠시 눈을 좀 붙이려고 긴 의자에 몸을 파묻고 있었는데, 자꾸 귀를 간질이는 저 욕설에 눈을 뜨게 되었다. 그 억양이 몹시 거칠었고, 그 욕설들이 담고 있는 내용들이 섬뜩해서, 아이들은 너무나 자연스럽게 주고받는데 듣는 내가 견딜 수 없는 기분이 되고 말았다. 그때 아이들은 컴퓨터 게임을 하고 있었고, 제가 다니는 학교에서 좀 잘나간다는 아이들을 한 놈씩 도마 위에 올려놓고 난도질을 하는 것 같았다. 문득 나도 저럴 때가 있었는데, 그때와 저 모습은 어떤 차이가 있는지를 잠시 생각해 보았다.

겨우 초등학교 5~6학년 남짓한 꼬마들인데도 억양이 너무나 험하고 살벌했기 때문인지도 모르겠다. 얼핏 보니, 녀석들이 하고 있는 게임도 칼을 든 군인이 적군의 아지트에 숨어들어 곳곳에서 마주치는 적군들을 칼로 찔러 죽이는 게임이었다. 내가 견딜 수 없는 기분이 된 것은 아이들이 자신이 하고 있는 말들의 의미를 전혀 모르고 있다는 느낌 때문이었다. 아이들은 욕설과 게임의 쾌감에 푹 젖어 거의 '무아지경'에 빠져 있었고, 다른 정신 활동은 중지된 것처럼 보였다. 그 욕설들은 '지향'이 없었다. 그리고 나를 포함한 다른 대여섯 명 손님들의 존재도, 그 욕설의 대상이 되어 있는 아이들의 존재도, 요컨대 '타자의 존재' 자체가 안중에 없었다. 나는 그 모습에서 오늘날 도시 재개발 지구의 슬럼에서 살아가는 아이들의 피폐하고도 삭막한 정신세계를 엿보았던 것이고, 생각해 보니 그것은 결국 우리들의 책임이었다. 마치 그 피시방 건물 바로 옆에서, 완연하게 지친 모습으로 우리의 뇌리에서 서서히 잊혀 가는 용산 참사에 대해 우리들 모두가 조금씩의 책임들을 나누어 갖고 있는 것처럼…….

욕설이란 물론 인간의 자연스러운 언어활동의 한 부분이다. 그러나 욕설이 긍정되기 위해서는 그 욕설의 대상이 되는 존재를

'의식'하고 있어야 한다. 욕설을 통해 그 대상이 내게 주었던 억압을 풀어냄으로써 대상과의 관계를 원래 자리로 되돌려 놓겠다는 윤리적 약속을 전제로 할 때 욕설이 성립할 수 있다. 마음속에서 완전히 지워 버린 존재에게는 욕설도 비난도 무의미하기 때문에 그런 경우에는 대개 입에 올리지도 않는다. 그러나 오늘날 아이들의 욕설은 지향이 없고, 무슨 말을 하고 있는지도 모르는 채 행해진다. 따라서 그것은 당사자, 주변인, 그리고 그런 언어를 구사하는 본인에게 결국 상처가 된다. 이런 현상들은 특히 인터넷 공간에서 벌어지는 언어폭력을 보면 분명해진다.

4년 전에 벌어진 일이다. 부산의 어느 중학교 교실에서 한 아이가 다른 아이를 아주 잔인하게 때렸고, 맞은 아이가 죽을 지경에 이르렀다. 교사들은 택시로 1분 거리에 있는 인근 병원을 생각하지 못하고, 119 구급차만 기다리며 인공호흡 따위로 20여 분을 허비했고, 그 아이는 병원에 옮겨진 얼마 뒤 죽었다. 학교 측은 사건 발생 당시 유가족 측에 제대로 된 사죄도 하지 못했던 것 같고, 가해 학생은 수감되었다. 언론들이 알려 준 이 사건의 사실관계는 이 정도이다. 이 사건에는 오늘날 학교교육의 끔찍한 현실과 교사 집단의 안일과 무능함이 모두 담겨 있다. 그런데 이 사건은 인터넷 속에서 엉뚱한 자리로 옮겨지고 말았다. 열네 살짜리 가해 학생의 실명과 사진이 '어린 악마'의 얼굴로 인터넷을 떠돌아다녔다. 그 아이의 아버지는 졸지에 대기업의 CEO가 되고, 어머니는 학교에 무소불위의 영향력을 행사하는 여인이 되어 버렸다. 어느 포털 사이트가 가해 학생의 이름을 '금칙어'로 지정하자 이번에는 그 할아버지가 그 포털 사이트의 대주주가 되었고, 제 손자를 보호하기 위해 영향력을 행사하는 '치졸한 할배'

가 되어 또한 난도질을 당했다. 사건 당시 신혼여행 중이었던 담임교사는 따로 있는데, 어느새 그 담임교사가 썼다는 황당무계한 글이 인터넷을 떠돌아다녔다. 요컨대, 한 편의 드라마가 만들어진 것이다. 그리고 그 소문들을 옮겨 받은 수많은 이들은 어마어마한 욕설로써 이 드라마에 환호하면서 가해자 측 주변과 학교를 난도질했다. 그것은 이 비극적인 사건을 통해서 우리 사회가 반성하고, 이런 일이 다시 일어나지 않도록 우리가 기울여야 할 모든 책임 있는 행동을 불가능하게 만들어 버렸다.

　오늘날 아이들이 학교에서, 인터넷을 통해서 타인에게 쏟아 내는 욕설들은 대개 이런 얼개를 담고 있다. 힘에 대한 동경, 강력한 배설 본능, 그리고 타자의 존재나 사실관계를 전혀 인정치 않고 상대방을 끝내 거꾸러뜨려야 직성이 풀리는 '홀로코스트'적 발상을 깔고 있다. 아이들은 그 속에서 자신들의 상실감과 억눌림을 표현하고 있고, 마음껏 그들만의 판타지로 빠져든다. 그것은 지향 없는 개인들이 뭉친 '집단의 힘'으로 손쉽게 화(化)한다. '집단'의 카타르시스는 그로 인하여 발생하는 '개인'의 고통과 상처를 의식하지 않으며, 끊임없이 새로운 대상을 찾아 옮겨 다닌다. 당연히 이것들은 개별 아이들을 탓할 수 없는 문제이다. 그들이 자라 오면서 겪었던 그 모든 억압과 억눌림이 담겨 있는 것이다. 그러므로 이것은 바로 이 병든 사회, 병든 교육의 자화상이다.

　아이들이 이처럼 난폭한 심성으로 살았던 시대는 아마도 없었을 것이다. 문학작품들에 표현되어 있듯, 한국전쟁 직후, 온 나라가 엉망진창으로 망가져 있을 때에도 동심만큼은 살아 있지 않았던가. 두려운 것은 이들이 약자를 향해 집단적인 광기를 발산할 경우다. 이를테면, 노숙인들의 거처를 습격한다는 일본의 청소년들이나, 장애인들의 모임을 난장판으로 만드는 독일의 신나치 청년들처럼 말이다. 돌아가는 흐름을 보면, 그런 날도 멀지 않은 것 같다.

복잡하고 어려운 문제지만 답은 단순하다. 아이들을 어른들이 구축해 놓은 욕망의 상자에서 끄집어내는 것 말고는 달리 다른 길은 없다. 모든 교육적 상황들이 그러하지만, 여기서도 아이들의 잘못은 없다. 아이들로 하여금 힘껏 놀게 하고, 살아 있는 세계와 대면케 하지 않는다면, 이러한 병리 현상은 더욱 깊어질 것이다.

옛날에도 다 그랬다고? 이것은 경제성장이 고도화된 세계에서 일어나는 아주 현대적인 상황이며, 경제적 풍요에 '시달리는' 사회의 전형적인 고질이다.

아래 글은 내 마음속에 아름다운 그림으로 남아 있는, 불과 한 세대 전, 살아 있는 자연 세계에서 맘껏 뛰놀던 아이들의 욕설의 한 모습이다. 그것은 아이들이 '흙' 속에 있었기에 가능했던 '천진한 욕설'이었다. 이 글을 조심스럽게 읽으면서 그려지는 어떤 느낌들이 '해답'을 향하여 난 길을 열어 줄 것이다. 이 글을 음미하면서 두서없는 글을 마칠까 한다.

못물골 골짝에 내보다 나이가 한 살 적은 일근이란 아이가 살았는데, 하루는 우리 동네로 놀러 나온 거야. 늘 산골에서 혼자 식구들하고만 지내다 보니 심심해서 나왔겠지. …… 그래 그 비석치기 하면서 놀다가 싸움이 붙은 거야. 못물골 일근이하고 우리 동네 춘근이하고. 어린아이들 싸우는 것 보면 몸으로 엉겨붙어 싸우기만 하는 건 아니잖아. 입으로는 온갖 욕을 다 하잖아. 그래 먼저 춘근이가 욕을 하기 시작한 거야. "야이 씨발놈, 개새끼야, 좆만새끼, 호로자석……" 이렇게 춘근이가 한바탕 욕을 끌어 붓자, 멍하니 듣고 있던 일근이가 맞서 대거리한다는 것이 이러는 거야. "야이 참나무야, 대나무야, 밤나무야, 옻나무야" 못물골 일근이는 그때까지 욕이란 걸 몰랐던 거지. 한 번도 들어 본 적이 없으니까. 늘 보고 듣는 것이라고는 소나무, 대나무, 밤나무, 노루, 산토끼, 새 소리, 물 소리, 바람 소리 이런 것뿐이었으니까.

— 구자행, 〈참나무야, 대나무야, 밤나무야〉,
《우리말과 삶을 가꾸는 글쓰기》 2001년 4월호

아이들에게 인문학을
가르치자

고3으로서 삶이 힘들고, 두렵고, 불안하고, 막막하지만 씨앗의 과정이라 생각하려 합니다. 그 누구도 기대하지 않았던 어느 자그마한 씨앗이 한 송이 고운 꽃으로 피어나듯 나도 '꽃'으로 피어나고 싶습니다. 도로 귀퉁이, 작은 화분, 음지, 바람…… 꽃에겐 그 어떤 것도 장애가 될 수 없습니다. 꽃은 자살하는 법이 없지요. 어디서든 제 삶을 피워 내고, 바람에 흔들려도 견뎌 내고, 그러다 때가 되면 다음 봄을 기약하며 질 뿐입니다. 어둠을 겪지 않은 씨앗이, 흔들리지 않고 피는 꽃이 어디 있겠습니까.

— 부산 중앙여고 3학년 이수형,
〈꽃은 스스로의 힘으로 피어난다는 것은 무슨 의미인가〉 중에서

몰락에서 피어날 희망 : 인문학과 농업

수능 감독을 하노라면 심란한 풍경을 자주 접하게 된다. '국가적 대사'라고 골백번을 강조하는 지리한 감독관 교육에서부터 당일 새벽 학교 앞 응원 풍경이 특히 그렇다. 새벽 서너 시부터 자리 잡기 경쟁을 시작해서 꽹과리에 북을 두들기며 거의 발광에 가까운 몸짓을 하다가 교문을 향해 큰절을 올리기까지 하는 모습을 보고 있노라면 참 심란하다. 아마도 한국에만 있을 기막힌 제의祭儀가 아닐까 싶다.

몇 년 전이었던가, 1교시 언어영역 시험이 시작될 무렵, 얼마나 긴장을 했는지 수전증 환자처럼 시험지를 덜덜 떨며 펼치는 남학생을 본 적이 있다. 또 다른 어느 해, 종료령이 울렸는데도 답안 표기를 다 하지 못해 거의 울상이 되어 답안지에 표시해 나가던 어느 여학생은 끝내 몇 문제는 답안을 다 표시하지 못하고 답안지를 내야 했고, 울음을 터뜨리고 말았다. 올해는 제발 목숨을 끊는 아이가 없어야 할 텐데……, 수능 때마다 하는 걱정이다.

그런데 이렇게들 고통스런 시험을 치르고 대학을 가지만, 한 학기만 지나서 만나 보면 아이들은 한껏 풀이 죽어 있다. 대학 생활이 기대했던 것만 못한 것은 물론이고, 앞으로 살아야 할 일들로 걱정들이 태산이기 때문이다. 술독에 빠져 허우적거리는 3월이 지나고 나면, 꿈꾸던 대학 생활은 어느새 사라지고, 고3 시절처럼 옴짝달싹 못 하는 처지가 되고 마는 것이다. 그래서 많은 남자아이들은 한 학기를 마치고 휴학한 뒤 입대를 하면서 2년 뒤를 기약한다. 그뿐인가. 대학 고학년 아이들의 삶이란 듣다 보면 눈물이 날 정도다. 내가 대학생이던 시절과 너무나 비교되고, 이렇게 막막한 처지에서 왜 20대 젊은이들이 반란을 일으키지 않는지 그게 신기할 정도다. 물론 이 모두는 취직이 안 되기 때문에 생겨나는 일이다. 내가 교단에서 맨 처음 만난 아이들은 지금 스물일고여덟 살 정도 되어 있는데, 임용 시험에 붙어 교사가 된 아이들 몇을 제외하면 여태껏 정규직으로 취업했다고 알려진 아이는 손에 꼽을 정도다. 얼마 전, 교대를 졸업하고 초등 임용 시험에 떨어져 재수하는 아이를 만났는데, 힘들다고 하소연이 대단했다. 그래도 요즘 세상에서는 정규직 평생직장을 향한 관문 중에 초등 임용 시험의 문턱이 제일 낮은 것으로 알고 있다. 올해는 4대강 사업 때문인지 교원 정원이 줄고, 또 몇 년간의 높은 경쟁률로 응시생이 넘쳐 나서, 교대 1학년 때부터 시험을 준비하는 문화가 자리잡다 보니 한두 문제 차이로 당락이 갈리고, 그래서 시험 스트레스가 엄청난 모양이었다.

이렇게 아이들을 만나 오면서 내게도 분명한 현실 감각이 생겼다. 《88만원 세대》의 지은이가 말하는 바와 같이, 20대의 이러한 사회적·경제적 위축에도 그나마 삶이 이어지는 것은 이들의 부모인 50대가 아직 정규직 직장을 갖고 있기 때문이다. 그런데 이런 추세가 10년만 더 지속되어 20대, 30대가 대부분 비정규직 노동자나 산업예비군으로 채워지고, 60대가 된 이들의 부모가 은퇴하게 된다면 한국 사회의 경제적 몰락과 공황 상태는 필연이 될 것이다. 이것이 일시적인 국면인지, 아니면 구조적이고 장기적인 상황인지를 따져 봐야 한다. 만약 후자의 상황이라면, 이것은 아이들을 어떻게 가르쳐야 하는지에 대해서 대단히 중요한 질문을 던진다.

1972년 로마클럽에서 〈성장의 한계〉라는 보고서를 발표하면서 인구 증가와 경제성장이 지구적 제약에 가로막혀 21세기의 인류를 위기에 빠뜨린다는 경고를 세상에 던졌다. 경제학 쪽에서는 대체로 1970년대를 기점으로 산업화된 자본주의 경제 체제의 양적 팽창과 고이윤 창출이 정점을 기록했고, 그 이후로 지금까지 지속적으로 이윤율이 저하되어 온 것으로 보고 있다. 따라서 지금까지 40여 년 동안 자본주의는 '신자유주의 세계화'라는 무기를 통해 이러한 위기를 자국의 사회적 약자들이나 제3세계에 떠넘기는 전략을 구사함으로써 이 위기에 대응해 왔다는 것이 일반적인 분석이다. 노동 유연화라는 이름으로 비정규직 노동자를 만들어서 함부로 부리고 손쉽게 해고하는 것도, 제3세계에서 온 이주노동자들을 사실상 인간 이하의 산업 노예로 부리다가 내쫓는 것도 어떻게 보면 이 체제의 자연스러운 운동의 과정인 것이다. 그러나 이런 체제가 영원할 수는 없는 것이다. 아이들의 교육을 걱정하는 부모들은 '이제 웬만해선 비정규직'이라는 사실을 거듭 되새겨 보아야 한다. 이와 같은 상황이 지속된다면, 초·중·고 12년에 대학 4년, 도합 16년을 온통 지옥 같은 경쟁으로 내모는 이 경쟁 교육 자체가 의미가 없어진다. 비정규직 산업예비군이 되기 위해 이 미친 경쟁에 뛰어들 이유는 없기 때문이다.

이 사태는 중산층 수준의 물적 풍요와 사회적 지위를 대물림해 주고 싶어 하는 부모들에게는 재앙과도 같은 것이리라. 그러나 '어쩔 수 없이' 자식을 이 경쟁 대열에 동참시켰고 그래서 아이들의 고통에 늘 마음 저렸던 이들, 그리고 가난은 재앙이 아니라 인간다운 삶을 향한 가장 근본적인 조건임을 믿는 이에게는 그야말로 신천지와도 같은 계기를 열어 줄 것이다. 붕괴 이후의 삶을 '지금, 여기'에서 먼저 살아가는 것, 이것이 바로 이 시대를 살아가는 자가 지닐 수 있는 진정한 예지(叡智)인 것이다.

이제, 우리가 아이들에게 가르쳐야 할 것은 국어, 영어, 수학이 아니다. 우리가 아이들에게 가르쳐야 할 것은 바로 '인문학'과 '농업'이다. 인문학은 문(文)·사(史)·철(哲)이다. 문(文)은 인간을 언어적 존재로서 완성시켜 주며, 그 너머의 세계로 초대해 준다. 사(史)는 우리가 지금까지 어떻게 살아왔는지를 가르쳐 줌으로써 우리의 삶에 역사적 좌표를 부여해 준다. 철(哲)은 인생의 의미를 질문한다. 인생을 살아가는 진정한 지혜는 결국 성찰의 힘에서 오는 것이다. 문·사·철의 가치를 이해하는 사람은 어떤 물적 조건과 상황에 놓이건, 대세에 휩쓸리지 않고 '자신의 삶'을 살 수 있다.

그리고 또 하나, 아이들에게 가르쳐야 할 것은 농업의 가치이다. 이 추세가 이어진다면, 불과 10년 안으로 농사를 지을 세대가 완전히 끊어지게 된다. 그리고 온난화에 따른 기상이변이 이어지면서 식량 생산이 타격을 받게 되면 식량 가격이 치솟을 것이다(1972년 세계 밀 생산이 2.4% 감소했을 때 밀 가격이 3배 이상 치솟은 바 있다). 그렇게 되면 전체 먹거리의 3/4을 수입해서 먹는 우리나라는 어떻게 될까. 혹시 우리를 먹여 살려 주는 수출이 때맞춰 내리막길을 걷게 된다면, 우리나라는 작년, 재작년 이집트와 필리핀, 아이티를 위시한 수많은 제3세계 국가들, 그리고 가까운 북한이 겪고 있는 사태를 재현하게 되는 것이다. 그러나 농업의 가치는 이러한 미래를 대비하기 위해서만 강조해야 하는 것이 아니다. '독립적 소농들의 마을'이야말로 '진보의 미래'가 되어야 한다. 이제 아이들의 미래를 향한 선택은 이렇게 정립해야 한다. "계약과 해지를 반복하는 도시 비정규직 산업 프롤레타리아로 살 것인가, 아니면 마을에 뿌리내린 독립적 소농으로 살 것인가"로 말이다.

나는 2009년 한 해 동안 인문학과 농업의 가치를 가르치는 일을 직접 실행에 옮겨 보았다. 이 글에서는 지난 2009년 1학기 동안 평소 교류해 왔던 부산·울산·경남 지역의 여러 선생님들과 부산대 점필재연구소와 함께 진행한 〈교사와 학생이 함께하는 인문고전교실〉의 경과를 담아 보고자 한다.

이 강좌가 출범하기까지

경상도 밀양 땅에는 부산대학교 밀양캠퍼스가 있고, 거기에는 점필재연구소라는 훌륭한 인문학 연구 기관이 있다. 인생의 좋은 인연은 의외로 작은 계기에서 비롯되는 경우가 많다. 이번 강좌의 출발은 정출헌 선생님이 부산대학교 점필재연구소 소장으로 부임해 오면서부터가 아닐까 싶다. 2007년 이 연구소가 창립하면서 지금까지 시민과 학생들을 대상으로 좋은 일들을 많이 벌였는데, 특히 뜻있는 교사와 학생들에게는 참으로 많은 것을 베풀어 주었다. 물론 그것은 점필재연구소와 정출헌 선생님의 열정 덕택이기도 하지만, 인문학 공부에 목말랐던 많은 학생들이 있었기 때문이기도 했다.

2007년과 2008년 두 해 동안, 부산국어교사모임에서 오랫동안 활동해 온 교사들과 밀양 지역의 교사들이 10월 중순 무렵 진행되는 '인문주간' 행사에 많은 아이들과 함께 참여했다. 그러면서 아이들을 데리고 참가한 선생님들 사이에 작은 공감대가 싹트기 시작했다. 그것은 이 행사에 참여한 아이들로부터 받은 감동 때문이었다. 때로는 강사 선생님의 강의가 미흡하게 느껴질 때도 없지 않았지만, 그것을 메워 준 것은 아이들의 정곡을 찌르는 질문들이었다. 그것들이 우리들의 무력한 학교 수업에 대한 자책감을 불러일으켰고, '인문학' 공부를 향한 무한한 신천지의 발견이었던 것이다.

그래서 선생님들끼리 이런 이야기를 주고받기 시작했다. "이 좋은 인문학 공부를 1년에 딱 한 번 일주일간 이벤트 치르듯 끝내고 말 게 아니라, 조금 더 상시적으로 하면 어떨까. 강의와 질의응답으로 그칠 것이 아니라, 자기네들끼리 서로 섞여서 토론하고 글도 쓰게 하는 게 어떨까?" 이런 이야기를 더 나누기 위해 2008년 12월 12일 밀양에서 '인문주간'에 참여한 선생님들과 울산의 '독토랑 놀자' 동아리 선생님들이 모여 1박 2일 MT를 진행했다. 여기에서 인상적인 두 번의 강의 체험이 있었다. 한 번은 2008년 12월 20일, 울산 신선여고에서 있었던 고병권 선생의 강의였다. 그날 MT를 통해 좋은 자리가 있으면 서로 왕래하자는 이야기도 있었던 참에 나도 수능이 끝난 아이들 여럿을 꼬드겨 그 자리에 함께했다. 봉고차 두 대에 승용차 두 대가 움직였다. 그날 들었던 고병권 선생의 강의는 지금도 반짝이는 기억으로 내 가슴에 남아 있다. 강좌의 주제는 '앎이 삶을 구원하는가'였다. 가장 감동적인 순간은 역시 질의응답 시간에 왔다. 그때 한 여학생은 고병권 선생에게 이렇게 물었다. "우리 오빠는 중증 장애인이다. 지금껏 집 안에만 있었다. 바깥으로 나가려고 하지도 않는다. 이런 오빠에게도 앎은 구원이 될 수 있는가?" 잠시 싸늘한 침묵이 흘렀다. 그때 고병권 선생은 답했다. "앎은 결국 세상과 맺는 관계이다. 오빠에게는 집 바깥으로 나가려는 노력, 거기서 만나는 세상, 관계, 그

| 2009년 교사와 학생이 함께하는 인문고전교실 |

- **주제** 동·서양 고전에서 배우는 삶, 철학, 공부의 논리
- **일시** 2009년 3월 28일 ~ 8월 20일
- **장소** 부산대학교 밀양캠퍼스

	일시	모시는 선생님	주제와 교재
1강	3월 28일 (4주차 놀토)	고병권 선생님	주제 : 서양철학을 통해 보는 '철학한다는 것'의 의미 교재 : 《고추장, 책으로 세상을 말하다》(고병권 지음) 강의안 : 〈철학하며 산다는 것〉
2강	5월 23일 (4주차 놀토)	고병권 선생님	주제 : 서양철학을 통해 보는 '산다는 것'의 의미 교재 : 《니체의 위험한 책, 짜라투스트라는 이렇게 말했다》 (고병권 지음) 중 2부 강의안 : 〈아모르 파티 : 삶을 사랑하는 철학〉
3강	7월 11일 (2주차 놀토)	배병삼 선생님	주제 : 동양 고전에서 배우는 지학志學, 삶의 자세 교재 : 《논어, 사람의 길을 열다》(배병삼 지음) 강의안 : 〈논어, 사람의 길을 열다〉
4강	8월 19~20일	배병삼 선생님	주제 : 동양 고전(논어/맹자) 입문 교재 : 《논어, 사람의 길을 열다》(배병삼 지음) 강의안 : 〈공자와 맹자의 정치사회론〉
		길원옥 할머니	다큐멘터리 〈끝나지 않은 전쟁〉(김동원 감독) 길원옥 할머니 초청 강연회
		모둠별 발표회	그동안 배운 내용, 청소년의 삶, 우리가 바라보는 세상의 모습 등을 콩트, 노래극 등 다양한 형식으로 발표

것이 앎이 아닐까. 중증 장애인들이 활동보조인 서비스를 요구하며 한강대교를 기어서 반나절 걸려 건넌 적이 있다. 눈물의 시위였다. 그렇게 해서 그들이 세상으로 나왔고, 거기서 얻은 것이 바로 그들의 앎이었다. 오빠가 집 바깥으로 나갈 수 있도록 도와주라. 거기에서 생겨난 오빠의 앎이 오빠를 구원해 주리라 믿는다." 정확하진 않지만 대략 이런 말씀이었다.

그리고 2009년 2월 점필재연구소에서 고전아카데미를 열었다. 역시 이번에도 아이들과 함께 참여했다. 그때 배병삼 선생의 강

의가 특히 좋았다. 강의 주제는 '맹자'였는데, '이로움利'을 위해 온갖 살육과 무도한 일이 횡행하던 전국시대에 '인仁'과 '의義'를 설파하기 위해 눈물겹게 분투하는 인간 맹자를 아주 가깝게 느낄 수 있었다. 맹자가 참으로 성인임을 느꼈다. 그리고 그것은 배병삼 선생 표현으로 '쩐錢국시대'가 되어 버린 오늘날 세계에서 너무나 생생한 현재성으로 다가오는 감동이기도 했다. 맹자 강의의 마지막 시간, 배병삼 선생은 공자의 '지우학志于學'에 대해 이야기하면서 '뜻 지志'자가 심장 위에 도끼를 올려놓은 형상이라고 풀이했다. 무언가에 뜻을 둔다는 것은 목숨을 거는 일이며, 그런 각오와 기개로 용맹 정진하라는 말씀이었다. 그 이야기를 받아 적으며 눈빛을 반짝이던 아이들을 나는 곁에서 지켜볼 수 있었다.

이렇게 해서 '2009년 교사와 학생이 함께하는 인문고전교실'이라는 프로그램이 출발하게 된 것이다.

애초에 모집할 때는, 각 학교당 지도교사 1명이 학생 5명까지 함께 데리고 오는 것을 원칙으로 했다. 그러나 참가 신청이 폭주했고, 애초 50명 선을 생각했던 것을 훌쩍 넘겨 매 강좌마다 거의 200명 내외의 교사·학생들이 참여했다. 강좌를 진행하면서 내내 힘들었던 것은 이 참가 인원 탓이 컸다. 그러나 이것은 행복한 비명이라고 생각했다. 이것은 무엇보다 입학사정관제 흐름에 따라 학교생활기록부에 등재될 '스펙'을 챙기려는 열풍과도 관련이 있지만, 세상이 더욱 팍팍해져 가면서 삶에 대한 근원적인 성찰을 향한 열망이 꿈틀거리는 한 증거로 나는 해석한다. 대학에서 거의 죽어 가는 인문학이 직장 생활에 찌든 회사원들, 재소자, 장애인, 성매매 여성들에게서 지금 활짝 꽃피고 있듯 말이다.

강좌 맛보기 : 1강 〈철학하며 산다는 것〉 강의 내용 소개

- 학교라는 곳은 희한하다. 학교라고 하니 거기서만 배움이 일어나는 것으로 착각하게 만든다. 거기서 일어나는 것은 다 교육인 줄 알게 한다. 학교 바깥에도 배움은 어디든 일어나고 학교 안에서도 교육 아닌 것이 무수히 많다.
- 철학은 삶의 기술이다. 공대와 미대의 차이만큼이나 하늘과 땅만큼의 거리로 여겨지는 테크네techne와 아르스ars는 실은 '기술'이라는 뜻을 가진 동의어이다.
- 꽃은 스스로의 힘으로 피어난다. 나무는 스스로의 힘으로 자라 꽃을 피우고 열매를 맺는다. 제 안에 있는 잠재력을 이끌어 내는 것 또한 테크네이다.
- 김연아도, 박태환도 대단한 테크네를 가졌지만, 우리 어머니도 대단한 테크네를 가진 분이다. 평생 농사만 지으셨는데, 다 죽어 가는 병아리를 살려 중닭으로 키워 내신 분이고, 욕창으로 고생하는 아버지를 민들레 몇 가마니를 캐내 약을 달여 끝내 고쳐 내신 분이다. 의사보다 낫다. 대단한 테크네가 아닐 수 없다.
- 살아 있는 모든 것들은 살기 위해 최선을 다한다. 니체의 말이, "신은 제 형상을 본떠 거룩하게 인간을 만들어 냈는데, 그렇게 만들어 낸 인간이 하는 일이란 게 너무 찌질해서 연민과 슬픔을 견디지 못하고 죽었다"는 것이다.
- 감옥에서 재소자들을 대상으로 인문학 강의를 한다. 그분들은 실상 '범죄의 기술'을 익힌 사람들인데, 그건 다른 말로 하면 사회적 구조와 불가피한 자신의 환경으로 인하여 '삶의

그림 3 라파엘로, 〈아테네 학당〉

기술'을 못 익혔다는 말이기도 하다.
- 잘산다는 말은 우리 시대에 분명 '돈이 많다'는 뜻이다. '너네 집 잘사냐?'는 말은 '너네 집 돈 많냐?'는 뜻이다. 이걸 분명히 알고 있어야 한다.
- 나는 디오게네스라는 철학자를 몹시 좋아하는데, 라파엘로의 〈아테네 학당〉이라는 그림에도 나온다. 중간에 미친 사람처럼 앉아 있는 이가 디오게네스다. 중간에 선 두 사람 중에 하늘을 가리키는 이는 플라톤이고, 땅을 가리키는 이는 아리스토텔레스이다. 수학 문제를 풀고 있는 이는 유클리드고……, 이런 식으로 그리스의 중요한 철학자들이 다 나온다.
- 플라톤이 "인간이란 털 없는 두 발 달린 짐승"이라고 정의하니, 디오게네스가 털을 다 뽑은 닭을 쳐들며 "이건 뭐냐"고 외

쳤다. 플라톤식 분류와 관념 체계에 대한 조롱이다. 디오게네스와 알렉산더의 일화는 참 유명하다. 자신이 알렉산더 대왕이라고 소개하니까 "그래? 나는 디오게네스 개다" 이렇게 답했다. 권력자들은 유머를 못 견딘다.

- 알렉산더가 말한다. "넌 내가 무섭지 않냐?" 이에 디오게네스는 "좋은 사람이라면 무서워할 리가 있겠소? 나쁜 사람이라면 내가 더더욱 무서워해서도 안 되지" 이런 식으로 꼼짝 못하게 한다. 알렉산더가 "네가 원하는 게 뭐냐?" 하니, "내가 방금까지 누리고 있었고 지금 당신이 가리고 있는 그것, 햇볕이나 쬐게 꺼져 주쇼" 이런 식이다. 플라톤이 에로스에 대해 이야기하면 디오게네스는 바로 옆에서 수음을 해 버린다. '삶'으로 '관념'을 반박하는 것이다.

- 재소자들도 그렇다. 그들은 지식으로, 개념으로 설명할 수 없다. 말에 삶으로 반박한다.

- 행복에 많은 돈이 필요하지 않다는 것을 깨달을 때 그것이 굉장한 풍요를 가져다준다. 철학은 돈이 되는 것이다. 그걸 깨달으면 돈을 안 벌어도 되니, 그만큼 돈을 번 것과 다름없다.

- 반응 reaction 하지 말고 '생각'하자. 디오게네스는 아테네 시민들이 모두 전쟁을 준비하고 있을 때 제가 살고 있는 집 '술통'을 굴리는 퍼포먼스를 벌였다. 사람들이 미친 짓을 한다고 하자 디오게네스는 "당신들이 하는 일도 이 통 굴리는 짓과 똑같소"라고 답했다.

- 한나 아렌트와 《예루살렘의 아이히만》 이야기. 유태인 학살을 관리하고 집행했던 실무 책임자가 끝내 잡혔고, 예루살렘

의 법정에 세워졌다. 이를 한나 아렌트가 관찰하고 기록했다. 아렌트의 말이, 아이히만의 성실함이 제노사이드genocide를 만들었다는 것이다. 그의 꼼꼼함과 성실함 때문에 유태인들의 수용소 집합, 배분, 가스실 처형의 매뉴얼이 만들어질 수 있었다. 아이히만의 말은 놀라울 정도로 설득력이 있었고, 그의 정신감정 결과도 정상이었다. 그런데 왜 그랬을까. 다른 이유가 없다. 그는 '생각'하지 않았던 것이다.

- 악이란 '악한 생각'에서가 아니라, '생각이 없기 때문에' 생겨난다. 악마란 잠시 생각 없이 행동할 때의 우리 모습이다. 생각할 수 없는 환경에 오래 있으면 악마가 된다. 부시가 벌인 이른바 '테러와의 전쟁'에서 미군의 린디 잉글랜드 일병은 잡혀 온 이슬람 남성 죄수들을 발가벗겨 놓고 그 옆에서 애인과 브이V 자를 그리며 사진을 찍는다. 개로 하여금 죄수들을 물어뜯게도 한다.

- 그런데 한 저널리스트가 린디 잉글랜드의 고향에 가 봤더니 그이는 매우 평범한 노동자 가정의 딸로 효녀였다. 알바를 해서 부모를 돕기까지 했다. 미국에서는 드문 일이다. 대학에 가기 위해 스스로 군인이 되었다고 한다. 그런데 왜 이런 악마 같은 짓을 했을까. 생각하지 않았기 때문이다. 이 체제에서는 내 안에 생각을 지우는 프로그램이 끊임없이 작동한다.

- 수색 정찰에 나서는 미군들의 헤드폰으로 엄청나게 큰 소리의 록 음악이 나오는데, 주문은 단순하다. "burn burn mother fuck you!!" 이런 것들이다. 그런 정신 상태로 만들어 놓으니 그런 살육을 감행할 수 있다.

- 우리는 습관대로 산다. 체스 세계 1인자 카스파로프와 IBM사

가 개발한 컴퓨터 딥 블루(개선한 것이 디퍼 블루)의 체스 대결 이야기. 카스파로프는 처음에는 계속 패했다. 그런데 딥 블루는 카스파로프가 아무 생각 없이 던진 한 수에 혼란을 겪은 뒤 패했고, 다시 그 결점을 이겨 내고 카스파로프를 꺾기도 했다.

- 나는 기계보다 인간이 우월하다고 말하려는 것이 아니라, 거꾸로 우리들 인간이 바로 디퍼 블루와 똑같다는 이야기를 하려고 한다. 우리가 실은 디퍼 블루처럼 주어진 회로에 따라 그저 자극에 반응하지 않는가.
- 디퍼 블루와 카스파로프의 대국에서 디퍼 블루가 이겨서 모두들 경악을 금치 못하고 있을 때 철학자 장 보드리야르는 이렇게 표현했다. "그때 디퍼 블루는 고독했다." 카스파로프는 게임을 했지만, 디퍼 블루는 '노동'을 했다는 것이다. 우리 자신이 또한 프로그래밍화된 인간이다.
- 뇌과학에서 사유는 내면화된 운동이라고 표현된다. 강장동물은 물속에서 유동 운동을 할 때는 신경이 움직이고 활동하지만, 고착 상태가 될 때는 신경이 사라지고 만다.
- "나는 이렇게 생각해, 이런 생각을 갖고 있어"라는 말은 대개 생각을 하지 않았다는 말과 같다.
- 니체는 "첫 번째 판단을 버려라. 그것은 그 시대가 네 몸을 통해 판단한 것이다"라고 말했다. 이웃을 사랑하지 말고 낯선 사람을 사랑하라고 했다. 낯선 것과 부딪쳤을 때 생각이 일어난다.
- 나는 생각하는 한, 생각할 때, 딴 존재가 될 수 있다. 내가 이전과 다른 존재가 되었을 때 바로 생각을 한 것이라고 할 수

있다.
- "사유했는데 내가 바뀌지 않았다면, 그게 사유가 아니라고 할 수 있는가?"라고 많이들 묻지만, 그 과정에서 절대 바뀌지 않은 게 아니다. 그렇게 생각하고 바뀌려고 하는 과정에서 실은 많이 바뀐 것이다. "절대로 안 바뀌었어, 절대로 안 바뀌어요" 이렇게 말한다면 사실은 생각하지 않은 것이다.
- 왜 철학을 하는가? 생각하는 존재가 되기 위해서다. 왜 공부를 하는가? 자유로워지기 위해서다. 낯선 것과 만나 거기서 이루어 낸 내 존재의 변화로, 혹은 양심의 가책으로 끝내 하지 않을 수 없어서 하는 일, 하지 않으면 스스로 견디지 못하는 일을 할 때 자유라고 말할 수 있다.
- 우리가 '자유'라고 말하는 것들은 대개 습속에 불과하다. 나는 커피 중독이다. 커피가 없으면 글을 쓸 수 없다. 그때 후배가 "형은 커피로부터 자유로워져야 한다"고 말했다. 그 후배가 옳았다. 나는 커피를 마실 자유가 있지만, 그 자유란 기실 중독에 가까운 습속에 다름 아니었다.
- 습속을 잘라 내고 이겨 낼 때 커피로부터 자유로워진다. 커피를 방해받지 않고 골라서 마실 자유가 아니다.
- 우리는 절대 진리로만 살 수 없다. 오류는 삶의 필수 조건이다. 오류와 더불어 사는 것이다. 문제는 다만, 생각하며 사는 것, 철학하며 사는 것이다. 그것이 바로 삶의 기술이다.

강의 후 나눈 글쓰기 주제들

강좌가 끝난 후에는 함께 모여 도시락을 먹고, 오후에는 학교별로 섞어 편성된 모둠에 따라 모둠 토론을 했다. 그 토론의 결과로 글쓰기 주제가 모였고, 학생들은 이 주제 가운데 한 가지를 택하여 글쓰기를 한 후, 점필재연구소 누리집에 올리는 형식으로 발표하게 하였다.

운영위원들이 이 글들을 심사하여 다음 강좌 때 우수작을 시상하고, 유인물로 인쇄하여 학생들에게 나누어 주었다.

이런 방식으로 만들어진 글쓰기 주제는 다음과 같다. 다소 추상적이지만, 제대로 된 논술 글쓰기의 주제로도 손색없다는 생각이 들었다.

1강 〈철학하며 산다는 것〉 글쓰기 주제

1. 생각하기와 '악의 평범성' — 린디 잉글랜드 일병에 관한 나의 생각
2. '공부'와 개인의 삶, 국가 경쟁력
3. '20 대 80의 사회'에서 나의 자유는?
4. '기술, 화폐'의 속박으로부터 어떻게 자유로울 수 있을 것인가?
5. 생각한다는 것과 반응한다는 것
6. 꽃은 스스로의 힘으로 피어난다는 것은 무슨 의미인가?
7. 습관, 습속을 잘라 낸다는 것은 무엇인가?
8. 어떻게 돈 없이 자유롭게 살 수 있을 것인가?
9. 삶의 근원적인 목적이 있을까?
10. '학벌 사회'에 어떻게 대응할 것인가?
11. 환경은 인간에게 어떤 영향을 끼치는가?
12. 공부는 친구와 함께 해야 한다. 친구란 어떤 존재인가?

13. 디오게네스는 과연 깨우친 존재인가?
14. 빈곤 문제를 심화시키는 MB 정부에 대해 어떻게 생각하는가?

2강 〈아모르 파티 : 삶을 사랑하는 철학〉 글쓰기 주제

1. 나에게 신(우상, 규범)은 무엇이며, 그것을 어떻게 죽일 수 있을까? (구체적인 자신의 경험을 예로 들어 서술하시오.)
2. "세계를 사랑하는 자는 그 세계를 창조한다"는 말에서 '세계를 창조하는 것'이 어떤 것인지 구체적으로 설명하시오.
3. 개인의 즐거운 삶과 공동체(가족, 학교)는 어떻게 조화를 이룰 수 있을까?
4. 나는 누군가를 사랑해서 무엇을 창조해 본 경험이 있는가?
5. 신이 인간을 만들었는가, 인간이 신을 만들었는가?
6. 니체가 말한 '삶에 대한 사랑'은 무슨 의미일까?
7. 나 자신을 진정으로 사랑하는 것은 어떻게 가능할 것인가?

3강 〈논어, 사람의 길을 열다〉 글쓰기 주제

1. 지우학志于學, 나는 무엇에 '지志'할 것인가
2. 왜 배우는가? 왜 배워야 하는가?
3. 마이 웨이My Way, 남들이 알아주지 않아도 걸어가는 것에 대하여
4. 충심忠心으로 말했으되 듣지 않는 친구와 어떻게 관계할 것인가?
5. 공자의 정신으로 한국 정치 현실을 비판한다면?
6. '이립而立', 스스로 선다는 것은 무슨 의미인가?
7. 우리는 어떻게 '빈이락貧而樂'할 수 있을 것인가?

나가면서

이런 방식으로 네 번의 강좌를 진행하면서 한 학기를 보냈다. 나는 이 강좌의 총무를 맡아 잔일들을 했다. 강좌를 준비하고,

200여 명의 참가자를 관리하는 일이 쉽지 않았지만, 대학에 다니는 졸업생 아이들이 자잘한 일을 많이 거들어 주었다. 무엇보다 몇 사람만 애를 쓰면 이렇게 좋은 배움의 자리가 만들어진다는 생각으로 흔쾌히 일했다.

이 행사를 위해 필요한 강사료는 부산대학교 점필재연구소에서 부담해 주었고, 다른 운영비는 전국국어교사모임에서 특별사업비로 지원받은 돈과 이 강좌에 참여하는 선생님들의 후원으로 충당되었다.

앞서 말했듯, 나는 이제 인문학이 대세인 시대가 곧 오리라고 생각한다. 우리들 삶이 점점 더 가파른 곳으로 치달아 가고, 지금껏 이런 풍요와 경쟁을 가능하게 했던 물적 기반들이 조금씩 해체되어 가면서, 이 체제의 삶에 대한 질문과 성찰이 일어날 것이기 때문이다. '과연 이런 경쟁 체제에서 살아남는다는 것이 무슨 의미가 있는지', '어떻게 살아야 하는지', '우리는 지금까지 어떻게 살아왔고, 앞으로 세상은 어떻게 흘러갈 것인지'와 같은 본질적인 질문에 대해 오늘날 학교교육은 답할 수 있어야 한다. 생각해 보면, 오늘날 우리 학교교육은 얼마나 삶으로부터 유리되어 있고, 형편없는 내용과 형식으로 채워져 있는지······.

몰락을 두려워할 필요는 없다. 두려워하든 말든 이 체제의 몰락은 어쩔 수 없는 현실이 될 것이다. 조금만 다른 눈으로 바라보게 된다면, 이 몰락은 또한 우리가 잃어버린 것을 되찾고, 사람답게 살 수 있는 크나큰 기회가 될 것이다. 그 몰락 이후의 삶을 지금부터 준비해 나가기 위해서라도 아이들에게 인문학을 가르쳐야 하는 것이다.

사진으로 보는 인문고전교실

부산대학교 밀양캠퍼스는 넓고, 조용하고, 깨끗해서 공부와 토론의 장소로는 최적이었다.

부산, 울산, 밀양에서 이렇게 착하고 명랑한 아이들이 모여들었다.

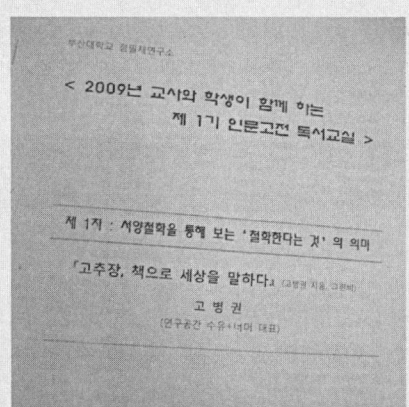

매 강좌마다 배포된 강의안. 학생들은 교재를 미리 읽어 오고 강의안을 통해 강좌를 들은 뒤, 두 내용을 갖고 모둠 토론에 임했다.

매 강좌마다 이렇게 자리가 모자라 도서관에서 의자를 빼 와서 임시 좌석을 따로 만들어야 할 정도였다.

질의응답 시간은 매 강좌의 백미였는데, 고병권 선생님은 질의가 하도 끝없이 이어지는 바람에 2강 때에는 기차를 놓칠 뻔했다.

도시락을 싸 오게 한 것은, 행사장 주변에 마땅한 식당이 없어서이기도 했지만 둘러앉아 함께 도시락을 까먹는 이 '맛'을 느끼게 하기 위함이었다.

나와 함께 이 강좌의 운영위원을 맡은 선생님들. 좌로부터 김승열·조향미·고안덕·박혜숙· 이도환 선생님.

오후 시간에는 이렇게 도서관에서 모둠별로 모여 모둠 토론을 진행했다. 처음에는 학교별로 흩어져 진행되는 모둠 토론이 서먹했지만, 갈수록 열띤 토론이 진행되곤 했다.

사진으로 보는 인문고전교실

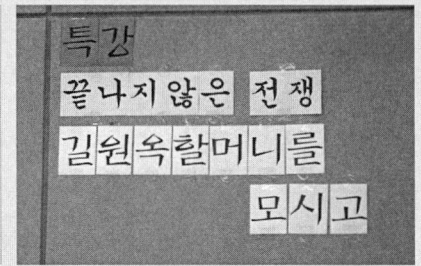

여름방학 때에는 1박 2일 캠프 형식으로 진행했는데, 이때 위안부 문제를 국제적으로 증언해 오신 길원옥 할머니를 모셨다. 할머니의 강연은 깊은 감동과 충격을 주었다. 많은 교사와 아이들이 눈물을 흘렸다. 일본 제국주의가 한 힘없는 여인에게 가한 끔찍한 상처, 그러나 이를 끝내 이겨 낸 할머니의 감동적인 삶의 역정은 모두에게 잊을 수 없는 기억으로 남았으리라. 무엇보다 아주 좋은 역사 공부가 되었다.

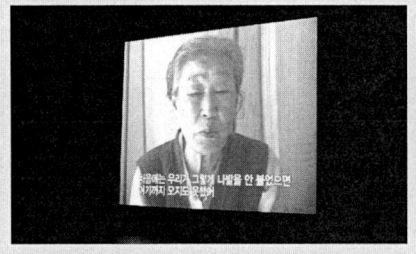

이 행사 과정에서 큰 실수가 있었는데, 영화 〈끝나지 않은 전쟁〉이 복사본 디스크인지라 손상이 많이 가서 끝내 상영되지 못한 것이었다. 결국, 가을 인문주간 행사 때 정본을 직접 구매해서 상영할 수 있었다.

한국정신대문제대책협의회 윤미향 대표는 강의 끝에 일본대사관 앞 수요시위에서처럼 '일본은 사죄하라'는 내용의 구호를 선창했는데, 의외로 아이들도 잘 따라 했다.

길원옥 할머니는 팔순 중반의 노구인데다 호주에서 돌아온 지 며칠밖에 되지 않으셨는데, 강행군 속에서도 늘 소녀 같은 밝은 웃음을 잃지 않으셨다.

독서캠프 마지막 시간은 모둠별 발표회였다. 아이들은 발표회 당일 새벽 4~5시까지 거의 자지 않고 모둠별 발표를 준비했다.

아이들이 발표한 것은 주로 학교생활과 교육 문제, 강좌에서 배운 주제와 세상의 흐름에 대한 비판적인 내용이었는데, 어느 모둠의 발표나 그 내용이 날카롭고 또한 유쾌하지 않은 것이 없었다. 아이들에게 표현의 자유와 가능성을 열어 주면 얼마나 멋진 장면들이 만들어지는지를 몸소 느낄 수 있는 시간이었다. 여러 학교가 모인 데서 생겨난 서먹함이 완전히 사라진 것은 물론이거니와, 함께한 모두가 서로에게 감탄하고 놀라면서 진정한 '배움'에 대해서 많은 생각을 하게 해 주었다.

헤어질 무렵 아이들은 서로들 애틋하고 아쉬웠는지 연락처를 주고받고, 기념 촬영을 하였다. 우리 학교에도 그때 만난 친구와 아직도 연락을 주고받는 아이가 있다.

강좌 시작부터 끝까지, 전적으로 도움을 아끼지 않으셨고, 우리와 함께해 주신 부산대 점필재연구소 정출헌 소장님 (오른쪽에서 두 번째).

아이들에게 인문학을 가르치자

2부

삶을 위한 국어교육

지금 '삶을 위한 국어교육'을 생각하는 이유

> 저 아이들에게 사랑의 언어를 가르치지 못하는 나는 무엇인가? 저 아이들에게 함께 사랑하며 살아가는 법을 가르치지 못하는 나는 무엇인가? 저 아이들과 함께 기뻐하고 슬퍼하며 저 아이들의 언어를 배우고 그 언어로 저 아이들의 졸음을 깨우지 못하는 나는 무엇인가?
>
> — '국어교육을 위한 교사모임' 발기 취지문(1988년 2월 21일) 중에서

'촛불 항쟁'에 대한 소감

나는 이 글들을 2008년 촛불 정국을 거치면서 쓰기 시작했다. 내가 사는 인구 10만이 채 안 되는 작은 도시에서도 마흔 번이 넘

는 촛불집회가 있었다. 스무 살 무렵부터 세상일에 대한 의식이 생긴 이래 촛불 정국을 지나던 2008년 무렵이 제일 좋은 순간이었다고 감히 고백할 수 있다.

연일 수만에서 수십만의 사람들이 거리로 나와서, 억눌렸던 충동들을 실로 유쾌하게 발산했다. 백성 알기를 길바닥에 붙은 껌만큼도 여기지 않던 저들이 어쩔 줄 몰라 우왕좌왕하는 모습을 보며 쾌재를 불렀다. '죽으라는 법은 없구나' 싶고, 세상이 이렇게 완전히 캄캄해지지는 않았구나 싶어서 마음이 벅차올랐다. 이명박 씨가 대통령에 당선되던 날 청계광장에 넘쳐 나던 파란색 물결을 보면서, 지난 총선 때 한나라당 당사에서 환호하던 치들을 보면서 비감했던 분들이 많았을 것이다. 한반도 대운하, 한미FTA, 공기업 민영화와 4.15학교자율화조치까지, 그 사안들의 무게를 가늠해 보다가 '앞으로 세상이 어찌 되려고 이러나' 싶어서 마음 아득했던 분들도 많았을 것이다.

물론 이런 항쟁의 분위기는 기나긴 일상의 시간대에 견주어 보면 예외적인 것이다. 촛불은 꺼졌고, 광장의 시민들은 제자리로 돌아갔다. 이 긴 시간 동안 우리는 진심을 다해 호소하고 싸웠으나, 저들은 정신을 차리지 않았다. 아니, 더욱 거꾸로 갔다. 그러나 활활 타오르는 이 촛불의 물결은 우리 사회에 지울 수 없는 선을 그어 놓았다. 무엇보다 나는 우리들이 이 분출을 통해 '사람으로 살아 있음'을 확인하는 것이 기뻤고, 부조리에 떨쳐 일어서는 기백을 확인하는 것이 좋았고, 그러면서도 이를 즐거운 야유와 축제의 열기로 승화시키는 것이 또한 몹시 행복했다.

여기서 나는 내 자리로 돌아와 이런저런 생각을 굴려 보았다. 무엇보다 교사의 역할에 대해, 그간 교사로서 나는 저 아이들에게 무엇이었나를 생각해 보게 되었다. 그것은 이 항쟁을 촉발시킨 이들이 다름 아니라 바로 우리 아이들이기 때문이다. 아이들은 함께 생활하던 교사들도 예측할 수 없는 방식으로 조직되었고, 거리로 나왔다. 그들이 집회 현장에서 보여 준 솔직하고 생기 넘치는 발언들이 수많은 어른들의 양심을 일깨웠다. 그것은 아이들이 아직은 절망을 모르기 때문일 것이고, 더 이상 견딜 수 없을 정도로 세상이 망가지고 있는데도 우리들 교사를 포함한 어른 세대가 너무나 무기력하게 처신하는 데 대한 반발도 깔려 있었을 것이라 생각한다.

이제 '삶을 위한 국어교육'을 생각한다

전국국어교사모임에서 발간하는 회지 《함께 여는 국어교육》 81호(2008년 5-6월)에서는 전국국어교사모임 창립 20주년을 기념하는 글들로 특집을 꾸몄다. 그런데 김주환 선생님이 쓴 글을 읽다가 국어교사모임이 걸어온 20년사를 한마디로 '전문성 신장의 길'로 규정해 놓은 부분을 읽고선 좀 의아해졌다. 어쩌면, 최근 몇 년 동안 전국국어교사모임에 대해 내가 어떤 경원(敬遠)을 느낀 것은 저런 표현으로 대표되는 일련의 흐름들이 깔려 있기 때문은 아닌가 하는 생각이 들었다. 나 자신이 좀 허술한 인간이어서 그렇기도 하지만, 나는 '전문성'이라는 단어에 대해 일단 부정적인 의식이 있다. 과연, 나는 전문성 있는 교사가 되기 위해 이렇게 공부하고 활동하고 발언하는 것일까, 우리 국어교사모임이 강단 학자들에 견주어도 손색없는 유능한 국어 교사들의 집단으로 자리매김될 필요가 있는가……. 물론 내 표현에도 오해가 있겠지만, 그것은 단연코 아니다.

　나는 '삶을 위한 국어교육'이라는 구호가 참 좋다. 그것은 이 글의 들머리에 인용해 놓은 저 1988년 국어교사모임의 발기 취지문이 말하는 것처럼 아이들에게 '사랑의 언어'를 가르치기 위한 몸부림이기도 할 것이다. 그러나 지금 우리 모임에서 "아이들에게 무엇을 가르칠 것인가, 국어 교사는 이 세상 속에서 아이들의 삶을 위해 어떻게 살아야 할 것인가?"라는 본질적인 가치에 대한 성찰은 조금씩 옅어지는 느낌이다. 그러면서 전국국어교사모임이 갖고 있던 저항성, 혹은 '재야在野 정신'이 조금씩 퇴색해 가는 듯하다. 이를테면 나는 우리 모임이 한때 온 사회를 흔들었던 '논술 광풍' 앞에서 논술의 해악을 고발하고, 입시 논술의 흐름과 분명한 경계선을 긋고, '아이들의 삶'이라는 대전제를 준거 삼아 논술 광풍 앞에 맞서기를 고대하고 있었지만, 이러한 현실을 부정할 수는 없다는 '무력한 현실주의'를 확인했을 따름이다.

　'전문성 신장'이라는 슬로건 속에는 물론 국어 교사의 깊은 책임감과 장인 정신이 숨 쉬고 있겠지만, '무력한 현실주의'의 자연스러운 귀결이자 좀 한가한 이야기가 아닌가, 세상을 나쁜 방향으로 이끌어 가는 세력들이 쳐 놓은 언어의 프레임 속에 스스로 갇히는 길이 아닌가, 하는 생각을 해 본다.

　우리 앞에 놓여 있는 세상을 생각해 볼 때, 그야말로 근본적인 방향 전환이 이루어지지 않는다면 파국은 분명해 보인다. 아이들의 고단한 나날들, 수십 년이 흘러도 흔들림이 없고 더욱 극악해지는 입시 경쟁 체제, 그리고 그 경쟁에서 설사 살아남는다 하더라도 취업과 사회 진출 길목에 여전히 그들을 기다리고 있는 암울한 현실들, 그리고 기후변화와 식량, 에너지, 금융, 경제를 비롯한 수많은 위기의 지표들, 할 수만 있다면 이들을 우리의 사고 바깥으로 몰아내고 싶지만 외면한다고 피할 수 있는 것들이 아니다.

누군가는 자신의 자리에서, 자기가 맡은 영역에서, 가르치는 방식에서부터 내용에 이르기까지 방향 전환을 시작해야 한다.

진정으로 아이들의 삶을 염려한다면, '의식화 교육'이 필요하다. 아이들에게 세상의 문제를 가르쳐야 하고, 각성의 계기를 던져 주어야 한다. 그리고 모든 교육의 목표가 '지식기반사회에서 경쟁력 있는 인간으로 만드는 길'로 수렴되고 마는 풍토로부터 한 발짝이라도 벗어나기 위해 노력해야 한다.

그래서 나는 우선 그간 해 왔던 내 수업부터 정리해 보리라 생각했다. 2008년 5월 초, 이 극보수의 도시에서 처음으로 촛불시위를 조직했던 아이들, 연일 계속되는 집회에 나와 시내 한복판에서 마이크를 들고 날카롭게 절규하던 아이들이 나에게 준 감동과 충격이 아직도 잊히지 않는다. 이제, 몇 가지 주제와 수업 사례를 가지고 내가 생각하는 '삶을 위한 국어교육'의 모습에 대해 이야기 나누고자 한다.

수업은 내가 하는 것이다

우리 공교육은 그야말로 유례없는 입시 중심, 교과서 독점 체제이다. 물론 7차 교육과정이 예전처럼 '국가 수준'을 고집하지 않고 그 권한을 '지역, 학교, 교사 수준'으로 나누어 주는 시늉을 하더라도, 교육 현장에서는 여전히 교과서와 입시의 권위가 독보적이다. 이러한 입시 중심, 교과서 독점 체제를 승인하게 되면 국어 교사가 할 수 있는 일은 단순해진다. 교과서와 입시 체제가 지시하는 것을 좇아가면 된다.

입시 체제와의 긴장은 수없이 이야기되어 왔고, 앞으로도 이야기될 것이다. 내가 이야기하고 싶은 것은 교과서 독점 체제 문제다. 전국국어교사모임이 대안교과서 개발에 나선 이후 그동안 괄목할 만한 성과를 냈다. 이들은 우리 현장 교사들의 실천 역량을 집대성한 노작이며, 그 자체로 기념비적인 가치를 지닌다고 믿는다. 나 또한 4~5차 교육과정기에 중·고교 시절을 보냈고, 6차 교육과정기에 교사가 되었기 때문에 국정교과서의 문제점을 잘 알고 있다. 그리고 전국국어교사모임에서 대안교과서 개발을 위해 노력한 것도 이런 형편없는 교과서 체제에 대한 좌절에서 비롯한 것임을 잘 알고 있다. 대안교과서와 검인정교과서 개발 — 비록 중단되었지만 — 이 우리 모임의 수준과 위상을 드높였고, 기존 교과서의 안일한 집필 관행에 큰 자극이 되기도 했다. 그러나 이 과정에서 수많은 지역 모임, 풀뿌리 소모임들이 해체되거나 활동력이 떨어졌다.

이 자리에서 한번 물어보고 싶은 것이 있다. 과연 지금껏 형편없는 국정교과서가 국어 교사들의 교육 활동에 질곡으로만 작용해 왔다고 말할 수 있을까? 예를 들어, 6차 교육과정 고등학교 국어 교과서 상권에 실려 있는 〈현대 과학은 환경 문제를 해결할 수 있는가〉라는 제재를 기억할 것이다. 이 글은 환경 문제의 심각성을 지적하기보다는 이를 현대 과학이 해결할 수 있다는 낙관론에 기울어져 있다. 나는 이 글의 관점에 동의하지 않았기 때문에 이 글 그대로 가르치는 일을 수긍할 수 없었고, 덕분에 이런저런 자료를 찾으면서 어떻게 하면 비판적으로 가르칠 수 있을지 고민했던 기억이 난다. 그때 많은 국어 교사들이 나처럼 이 제재를 현대 과학의 기계론적 환원주의와 환경 문제의 심각성을 환기시키는 반면교사로 삼았던 것으로 기억한다. 이명박 정부의 어이없는 실정失政으로 국민들이 실로 20년 만에 광장을 체험하게 되고, 그 속에서 저항과 연대의 기쁨을 누리기도 했듯이, 그간 이 형편없는 교과서들은 교사의 자발성과 능동성, 그리고 텍스트를 비판적으로 바라보는 수업을 추동하는 견인차 노릇을 하기도 했다. 그리고 이 갑갑한 체제 속에서 자신이 겪은 것들을 나누기 위해 동료 교사들, 이웃 학교 선생님과 지역으로 범위를 넓혀 나가면서 자발적인 연대를 이끌어 내기도 했다.

더 나아가 이런 질문을 던져 보고 싶다. 그렇다면 좋은 교과서는 좋은 수업을 위한 전제 조건이 될 수 있는가? 나는 이 질문에 대해서도 회의적이다. 교과서가 교육과정을 이끌어 가는 것은 바람직하지 않다고 생각한다. 좋은 교과서는 하나의 완결태로서 수업 수준을 분명 한 단계 끌어올리겠지만, 그로 인하여 교사의 능동성과 자주성은 퇴화하게 될 것이다. 교육에는 고정된 정답이 있을 수 없고, 백 가지 문제에 대한 백 가지 답이 있는 것이다. 그러므로 가장 이상적인 교육과정은 교사가 처한 교육적 상황 — 아이의 발달 정도, 성별, 사회경제적 환경, 교사 자신의 문제의식, 구체적인 수업 환경 — 에 따라 각각 달리 편성되는, 요컨대 백 명의 교사가 각각 백 개의 개별 교육과정을 운영하는 것이다. 그러므로 우리 같은 교사모임은 '단일한 교과서'를 위해 매진할 것이 아니라 교사들 스스로 자신의 힘으로 개별 수준의 교육과정을 편성하고 운영할 수 있도록 서로 교류하고 북돋워 주어야 하는 것이 아닐까.

교육은 그 속성상 '과정' 속에서 완성된다. 개별 교사들의 실험과 실패, 고민, 막막함 따위는 어떻게든 피해 가야 할 해악이나 낭비가 아니라, 좋은 교육을 위해 반드시 거쳐야 하는 본질적인 요건이다. 그러므로 '단일한 좋은 교과서'는 그 과정의 의미를 원천적으로 거세하는 힘으로 작용할 수 있는 것이다.

나는 수많은 국어 교사들이 각자 구축해 온 '개인 수준의 교육과정'들을 내어놓고, 아이들의 삶을 위해 필요한 것은 무엇인지를 고민하면서 스스로 그 답을 찾아가야 한다고 생각한다. 그래서 우선 내 수업 이야기부터 풀어 보려고 한다. 그동안 나는 방황과 파행을 적지 않게 겪었지만, 어찌 됐건 내가 믿는 바대로 아이들의 삶에 최대한 가까이 갈 수 있는 국어 수업, 교과서나 입시로부터 벗어난 '개인 수준의 교육과정'을 구현하고자 애써 왔다. 그 편린들을 이제 하나씩 펼쳐 보려 한다.

'나'를 찾아가는 국어 수업

'나'와의 만남

교육의 영원한 소재는 '나'이다. 교육을 통해 가르쳐야 할 가장 중요한 가치는 '자신에 대한 사랑'이다. 자신을 사랑하지 않는다면 그 무엇도 사랑할 수 없고, 누군가를 사랑하지 않는다면 그 누구로부터도 사랑받을 수 없다.

자신을 사랑하기 위해서는 무엇보다 스스로를 '있는 그대로' 볼 수 있어야 한다. 그랬을 때 자신을 존엄한 존재로 여길 수 있고, 자신보다 더 크고 높은 존재에 대한 감각이 생겨난다.

자신을 있는 그대로 바라보기 위해서는 열등감과 우월감 같은 편견을 물리쳐야 한다. 그리고 이기적인 자기애와 자기도취, 그로 인해 생겨나는 인정 욕구를 절제해야 한다. 결국, 자신을 사랑한다는 것은 일생토록 추구해야 할 삶의 태도이다. 그리고 청소년기에 정립하게 되는 자의식의 밑그림은 한 사람의 삶에 결정적으로 작용한다.

그런데 선생 노릇을 하다 보면 아이들이 깊은 열등감에 젖어 지내고 있다는 것을 알게 된다. 그래서 작은 구겨짐에도 예민하게 폭발하고, 그 열등감과 동전의 양면 관계인 자기도취로 이를 상쇄하려는 내면적 분위기도 느낄 수 있다. 한동안 여러 아이들의 미니홈피를 구경할 기회가 있었는데, 거기에 아이들마다 수십, 수백 장씩 올려놓은 각양각색의 독사진들을 보면서 좀 섬뜩한 기분이 들기도 했다. 우리 시대는 '나는 아름답다', '나는 아름다워야 한다'는 강고한 나르시시즘에 지배되는 것이 아닐까 싶다.

그러나 또 한편 아이들의 공허한 내면 한쪽에는 자신과 대면하고픈 열망, 약한 것들에 대한 연민, 우정 어린 관계에 대한 바람들이 숨 쉬고 있음을 보게 된다. 아이들은 어린 시절부터 부모가 구축해 놓은 욕망의 상자에 갇히면서 가치 있는 것들과 대면할 '기회'를 빼앗겨 버린 것이다. 나는 아이들의 황량한 내면과 아울러 그 반대편의 갈망들과 만났을 때 많이 놀랐고 마음 저렸다. 그리고 이토록 뜨거운 교육열을 자랑하는 우리 사회가 여기에 아무런 관심과 문제의식 자체를 갖고 있지 않다는 것을 깨닫고 전율했다.

나는 아이들과 국어 수업을 통해 '나'와 내 주변을 꺼내어 놓고, 찬찬히 바라보면서 스스로의 모습을 찾아가는 수업을 만들어 보고 싶었다. 지금 제시하는 사례들은 그간 어설픈 시도들의 결과물이다.

글과 그림으로 자기 표현하기

5년 전 어느 날, 《한겨레21》을 보다가 조남준 화백이 연재하던 〈시사SF〉 코너에서 눈에 번쩍 들어오는 만화를 보았다. '나를 슬프게 하는 것들'이라는 제목이었는데, 서정적인 글과 그림이 어우러진 아름다운 만평이었다. 그것을 인쇄해서 함께 감상하고 아이들에게 손수 '나를 슬프게 하는 것들'과 '나를 행복하게 하는 것들'을 표현해 보게 했다. 아주 단순한 아이디어에서 비롯한 수업이었는데, 나로선 특별한 체험이 되었다. 평소 별 생각이 없어 보이는 아이들이 깜짝 놀랄 만큼 깊고 섬세한 서정을 그려 내거나, 때로는 슬프고도 해맑은 마음의 결을 그려 낸 것이다.

나로선 아이들을 완전히 새롭게 바라보는 계기가 되었고, 아이

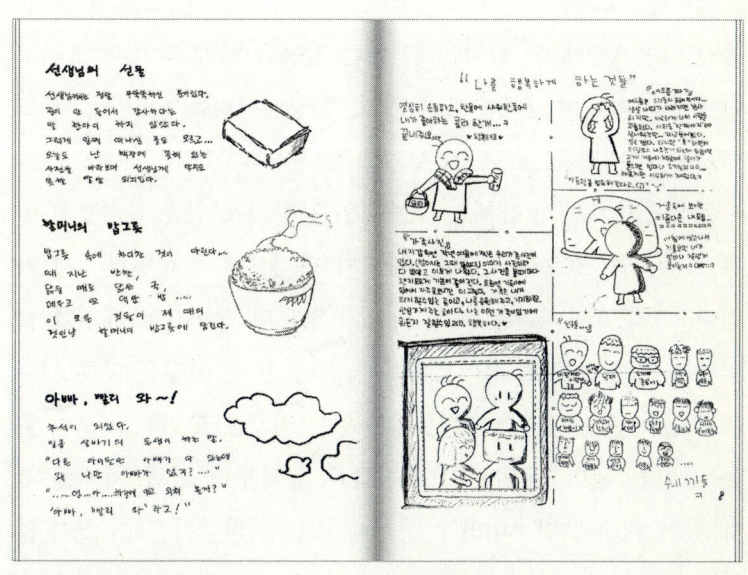

나를 슬프게 하는 것들   나를 행복하게 하는 것들

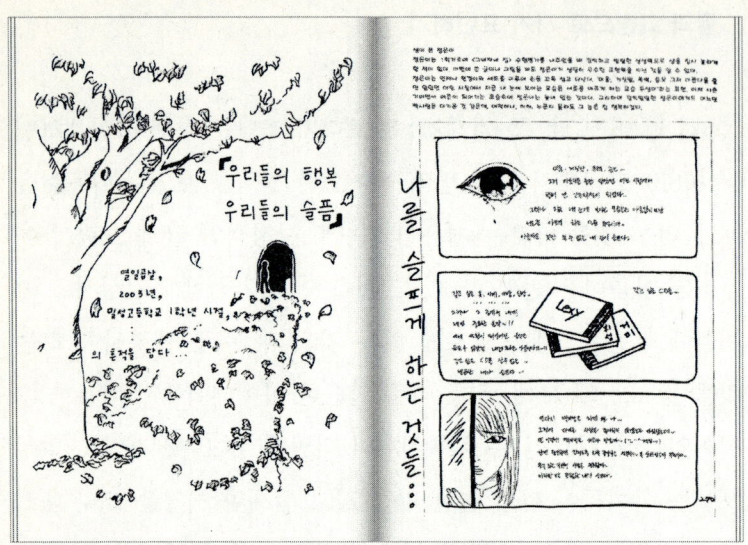

연말에 학년 문집으로 묶어 본 예. 나도 맨 위에 아이들에게 한마디씩 써 주었다.

들끼리는 서로를 친숙하게 여기는 계기가 되었다. 그로부터 5년 동안 나는 1년에 한 번씩은 꼭 이런 활동을 하게 되었다. 그리고 연말에는 학년별 문집으로 묶거나, 롤링페이퍼를 하고 난 뒤 코팅을 해서 기념품으로 나눠 갖기도 했다.

 일상생활 속에서 느끼는 구체적인 감정의 근원을 살펴보고 이를 표현하는 것은 성찰적인 태도의 바탕으로서 상당한 의미가 있다. 그리고 아이들은 이를 나름의 정돈된 형식으로 표현할 수 있다는 것에 스스로 경이로워하게 된다. 또한 이것을 다른 친구들과 돌려 보는 것은 비교적 품위 있는 방식으로 자신을 보여 주는 기회가 된다. 무엇보다 아이들은 일찍부터 만화 세계를 접해 왔기 때문에 만평이라는 형식에 대한 저항감이 그리 크지 않았다.

이것은 '나'를 찾아가는 국어 수업의 도입부에 배치하면 효과적일 것이다.

'나'를 만나는 글쓰기 수업

나는 아이들의 자아를 구성하는 중요한 요소로서 '자기애와 열등감', '꿈과 직업', '어머니', '고향', '사랑' 등의 주제를 설정했다. 그래서 이 주제와 관련된 여러 자료를 감상하고, 글로 표현하는 수업을 구상하여 실행에 옮겼다.

앞에서도 말했듯 글쓰기 수업에서 교사의 가장 중요한 역할은 자유롭고 너그러운 분위기를 만들어 주는 것이라고 생각한다. 그래서 음악을 틀어 놓거나 다과를 준비해 놓고 최대한 밝고 화기애애한 분위기 속에서 자료를 감상하고 글을 쓸 수 있도록 애쓴다. 그리고 그중 좋은 작품은 아이들에게 읽어 주거나 직접 발표하게 한다.

| 주제 1 자기애와 열등감 |

찬찬히 살펴보면 한 사람의 삶을 이끄는 근본 동인은 다름 아닌 '자기애'임을 알 수 있다. 그리고 자기애가 좌절을 겪었을 때 생겨나는 '열등감'이 한 사람의 사고와 행동을 줄기차게 왜곡하는 것을 수없이 확인할 수 있다.

과문하긴 하지만, 내가 보기에 인간의 원초적인 '자기애'를 다룬 가장 흥미로운 작품은 박찬욱 감독의 이른바 '복수 3부작' —

〈복수는 나의 것〉, 〈올드보이〉, 〈친절한 금자씨〉 — 이 아닐까 싶다. 특히 〈올드보이〉에서 이우진(유지태 분)은 자기애로 인한 폭력과 파멸을 가장 극적으로 형상화하고 있는 것으로 보인다. 그러나 이 영화는 근친상간을 모티프로 하고 있어 줄거리만 소개하고, 대신 다른 소설이나 동화로 접근하게 되었다.

◆ 수업 자료

① 송기원, 〈아름다운 얼굴〉 사생아로 태어나 장돌뱅이들 틈에서 자란 유년 시절의 상처로 일생을 문학과 그 언저리에서 위악(僞惡)과 싸우며 살아온 작가 송기원의 자전적인 체험을 그린 단편소설이다.

② 김은재, 〈새가 될 거야〉 월간 《우리교육》에 실린 서진석 선생의 글을 통해 우연히 알게 되었다. 꼽추로 놀림당하면서 짙은 열등감을 안고 사는 소녀 순미가 자신의 장애를 사랑하게 되는 과정을 시적인 문장으로 그려 낸 짧은 동화이다.

③ 아쿠다가와 류노스케, 〈코〉 전국국어교사모임이 펴낸 《문학 시간에 소설 읽기 1》에 실려 있다. 누구나 하나쯤은 갖고 있을 치부(恥部)와 주변 사람들의 방관자적 이기심, 그 속에서 겪게 되는 내적 갈등을 흥미롭게 묘사하고 있는 단편소설이다.

④ 영화 〈올드보이〉 줄거리

이 주제에 대해 글을 쓰게 하면 "이런 걸 왜 하는지 모르겠다"며 불평하는 소리도 적지 않다. 그럴 때면 예전 선배들이 썼던 글 중에 감동적인 몇 편을 읽어 준다. 그리고 굳이 좋은 점수를 받거나 다른 이들 앞에서 읽히기 위해서가 아니라 자기 자신을 위해

> **〈주제 1〉 자기애와 열등감**
>
> ▶ 내용의 이해를 위한 질문
>
> 자료 ①~④에서 주인공들을 자기애와 열등감으로부터 헤어 나오지 못하게 하는 조건은?
> - 〈아름다운 얼굴〉:
> - 〈새가 될 거야〉:
> - 〈코〉:
> - 〈올드보이〉의 이우진:
>
> 〈아름다운 얼굴〉의 '나'와 〈올드보이〉의 '이우진'이 보여 주는 '자기애와 열등감'의 해소 방식에 비추어 보았을 때, 〈새가 될 거야〉가 주는 교훈은 무엇일까요?
>
> ▶ '나의 자기애, 나의 열등감'이란 제목으로 수필을 써 봅시다.
>
> 들어가야 할 내용
> - 내가 스스로에게 아름다움을 느낄 때, 내가 열등감을 느끼는 부분
> - 열등감, 자기애와 관련한 기억 혹은 추억
> - 10년, 20년 후 나의 자기애와 열등감은 어떤 모습을 하고 있을까
>
> (* 학습지 일부 발췌)

쓰는 글이라는 점을 강조한다. 자신의 내밀한 부분에 대해 글을 쓰게 하는 것은 몹시 어렵지만, 아이들과의 소통 정도에 따라 때로는 깜짝 놀랄 만큼 좋은 글을 만나기도 한다.

| 주제 2 나의 꿈, 나의 직업 |

이상하게도 아이들은 꿈이 없다. 심지어 수시모집 원서를 쓰는

고등학교 3학년 2학기까지도 아무 생각이 없거나, 어디서 주워들은 부정확한 이야기에 근거한 허무맹랑한 몽상에 젖어 있는 경우가 많다. 엄청난 입시 교육을 시키면서도 정작 입시를 거치고 난 뒤 무엇이 될 것인지는 가르치지 않는 우리 교육의 병폐가 이런 데서 드러난다. 중요한 것은, 지금 자신이 발 딛고 서 있는 곳을 바라보게 하는 것이 아닐까 싶다. 그러므로 평범하게 살아가는 사람들의 일상과 거기에 서린 진실한 소망을 아름답게 바라보는 시선이 필요한 것이다. 변호사, 의사, 연예인, 운동선수 따위의 특별한 직업이 아니라, 보통 사람들의 일상 세계를 다룬 제재를 그동안 많이 찾아 왔는데, 다행스럽게도 2004년 새해 첫날 다큐멘터리 프로그램을 보고 단박에 자료를 구매했고, 지금도 멋지게 잘 쓰고 있다.

◆ 수업 자료

MBC 2004년 신년 다큐멘터리 〈꿈〉 1, 2부 폐광 지역인 강원도 정선에서 고랭지 채소를 재배하며 여섯 식구를 먹여 살리는 가난한 농부, 경기도 부천실업고등학교에서 가족들과 떨어져 돈을 벌면서 애니메이터의 꿈을 키워 가는 열여덟 소년, 덜컹거리는 기차에서 힘겹게 물건을 파는 홍익회 새마을호 판매원, 취업에 번번이 떨어지면서도 오뚝이처럼 일어서는 청년 실업자, 대학을 그만두고 여자 친구와 노점상을 하면서 가게를 개업할 돈을 모으는 청년, 뛰어난 기능공이 되어 대통령과 밥 한 끼 먹는 꿈을 키우는 노동자, 홀트 일시보호소에서 버려진 아기를 돌보는 천사 같은 노처녀, 그리고 유기농산물 농장인 학사농장 일꾼까지 그야말로 평범한 사람들의 일상과 소망을 아름답게 그린 멋진 다큐멘터리

> **〈주제 2〉 나의 꿈, 나의 직업**
>
> ▶ 다음 시를 공책에 옮겨 봅시다.
>
> 비에 지지 않고
>
> 　　　　　　　미야자와 겐지
>
> 　비에 지지 않고
> 　바람에도 지지 않고
> 　눈보라와 여름 더위에도 지지 않는
> 　튼튼한 몸을 가지고
> 　(후략)
>
> ▶ 내용 이해를 위한 질문
>
> 〈연희네 가족의 꿈〉을 보면서 특히 인상 깊었던 점은 무엇입니까?
>
> ▶ 나의 생각
>
> 두 편의 다큐멘터리에서 ① 가장 인상 깊었던 사람 ② 가장 인상 깊었던 장면을 써 봅시다.
>
> 공책에 '나의 꿈, 나의 직업'이라는 제목으로 글을 써 봅시다.
>
> 　　　　　　　　　　　　　　　　　　(* 학습지 일부 발췌)

이다.

　아이들은 비교적 무난하게 글을 써냈으며, 간혹 아주 좋은 글을 만나기도 했다. 그것은 역시 앞에서 말한 바대로 워낙 수업 자료가 좋기 때문이었다. 그런데 2년 정도 이를 수행평가 과제로 돌렸더니 아이들의 작품이 대번에 감동 없고 밋밋한 판박이들로 돌변하는 변화를 겪기도 했다.

| 주제 3 내가 사는 곳, 밀양 |

 아이들 대부분이 이곳 밀양에서 태어나 지금껏 살아왔기 때문에 '고향'에 대해 이야기하기 위해 이 주제를 선택했다. '지역'은 학교교육의 중요한 영역이지만, 실제 우리 학교교육에서 지역에 대해 가르치는 영역은 아주 협소하다. 대부분의 아이들이 학교를 졸업하고 고향을 떠나는 모습을 보면서 '고향'에 대해 한 번이라도 생각할 기회를 주기 위해 이런 수업을 기획하게 되었다.

 ◆ 수업 자료
 ① 김춘복, 비디오 〈미리벌〉《쌈짓골》이라는 작품으로 알려진 향토 소설가 김춘복 선생이 직접 제작 편집한 작품으로, 밀양 지역의 역사와 유적, 뛰어난 인물, 자연환경 등을 소개하고 있다.
 ② 현기영, 〈귀향 연습〉,《지상의 숟가락 하나》 이제 초로에 접어든 작가가 일상의 여러 순간 고향을 떠올리며 고향 제주로 돌아가기 위해 스스로를 정리하는 과정을 특유의 단정한 문장으로 그리고 있다.
 ③ 김종철, 〈시의 구원, 삶의 아름다움 ― 이선관의 시에 대하여〉,《시적 인간 생태적 인간》 원고지 10매 분량의 짧은 글이다. 지은이가 지금껏 고향을 지키고 있는 선배 이선관 시인을 추억하면서 객지로 떠돌다가 결국 뿌리 뽑힌 존재가 되어 버리고 만 자신의 회한을 그리고 있다.

〈주제 3〉 내가 사는 곳, 밀양

자료 ②에서 지은이가 갖고 있는 고향에 대한 느낌을 간략히 정리해 봅시다.

자료 ②를 읽고, 여러분이 지은이의 나이가 됐을 때 고향에 대해 어떤 것을 추억하게 될 것인지 써 봅시다.

이곳 밀양에서 여러분이 좋아하는 것과 싫어하는 것, 그리고 그 이유를 써 봅시다.

한 인간의 삶에서 고향이 갖는 의미, 어딘가에 뿌리를 내리고 살아간다는 것은 어떤 의미인지 써 봅시다.

위에서 열거한 것들을 바탕으로 한 편의 글을 완성해 봅시다.

(* 학습지 일부 발췌)

| 주제 4 나의 살붙이, 나의 어머니 |

'나'를 구성하는 것들을 하나둘씩 꺼내어 이야기하다 보면 결국 '어머니'를 떠올리게 된다. 특히 성장기에는 어머니의 영향력이 상대적으로 크다. 어머니는 자신의 삶에서 너무나 구체적인 존재이고, 지금의 자신에게 가장 큰 영향을 주는 분이다. 그런데 아이들에게 어머니를 소재로 시를 쓰게 하면 신사임당과 성모 마리아를 합쳐 놓은 듯한 관념적인 어머니상을 그리는 경우가 많다.

어머니가 계시지 않거나 다른 연유로 함께 살지 않는 아이들도 적지 않아 분위기를 이끌어 내기가 쉽지 않았지만, 여의치 않은 경우 '아버지'에 대해 쓰는 것도 허용해 주었다.

◆ 수업 자료

①내가 논산 훈련소에 있을 때 어머니께서 보내 주신 편지 교사 자신의 내밀한 부분을 아이들 앞에서 드러내는 것은 쉽지 않다. 그러나 이런 대목에서는 교사도 자신의 일부를 직접 드러낼 수 있어야 한다고 생각한다. 이 글을 함께 읽으며 나도 어머니에 대한 내 느낌의 변화를 잠깐 이야기해 주기도 했다.

②조남준, 〈아줌마의 자리〉,《시사SF》 이 만화는 현실 속에서 존재하는 '어머니'의 모습을 그리고 있다. 버스나 전철 안에서 용맹스럽게 자리를 빼앗고는 그 자리를 다시 가족들에게 양보하는 아줌마가 집에서는 홀로 달그락달그락 설거지를 하는 것이 바로 '아줌마의 자리'다. 오늘날 많은 어머니들의 모습을 쓸쓸하게 그려 내고 있다.

〈주제 4〉 나의 살붙이, 나의 어머니

자료 ③을 낭송하고, 마지막 구절 '눈물은 왜 짠가'의 의미를 묵상해 봅시다.

어머니에 대해 알고 있는 것을 써 봅시다. 출생, 성장 환경, 아버지와의 만남과 결혼, 지금까지 살아온 인생 편력에 대해 아는 대로 써 봅시다.

지금껏 어머니에 대해 가장 강렬한 기억으로 남아 있는 사건이나 체험을 두어 가지만 써 봅시다.

어머니를 부끄럽게 생각하거나 초라하게 여긴 기억이 있다면 써 봅시다.

어머니가 가장 아름답게 느껴진 순간과 그 이유를 써 봅시다. 만약 그런 순간이 없었다면 왜 그런지 써 봅시다.

위에서 열거한 것들을 바탕으로 어머니에 대한 한 편의 글을 완성해 봅시다.

(* 학습지 일부 발췌)

③ 함민복, 〈눈물은 왜 짠가〉,《모든 경계에는 꽃이 핀다》 국어 교사들은 익히 알고 있을, 모성의 감동을 극적으로 그려 낸 아름다운 시이다. 아이들은 한 번쯤 경제적인 이유로든 다른 이유로든 가족 전체가 힘들었던 적이 있으며, 그때 어머니가 베풀었던 희생의 기억을 갖고 있었다.

| 주제 5 나의 사랑, 나의 연애 |

사랑은 여전히 아이들에게는 제일의 관심사이며 가장 살가운 주제이다. 사랑에 대한 글쓰기에는 분위기가 특히 중요하며, 상당수 아이들이 '그런 기억'이 없다거나 쓰고 싶지 않다며 버티기도 한다. 그런 것들을 '제압'하는 것은 역시 선배들의 멋진 작품들을 예시해 주는 것이 아닐까 싶다. 그러고선 수업 자료에 나오는 사랑에 대한 시들을 들려주고 노래 두어 곡을 깔아 주면 대체로 분위기가 잘 잡힌다. 그리고 남녀공학인 우리 학교에서 지금 연애 중인 아이들은 뜻밖에도 연인에 대해 용기 있게 쓰기도 해서 학년의 작은 화제가 되는 일도 있었다.

사랑의 기쁨과 슬픔, 그 과정에 대한 묘사는 아이들에게 매우 인간적인 원체험이 된다. 그리고 자신도 잘 몰랐던 글쓰기의 재능을 확인케 하는 계기가 된다.

다음의 학습지는 그야말로 참조 사항이고, 무작위로 써도 좋다고 이야기해 준다. 글쓰기 결과물들은 다들 솔직하고 좋았고, 잘 쓴 글을 읽어 줄 때의 긴장이란 침이 꼴깍꼴깍 넘어갈 정도이다.

◆ 수업 자료

김용택, 〈사랑〉 / 안도현, 〈연애〉 / 유치환, 〈행복〉 / 이시영, 〈라일락꽃〉
임현정 노래, 〈첫사랑〉, 〈사랑은 봄비처럼 이별은 겨울비처럼〉

〈주제 5〉 나의 사랑, 나의 연애

▶ 아래를 참조해서 자유롭게 쓰세요.

위의 시 네 편을 천천히 읽고 난 뒤, 지금까지 지내 오면서 누군가를 사랑했거나 그리움을 가졌던 적이 있는지 생각해 보고 써 봅시다.

그 사람이 좋았던 이유는 무엇인지 생각해 봅시다. 그리고 그 사람이 갑자기 좋아진 계기가 된 사건도 써 봅시다.

그 사람에게 혹시 좋아한다는 고백을 한 적이 있는지, 그 결과 상대방은 어떤 반응을 보였는지, 그때의 분위기와 기분을 표현해 봅시다.

그와 지내면서 생긴 재미난 에피소드, 추억거리가 있다면 써 봅시다.

그와 사귀다가 잘 안 되었다면 왜 그랬는지, 그렇게 되었던 구체적인 계기, 헤어질 때의 느낌을 써 봅시다.

(* 학습지 일부 발췌)

'삶'에 대한 좋은 글 함께 읽기

책이나 신문, 잡지를 읽다가 감동적인 삶의 모습을 담은 기사를 만날 때가 있다. 그럴 때면 이를 스크랩해 두었다가 한 달에 한 번꼴로 인쇄해서 아이들에게 나누어 주고 수업 시간 짬짬이 함께 읽는다. 그리고 그 자료는 국어 수업 자료를 모아 놓는 파일에 꽂아 두게 한다. 좀 귀찮기도 하지만, 작은 수고로 '좋은 삶'에 대해 이야기할 수 있는 기회가 된다. 아래는 최근 2년 동안 아이들로부터 좋은 반응을 얻었던 글들의 목록이다.

• 박석곤 기자, 〈얼굴 기형 크루존 증후군, 최우석 군〉, 〈경남도민일보〉 2006년 7월 21일

크루존 증후군이라는 희귀병을 앓는 일곱 살 소년 최우석 군의 이야기다. 눈알이 튀어나올 것 같은 안면 기형의 모습으로 살아가는 우석이와, 이혼해서 가난한 형편에 우석이 치료비를 대면서 생활하느라 몹시 힘들어하는 어머니의 사연을 담고 있다. 이 기사를 인쇄해서 아이들과 함께 읽고 우리들만의 작은 모금운동을 벌여 편지와 함께 부쳐 드렸는데, 우석이 어머니의 눈물 어린 감사의 편지가 도착해 아이들에게 읽어 주었다. 감동적인 순간이었다.

• 곽제규, 〈난 언제 어디서부터 무력감에 빠졌던 것일까〉, 《우리교육》 2007년 9월호

도시에서 평범한 학원 키드로 자라면서 공교육의 폭력을 몸소 겪었고, 신체에 대한 열등감으로 무력감에 빠졌던 학생이 대안학교인 금산간디학교에 다니면서부터 스스로를 이겨 내기 위해 몸부림친 이야기를 담담하게 풀어 쓴 글이다.

• 김어준, 〈10대들에게 단체 리플함〉, 〈한겨레〉 2006년 5월 26일

〈딴지일보〉 총수인 김어준 씨가 10대들에게 여행, 부모로부터의 독립, 연애를 통해 스스로 삶을 개척해 나가기를 주문하는 발랄한 글이다. 아이들은 대개 이 글에 공감하지만, 이렇게 할 수 없

는 현재 처지에 대해 한탄하는 아이들도 적지 않았다.

• 〈권정생 선생님 유언장〉, 《함께 여는 국어교육》 76호, 2007년 7~8월

권정생 선생이 돌아가시기 전 남긴 두 편의 유언장이다. 특히 돌아가시기 한 달 전 쓰신 마지막 유언장에서 떨리는 글씨로 남긴 세상 아이들에 대한 걱정의 말씀은 아이들이 꼭 읽어 보아야 할 것이라 생각한다. EBS〈지식채널e〉의 '正生' 편과 함께 해도 좋고,《함께 여는 국어교육》 76호에 실린 김용락 선생의 글〈"민중들은 난 체 안 해"〉와 같이 읽어도 좋다. 아이들과 삶에 대해 이야기할 때, 권정생 선생의 삶은 반드시 이야기해 주어야 한다고 생각한다.

• 이길우 기자, 〈쪽방에서 온 과자〉, 〈한겨레〉 2007년 4월 20일

서울 가는 기차 안에서 이 기사를 읽다가 나도 모르게 눈물을 흘리고 말았다. 고아원에 매달 같은 날 과자를 보내는 한 할아버지를 기자가 어렵게 취재한 뒤 쓴 글인데, 이 글을 읽다 보면 인간이 때로는 깊고 위대한 존재이기도 하다는 것을 생각하게 된다. 이 기사에 나온 할아버지의 일대기를 아이들에게 상상해서 쓰게 하는 것도 좋은 글쓰기 주제가 될 것이다.

• 박영률·김남일 기자, 〈'버섯구름' 상흔과 사투, 불꽃 삶 35년〉, 〈한겨레〉 2005년 5월 30일

원폭 피해자 2세로 태어나 최악의 육신을 안고 일본의 피해 배상과 사죄, 원폭의 처참함을 알리는 등 불꽃같은 삶을 살다 돌아간 김형율의 삶은 그간 단편적으로 알려져 왔는데, 얼마 전 그의

평전《삶은 계속되어야 한다》가 나왔다. 만화《맨발의 겐》은 아이들이 많이 읽었고, 애니메이션〈반딧불의 묘〉와 더불어 김형율의 삶을 통해 '반전반핵'을 가르칠 수도 있을 것이다.

- 조세희,〈종이거울 속의 슬픈 얼굴 – 최민식론〉,《최민식》, 열화당 사진문고

소설가 조세희 선생이 사진작가 최민식 선생에 대해 쓴 작가론이다. 나는 종종 이 글을 다시 읽어 보는데, 그야말로 명문名文이다. 인터넷에서도 전문을 쉽게 검색할 수 있다. 이 글과 함께 내가 갖고 있는 최민식 선생의 사진 작품집들 몇 권과 다른 사진작가들의 도록圖錄을 비교적 진도가 여유 있을 무렵 나누어 주고 한 시간 정도 돌려 보기도 하는데, 아이들은 내내 차분한 분위기를 유지한다. 아마도 좋은 독서 체험이 될 것이다.

- 강태호 기자,〈안중근 98주기 '최후의 날들' 재구성〉,〈한겨레〉 2008년 3월 25일

사형 4분 전, 곁에 있는 일본인 관리들에게 "일본의 평화를 기원하는 삼창을 함께 하자"며 흐트러짐 없는 태도로 죽어 간 안중근. 그의 마지막 날의 기록은 읽는 이들에게 숙연한 감동을 준다. 어떻게 살 것인가의 문제는, 또한 어떻게 죽을 것인가의 문제임을 보여 주는 좋은 기록이다.

이 수업을 통해 만났던 신천지

지금껏 내가 시도해 본 '나를 찾아가는 수업' 사례들을 정리해

보았다. 물론 이것은 모두 어설프고 성근 것들이다. 그러나 내 나름대로 최선을 다했고, 이런 수업들이 작금의 추세에 대한 한 반동으로 자리 잡기를 바란다. '삶' 그 자체를 응시하는 수업의 공간은 갈수록 위축되고, 그 자리를 '논술'을 첨병으로 한 '지식, 논증 중심의 국어 수업론'들이 대체해 가고 있는 것을 보게 된다.

앞에서 제시한 것은 나 자신의 체험을 바탕으로 한 하나의 예일 뿐이다. 많은 국어 선생님들이 각자 소중하게 여기는 주제와 제재를 통해 '나'를 찾아가는 수업을 시도해 보기를 기대한다. 이는 몹시 어려운 과정이지만, 이를 통해서 교사는 아이들을 구체적으로 이해하고 사랑하게 되는 것이 분명하다. 그리고 국어 수업을 통해서도 아이들과 많은 것들을 주고받을 수 있음을 깨닫게 된다. 그것은 최소한 초임 시절의 나에게는 신천지의 발견과도 같은 놀라운 체험이었다.

| 아이들의 글쓰기 1 | **엄마의 일생**

경북 의성군 봉양면, 어머니는 다리 건너 산 입구에 있는 농가에서 막내로 태어났다. 삼밭을 지나 들꽃 피는 고갯길을 몇 시간씩 걸어 나와야 하는 국민학교를 다녔다. 거의 일자무식이었던 외할아버지와 달리, 어깨너머로 글을 배우신 외할머니는 아들뿐만 아니라 딸에게도 교육의 기회를 줘야 한다고 생각하셨다. 아껴 쓰는 데 철저하신 외할머니는 모은 돈을 꼬박꼬박 학교에 냈다. 돈이 밀리는 게 예사였던 시절이었다. 어느 선생님이 농담으로 "너희 집에 돈 찍는 기계 있나?" 할 정도였다.

중학교에 들어갔다. 분필 묻은 손으로 바지를 추어올리는 선생님, '작자 미상' 선생님, 꼭 어머니의 번호부터 부르는 선생님 등 과목마다 개성 있는 선생님들이 있어 흥미로웠다.

대구에 있는 상업고등학교로 진학했다. 그 학교는 여러 산업체와 연계되어 있어, 어머니는 졸업 후 '갑을'에 취직하였다. 그곳에서 직원들의 월급을 계산하여 주는 일을 맡았다.

어머니는 사내 결혼에 대해 부정적으로 생각하고 있었다. 그러나 같은 회사에 있다가 나간 사람을 만나게 되었다. 정이 많고 솔직해서 마음에 들었다. 어머니는 곧 남자의 어머니와 친해졌고, 내륙에만 살아서 잘 먹어 보지 못했던 해산물에도 맛을 들였다. 두 사람은 큰 어려움 없이 결혼하였다. 신혼여행지 제주도에서 돌하르방 코를 만졌던 어머니는 아들만 둘 낳았다.

아버지가 직장을 옮기고, 창업하는 동안 우리 가족은 서울 이곳저곳으로 이사했다. 외환위기. 아버지만 서울에 남아 사업을 유지하고, 어머니는 두 아이와 대구 시댁으로 갔다. 초등학교에 들어간 내가 어느 날 남의 가방들을 가지고 집에 돌아왔다. 내게 가방을 주고 간 아이들이 가방을 찾으러 왔다. 어머니는 그들을 타일러 돌려보냈다. 그 이후로 그런 일을 당하지 않았다. 이렇게 나의 지원군이었던 어머니는 내게 일을 나가도 괜찮겠냐고 물었다. 내가 한 대답은 기억나지 않지만 어머니는 직장을 구하지 않았다. 어머니는 아이들과 시간을 보냈다. 함께 책을 읽고, 함께 MBC 〈라디오 시대〉를 듣고, 같이 길을 걸었다. 겨울날, 내가 애인이 생겨도 어머니 손을 잡겠다 했다. 횡단보도 앞 보호구조물 위에 올라, 나는 키가 이만큼 클 거라며 어머니를 내려다보았다.

 시간이 흐르고, 아버지와 같이 살 수 있게 되었다. 서울에서도 어머니는 집안일만 하면서 두 아이를 가르쳤다. 문제를 틀려 오면, 왜 틀렸느냐가 아니라 왜 이 답을 골랐느냐 물었다. 아이의 실수와 모르는 것을 확실히 구분하고자 함이었다. 덕분에 나는 초등학교 때 시험에서 틀렸던 '팔만대장경 제작 이유'를 아직도 잊지 않는다.

 집에 컴퓨터가 생겼고 부모님과 아이들의 방이 나뉘었다. 한 명이 컴퓨터를 하면 다른 사람은 TV를 보았다. 그전처럼 학교에서 있었던 일을 함께 이야기하지 않았다. 같이 밖에 나가는 일도 줄어들었다. 어머니는 아이들이 다양한 경험을 하길 바랐으나 아이들은 도전하지 않았다.

 나는 중학생이 되었다. 어머니의 도움을 조금씩은 받았으나 공부는 거의 혼자 하게 되었고, 키는 어머니를 넘어섰다. 중학교 3학년쯤에 아버지의 사업이 다시 어려워졌다. 어머니는 아버지를 따라 일을 다녔다. 부부싸움도 잦아졌다. 어느 날 한숨지으며 울고 있던 어머니는 그 옛날 든든하고 훌륭했던 어머니가 아니라, 너무나 작아진 '아줌마'였다.

결국 우리 가족은 친척이 살고 있는 밀양으로 왔다. 어머니는 생계를 위해 식당 종업원 일을 하다가 그만두고 요양원 복지사가 되었다. 그 요양원에는 병든 노인분들이 있다. 어머니는 이 직업에 대해 이렇게 말한다. "그들이 있으니까 내가 이 일을 하는 거야. 그러니까 내가 주±가 되는 게 아니라 그들에게 맞춰야 하는 거야. 그걸 잊고 사는 사람이 많아." 어머니는 그 직업을 즐긴다. 하루 종일, 밤을 새면서 사람을 돌보는 일이므로 고되지만, 요양원에서 있었던 이야기를 가족들에게 하면서 웃는다. 나는 자신의 직업에 만족하지 못하고 있던 한 교사가, 교사가 되겠다는 학생을 말리는 모습을 본 적이 있다. 이에 비하면, 자신의 직업에 만족하고, 길을 가다가도 짐 진 할머니의 짐을 들어 주는 (물론 드는 건 결국 두 아이의 몫이지만) 모습은 정말 아름답다. 어머니는 하교한 아이에게 성인의 말씀을 빌려 말한다. "짐 진 자들아, 내게로 오라!"

얼마 전 영화 〈도쿄타워―엄마와 나, 때때로 아버지〉를 보았다. 영화 속에서 아들을 키우는 어머니의 삶은 우리 어머니와 많이 닮았다. 영화 속 어머니가 병으로 죽는 것을 보고 나서 (내가 닮은) 어머니의 빨간 손을 보았다. 내가 어릴 적 했던 약속, 손 잡아 드리기를 당장 실천했다. 전에는 엄마 손 안에 내 손이 폭 담기었는데, 이제 내 손 안에 엄마 손이 들어간다. 어째서 내 손보다 어머니의 손이 따뜻한가?

― 김명준, 2009년 〈독서〉 수업 글쓰기

| 아이들의 글쓰기 2 | **아빠의 추억**

안녕하세요? 저는 엄마, 그리고 초등학생인 동생과 함께 사는 지극히 평범한 고등학생입니다. 이렇게 살아온 지 6년이 지났는데도 아직 한 자리가 크게 비어 보이는 이유는 저도 잘 모르겠습니다. 어렸을 적, 저에게 아빠라는 존재는 엄마에 비하면 희미하기만 했습니다. 그 희미한 기억 속에서도 가장 선명한 빛을 띠고 있는 것은 바로 두려움이었습니다. 저녁에 어쩌다 한 번 방송해 주는 만화를 보는 건 꿈조차 꿀 수 없었습니다. 작은 실수라도 하면 온몸을 내리누르는 아빠의 고함과 갈색 빗자루에 혹사당했던 제 작은 발바닥 등의 기억이 뭉친 것이죠. 그런 어린 시절이 지나고 초등학교에 들어오면서 아빠에 대한 두려움은 조금씩 사라졌습니다. 그리고 가족에 대한 아빠의 관심 또한 그랬습니다. 아빠의 얼굴을 볼 수 있는 것은 주말에 아주 잠깐이나, 초등학생에게는 너무 버거운 깊은 밤이 다 된 시간이었습니다. 어렸을 때의 무서웠던 기억은 덮어 버리고 '우리 아빠니까' 하는 마음으로 엄마 몰래 뜬눈으로 아빠를 기다리기도 했습니다. 그랬던 제가 멀쩡하게 잘 놀다가도 현관문이 열리는 소리만 들으면 자는 척하기에 급급해졌던 것은 아빠가 술을 마시고 온 집안을 엉망으로 만들기 시작한 때부터였습니다. 엄마와 아빠 사이는 가위로 마구마구 잘린 색종이처럼 되었습니다. 그저 제가 할 수 있는 일은 무시무시한 가위를 정체도 모르고 미워하는 일 뿐이었습니다. '방학 때마다 무한 재방송을 했던 〈짱구는 못 말려〉에 나오는 엄마랑 아빠는 아무리 크게 싸워도 다음 편에서는 저렇게 사이가 좋은데 왜 우리 엄마, 아빠는 안 그럴까?' 결국 색종이는 색을 알아볼 수 없을 정도로 작은 가루가 되어 떠나 버렸습니다. 그리고 바로 6년 전 그때부터 아빠는 너무나도 작아져 버렸습니다.

아주 가끔 와서 용돈 혹은 옷가지들을 안겨 주고 떠나는 아빠, 그리고 그때마다 차갑고 무서워지는 엄마, 또 가끔 일주일에 한 번만 전화해 달라고 부탁하는 아빠. 이제 저는 종이를 잘랐던 가위가 아빠의 것이라는 것을 압니다. 아빠에 대한 감정은 사랑이 아니라 단지 연민이라는 것도요. 가족 이야기가 나오면 아직까지도 움츠러드는 제 자신, 가끔 몰래 꺼내 보는 엄마, 아빠의 신혼여행 사진, 모든 것을 그대로 보여 주는 사진이 누군가에게는 믿고 싶은 거짓말이 될 수도 있다는 것을 느낍니다. 누구에게도 미안하다는 말을 들을 수 없었습니다. 때로 그 무책임함에 화가 나지만, 그렇게 될 수밖에 없었고, 또 그렇게 해야 했을 두 사람을 생각하면 아파지기도 합니다. 누구에게도 쉽게 꺼낼 수 없는 이야기였는데 읽어 주셔서 고맙습니다. 언젠가 가족들과 함께 소풍을 갔던 ○○공원, 누구의 빈자리도 없이 즐겁게 탔던 민속 그네, 그 그네에 붕대를 감아 주세요. 상처보다는 짧았던 그 기억을 조금 더 오래 지키고 싶습니다. 하루라도 더.

— 강○○, 2011년 〈독서〉 수업 글쓰기

| 아이들의 글쓰기 3 | 나

사실 저는 이 세상에 어떤 역할을 맡아서 태어난 것인지 잘 모르겠어요. 저는 너무나도 평범하고 제대로 된 꿈을 정해 본 적도 없어요. 그냥 그저 그런 평범한 사람인 거죠. 그런데 학교와 사회는 제가 빨리 진로를 정해야 한다고 재촉하고 있는 것 같아요. 저는 아직 사회에 나갈 준비가 되지 않았는데 현실은 저를 어른의 세계로 밀어내고 있지

요. 제가 정말 소중하고 존중받아야 할 존재가 맞는 건가요? 당신은 사랑받기 위해 태어났다는 말, 너는 소중하고 세상에 단 하나밖에 없는 존재라는 말은 너무 상투적인 것 같아요. 실제로는 어떤가요? 모두 서로를 깔보고 상처 주기가 다반사인데, 저는 그런 뻔하고 억지스러운 말로 위로받을 수 없습니다. 그리고 또 사람들이 갖고 있는 생각들이 저를 너무 아프게 합니다. 왜 제가 그들에게 잘해 준다고 해서 저를 만만한 존재로 여기는지, 저는 이해할 수 없어요. 제가 그들을 존중해 줄 때에는 저 역시 그런 존중과 이해를 받기를 기대하는 것이에요. 제가 그들에게 웃어 주고, 장난을 받아 준다고 해서 그들이 저를 만만하게 보지 않았으면 좋겠어요. 그렇다고 제가 그들에게 화나면 화내고 마음에 안 들면 욕하고 그러기는 싫어요. 아이들이 어릴 때 겪는다는 자아 존재 인식 현상을 저는 아직도 겪고 그 해답을 얻지 못하고 있어요. 저는 책임져야 할 것도 많은데, 이렇게 갈피를 잡지 못하고 있으니 그저 제가 한심하게 느껴지고 막막할 뿐입니다. 그런데 저는 여태껏 진심을 남에게 털어놓아 본 적이 없어요. 어렸을 때도 그랬고 지금도 그렇죠. 저는 주로 혼자 힘든 일을 참는 편이에요. 그래서 이번에 이렇게나마 속마음을 털어놓는 게 다행으로 느껴집니다. 더 고민이 쌓였다간 제 자신을 망칠지도 모르니까요. 근데 또 할 말이 생각났습니다. (전 고민이 많은 아이였군요.) 저는 어른들이 무섭습니다. 그들이 저를 속으로 평가하고 있을 거라는 생각에 제대로 된 대화를 나누기가 힘들어요. 정말 제가 버릇없다고 생각하면 그것과 편모슬하에서 자랐다는 사실을 결부시킬까요? 자~아. 어쨌든 이제 이야기를 끝맺음 짓도록 하겠습니다. 저의 이야기를 들어 주셔서 감사합니다.

— 김미리, 2011년 〈국어생활〉 글쓰기

| 아이들의 글쓰기 4 | **강일구**

    자타공인 밀성고에서 제일 시끄럽고 재미있는 2학년 1반의 든든한 반장, 분위기 메이커, 나얼부터 버즈까지 모두 소화해 내는 신이 내린 목소리, 1반의 프로토스 에이스, 슬램덩크 채치수를 능가하는 센터, 조한선, 약간 좁은 어깨(?), 환상적인 샤우트, 멋진 희생정신의 사나이……. 이 화려한 수식어의 주인공은 누구일까? 모두가 독특하고 개성적인 2학년 1반에서도 유난히 돋보이는 남자. 그 이름 하여 바로 강일구.

    어느 기분 좋은(?) 수학 시간, 김 모 씨의 아드님이신 모 태진 선생님께서 말씀하시길 — 일구는 '우리 반 담임 선생님의 공식 지정 북'이란다. 우리 반이 조금이라도 떠드는 날엔 어김없이 교무실로 불려 가는 일구. 죄 많은 우리를 대신해 기꺼이 한 몸 바쳐 독수리 권법의 희생양이 되곤 하는 일구는 정말 멋진 반장이다. 말 그대로 '트지고' 돌아오면서도 어김없이 씨익 — 일명 '나이키 미소'를 짓는 일구. 우리 반을 위해 길고 튼튼한 다리로 열심히 뛰어 주는 일구, 그는 정말 우리 반의 핵심 요소다. 게다가 매일같이 재미있는 사고와 이벤트로 우리를 즐겁게 해 주는 일구가 최근 강하게 한 방 터뜨린 사건이 있었으니……. 사건의 피해자(?) H군과 더불어 우리 반 전체가 절대 잊지 못할 그 사건은 일명 '민지 양 사건'. 전대미문, 희대의 'X맨' H군이 억울한 목소리로 늘어놓은 민지 양 사건을 들은 우리 반은 모두 포복절도하고 말았다.

    불꽃남자 H군을 울렸던 민지 양 사건의 전말은 이렇다. 어느 한가한 저녁, 열심히 공부하고 있던 H군에게 묘령의 여인에게서 하나의 문자가 도착했던 것. 휴대폰을 열어 본 H군은 놀라지 않을 수 없었다.

"H오빠, 저 1학년인데요. 오빠랑 친하게 지내고 싶어요." 아니, 이 무슨 작업성 멘트란 말인가? 잠시 망설이던 H군은 우주박애정신을 발휘하여 침착하게 답장을 보냈고, 이어서 도착한 그녀의 문자에 다시 답장을 해 주며 이름을 물었다. 그리고 다시 그녀가 보내 온 문자엔 "오빠, 너무 빨라요"라고 적혀 있었단다. 순간 심하게 당황한 H군. 그러나 다시 그녀가 "김민지예요"라고 문자를 보내왔고, 그렇게 민지 양과의 연락이 시작되었는데…….

알고 보니 민지 양은 일구가 중매해 준 소녀였다. 일구에게 감사의 인사를 보낸 H군은 민지 양과 가끔씩 문자를 주고받으며 내심 가슴이 설레었단다. 게다가 민지 양은 밀고(밀성고)의 한 미남 친구의 동생이라는 것이 아닌가? 그리고 어느 화창한 봄날, 봄총각 H군에게 도착한 또 하나의 결정적 문자메시지. "일구 오빠가 그러던데 오빠 오짱이라면서요? 얼짱, 몸짱, 공부짱, 마음짱, 성격짱!" 제대로 콩깍지가 씌어 버린 민지 양. 결정적 한 방을 때린 민지 양의 말에 H군은 그저 웃을 수밖에.

며칠 동안 친구들 사이에서 화제가 되었던 민지 양. 어느 날 다시 H군은 슬그머니 민지 양의 이야기를 꺼냈고, 친구들이 웃으며 질투 섞인 말을 하는 동안 일구의 표정은 급속도로 진지해지기 시작했다. 그리고 낮은 목소리로 "고백할 것이 있다"며 말을 꺼낸 일구. H군은 자신의 앞날은 까마득히 모른 채 무엇이냐고 물었고, 바로 그 뒤를 이어 일구의 무거운 목소리가 허공을 갈라 놓았다.

"민지…… 사실 내다."

아니, 이 무슨 천지신명이 노하시는 소리인고. H군은 순간 자신의 귀를 의심했다. 사형 선고처럼 잔인하게 귀를 때리는 일구의 목소리. 그 해맑던(?) 민지 양이 사실은 일구였다니……. 알고 보니 일구가 작당을 하고 H군을 골려 먹기로 한 것이었다. 가짜 문자로 H군을 골려 먹으려던 중 H군이 생각보다 빨리 이름을 물어보는 바람에 급하게 지은 이름이라는 민지 양은 결국 어느 봄날의 아름다운 추억(?)으로 남게 되었고, 살랑거리던 봄바람의 배신으로 치명타를 입은 H군은 다시 마음을 잡고 공부에만 전념했다나, 뭐라나.

— 백수정, 2005년 〈밀성학보〉

수업 시간의 여백을
어떻게 채울 것인가

수업 시간 설계

이야기를 풀어 나가기 위해 먼저 한번 짚어 보자. 고등학교의 경우, 수업 시간은 50분이지만 아이들이 온전히 수업에 집중할 수 있는 시간은 얼마일까? 내 경험으로는 아무리 우수한 집단이라도 40분을 넘지는 않을 것 같다.

수업을 설계할 때 교사는 무엇보다 다음과 같은 사실을 잊지 말아야 한다. 이 50분짜리 수업 한 시간은 아이들에게는 여덟 시간의 정규·보충수업과 서너 시간의 자율학습과 한두 시간의 과외·학원 수업을 합친 하루 평균 '12시간 노동' 중의 한 시간이라는 사실 말이다. 그리고 우리나라 고등학생들의 평균 수면 시간은 4.8~6시간(2005년 조사 결과)으로 아이들은 언제나 '엎드리기만 하면 잠들 수 있을' 정도의 몸 상태에 놓여 있다는 것도 잊지 말아야 한다. 중학교는 조금 양상이 다르겠지만, 어쨌건 아이들은 대체로 학교생활이 몹시 권태롭고, 육체적으로 피곤한 상태에 놓여 있다는 사실은 크게 다르지 않을 것이다.

그러므로 내가 얻은 결론은 이렇다. "50분 수업 중 30~35분 정도만 수업을 한다고 생각하자. 따라서 수업 내용을 최대한 압축하고 핵심 지식을 간추려 전달하자. 그리고 나머지 15~20분을 여백으로 남겨 두고, 내가 독자적으로 구성해 보자."

수업을 어떻게 시작할 것인가. 글쓰기에서도 첫 문장 쓰기가 제일 어렵듯이, 수업도 그런 것 같다. 나는 이렇게 한다. 일단, 아이들을 깨운다. 그리고 창을 열어 공기를 바꾼다. 잠든 아이들이 유독 많을 때에는 노트북 음악 폴더에 저장된 조용한 음악을 틀어 놓고 5분 정도 더 자게 한 뒤, 하나둘씩 깨어나면 그때 서서히 수업 분위기로 넘어가기도 한다. 어느 날에는 아이들이 대부분 잠들어 있기에 노트북을 연결하여 UCC — 대구의 고등학생 세 명이 야자 시간 감독 선생님을 피해 가며 먼데이키즈의 노래 〈발자국〉을 립싱크하는 — 를 틀어 주었더니 아이들이 금세 깨어나서 한바탕 즐겁게 웃었다. 그러고선 흔쾌한 분위기 속에서 수업을 시작할 수 있었다.

이제 수업이 시작된다. 매시간 허락된 10분, 15분의 여백을 어떻게 활용할 것인가. 수업 시작 전, 수업 중간, 수업 말미에 그때그때 분위기와 상황에 따라 시도해 본 여러 방안들을 나열해 본다.

사진 한 장, 질문 던지기

그림 4를 보자. 이명박 대통령과 부시 미국 대통령의 2차 한미 정상회담 다음 날 한 신문에 실린 사진이다. 너무나 희극적이었고, 서글펐다. 수업 진도가 끝난 뒤 나는 노트북에 연결된 텔레비전에 사진을 띄웠다. 아이들은 "신혼부부 같다", "뽀뽀 직전이다", "우리 대통령 너무 곱다"며 금세 떠들썩해진다. 그리고 나는 이 기괴하고 우스꽝스러운 사진 속에 우리 현대사의 피눈물과 오늘날 세상의 뒤틀린 자화상이 서려 있음을 잠시 이야기한다. 그리고 저 사진을 감상하면서 떠오르는 질문을 던져 보게 하고 몇 명에게 발표를 시킨다. 5분이 채 걸리지 않았지만, 나름대로 의미 있는 자극을 던져 주는 순간이었다.

그림 5는 지난 2006년 7월 30일, 이스라엘군이 헤즈볼라와의 싸움을 명분으로 레바논 남부 '카나' 지역을 폭격해서 56명이 사망할 당시 한 어린아이의 시신을 발굴한 장면을 담은 보도 사진이다. 뭐라 형언할 수 없는 감정이 밀려온다. 내가 아는 범위 안

그림 4 ⓒ 연합뉴스

그림 5 ⓒ AP통신

에서 이스라엘이라는 나라가 만들어짐으로써 생겨난 이 모든 재앙의 역사를 이야기한다. 그리고 연극에 몰두하던 아름다운 소년들이 10년 뒤 자살폭탄테러를 감행하는 '순교자'로 변모하는 과정을 담은 다큐멘터리 〈아나의 아이들〉 이야기를 전해 준다. 이런 사진을 수업 시간에 아이들에게 보여 주는 것이 교육적으로 온당한 것인지 나는 늘 회의한다. 그러나 아이들로 하여금 "저 꼬마가 왜 저렇게 죽어야 하나?"라는 질문을 던지게 하는 것은 아주 중요한 의미가 있다고 생각한다. 그것은 '타인의 고통'을 응시하게 하는 태도와 관련이 있기 때문이다. 그리고 저 장면은 연출한 것이 아니라 중동 땅 레바논이나 팔레스타인에서 지금 날마다 벌어지고 있는 '현실'이기 때문이다.

그림 6은 어느 해 봄 조류독감이 전국을 휩쓸 무렵 한 신문에 실린 것이다. 이 사진을 바라보고 있노라면 어떤 감정이 들까. 여기가 어딜까 싶어 포장을 뚫고 고개를 빼꼼히 내민 닭의 모습이 애처롭다. 방진복을 입고 마치 외계인처럼 움직이는 모습들이 공상과학영화의 한 장면 같지만, 이것은 오늘날 전라북도 김제의 한 농촌 풍경이다. 아이들에게 조류독감 파동과 동물학대, 인간의 탐욕에 대해 내가 아는 짧은 지식으로 간략하게 말한다. "저 닭은 지금 어떤 마음일까?" "살처분과 나치의 유대인에 대한 홀로코스트는 뭐가 다른가?" 이건 내가 던진 질문이고 아이들은 닭의 시점에서 제법 진지한 질문을 던진다. 가끔 "이제 나도 치킨을 먹을 수 있을까?" 따위의 장난스런 질문으로 웃음이 터져 나오기도 한다. 저 사진을 1~2분간 응시할 수만 있다면 어느 편이건 나쁘지 않다. 저 사진 속 닭의 시점으로 짧은 글을 쓰게 할 수도 있을 것이다.

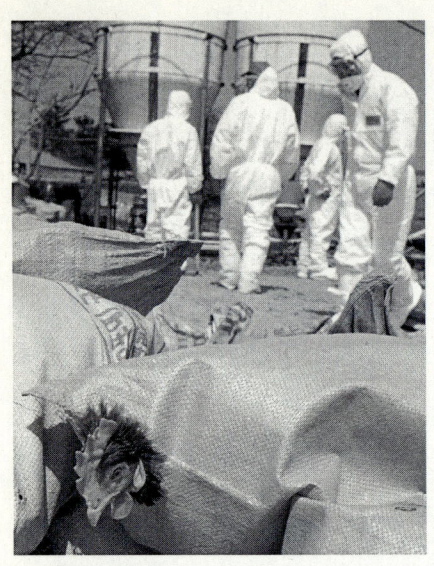

그림 6 ⓒ 연합뉴스

더러 유럽항공우주국의 화성 탐사선 '화성 특급'이 찍어 전송한 사진을 보여 주기도 한다. 4,000미터 절벽이라는 설명이 붙어 있는 이 사진을 보면서 나는 가슴이 뛰었다. 우리가 모르는 세계, 알 수 없는 곳의 신비랄까. "바로 지구 곁 행성 화성에 저렇게 어마어마한 골짜기와 사막들이 있단다, 얘들아." 나는 이런 이야기를 하고 싶은 것이다. 이 사진에 '꽂힌' 것은 순전히 내 개인적인 취향이지만, "눈앞에 보이는 세계가 결코 전부가 아니라는 것, 광대무변한 우주 한구석에 아슬아슬하게 떠 있는 창백한 푸른 별에 우리는 살고 있다는 것, 그러므로 우리는 먼지 같은 존재일지도 모른다"는 이야기를 전하고 싶었던 것이다. 그리고 질문을 던지게 한다. 아이들은 대개 질문을 던지지 못하고 바라보기만 한다. 뜬금없지만, 이런 철학적인 질문을 던져 보는 것도 나는 매우 의미 있는 일이라고 생각한다.

음악 틀어 놓고 명상하기, 아무 생각 없이 창밖 바라보기

수업 앞풀이로, 혹은 나른한 오후 시간 수업이 잘 안 될 때, 혹은 정해진 진도를 끝마쳤을 때 음악을 틀어 놓고 함께 창밖을 바라보자. 의자를 창 쪽으로 돌리고, 잔잔한 음악을 틀어 놓고 아이들과 같이 창 바깥을 바라보면 된다. 아이들에게 하는 주문은 딱 하나, "아무 생각 없이, 엎드리지만 말고 어떤 자세도 좋으니, 아무 생각 하지 말고 5분만 바깥을 바라보자"는 것이다. 비가 오는 날은 비가 와서 좋고, 맑은 날은 파란 하늘이 있어서 좋고, 새잎이 피어나면 피어나는 대로, 낙엽이 지면 지는 대로 다들 아름다운 것이다. 날씨가 몹시 좋은 봄날에는 아예 창틀에서 창을 떼 놓고 해 보기도 했다. 처음에는 시를 낭송하게 하거나, 뭔가 그럴 듯한 명상 주제를 칠판에 적어 놓고 명상이란 걸 하게 했지만, 이 모두가 아무 생각 없이 가만히 앉아 있는 것만 못했다.

혹자는 이것을 '시간 때우기'라고 생각할지도 모른다. 그러나 아이들의 반응은 전혀 그렇지 않았다. 졸업한 아이들을 만났을

때 아이들은 그 순간을 아주 좋은 시간으로 기억해 주었다. 사실 그런 이야기를 들을 땐 좀 서운하기도 하다. 밤잠을 줄여 가며 준비한 수업들이 얼마나 많은데, 그깟 5분짜리 아무 준비도 없이 음악 하나 틀어 주고 자리 돌려서 앉게 한 이 '무위無爲의 시간'을 그렇게 의미 깊게 기억할까 싶어서. 노자의 《도덕경》을 교육적으로 풀어 쓴 파멜라 메츠의 《배움의 도》에는 이런 구절이 있다.

> 말을 너무 많이 하면 들으려 하지 않는다. / 너무 오래 앉아 있으면 학생들은 지쳐 떨어진다. / 너무 열심히 하면 길을 잃고 만다. // 교사와 학생은 배우기를 멈추고 / 서로 떨어져 있는 시간이 필요하다. / 그 거리가 교사와 학생에게 / 학습으로 돌아가 서로 만날 수 있게 한다. // 슬기로운 교사는 멈출 때를 안다.
>
> ─ 〈멈출 때〉, 《배움의 도》 9장

뜻밖에도 나는 이 '생각 없이 보내는 5분'을 통해서 '멈출 때'의 가치를 깨닫게 된 것이다. 아이들은 하루 열두 시간의 강제 학습 노동 속에서 마치 감로수를 마시듯 이 무위의 5분을 흠뻑 받아 마셨다. 쉼 없이 질주하는 톱니바퀴 같은 시간의 대열 위에서 이 5분이 열어 주는 정신의 여백은 얼마나 값지고 복된가!

좋은 노래 배우기

4~5년 동안 노래를 들려주는 것에서 그치지 않고 아예 함께 따라 부르는 시간을 가졌다. 노래의 교육적 가치, 그러니까 시와

음악이 합쳐진 '시가(詩歌)'로서의 가치에 대해서는 굳이 재론할 필요가 없지만, 그것을 직접 수업에 도입하는 것은 쉽지 않았다. 다름 아니라 옆 반 교실에 퍼져 나가는 '소음' 때문이다. 아이들의 호응은 항상 뜨거웠고 나 또한 몹시 즐거운 시간이었지만, 해가 갈수록 다른 선생님들이 불편해하는 평판들에 신경이 쓰였다. 그래서 아예 학교 도서실에서 수업을 진행한 적도 있었다. 그나마 이제는 학교에 냉난방 시설이 설치되어 여름이건 겨울이건 거의 창을 닫고 수업할 때가 많아 소음에 대한 신경을 덜 쓰게 된 것이 다행이라면 다행이다.

학습지 예시

노랫말이 아름다운 노래

▶ 편지 | 김광진

여기까지가 끝인가 보오 / 이제 나는 돌아서겠소 / 억지 노력으로 인연을 거슬러 괴롭히지는 않겠소 / 하고 싶은 말 하려 했던 말 이대로 다 남겨 두고서 / 혹시나 기대도 포기하려 하오 / 그대 부디 잘 지내시오 (후략)

노래 이야기

멜로디가 참으로 차분하고, 그래서 슬픔을 어루만져 주는 듯하다. 졸업생 중에 국문학과에 다니는 한 친구가 이 노래를 들으며 자기도 모르게 눈물이 나와서 펑펑 울었다고 이야기해 주었다. 중학교 때 배웠을 이형기의 시 〈낙화〉와 비슷한 분위기인데, 여러분은 어떤지.

▶ Top of the World | 카펜터스

Such a feelin's comin' over me / 그러한 느낌이 내게 다가오고 있어요
There is wonder in most everything I see / 내가 보는 모든 것이 경이롭네요

Not a cloud in the sky, got the sun in my eyes / 하늘엔 구름 한 점 없고, 내 눈 안에 태양이 비치네요
And I won't be surprised if it's a dream / 이것이 꿈이라고 해도 놀라지 않을 거예요 (후략)

노래 이야기

카펜터스는 내가 고등학교 시절에 매우 좋아했다. 이 노래를 듣노라면 언제나 기분이 밝아진다. '당신의 사랑이 나를 세상의 꼭대기에 올려다 주었다'는 이 가사는 사랑의 희열을 표현한 것이리라. 이 노래는 또한 영롱한 구슬이 또르르 굴러다니는 듯한 카렌 카펜터스의 목소리가 너무나 아름다운데, 그이가 거식증으로 죽게 된 것은 지금도 이해가 안 되는 안타까운 대목이다.

▶ Imagine | 존 레논

Imagine there's no heaven / 천국이 없다고 상상해 보세요
It's easy if you try / 그건 노력한다면 어려운 일이 아니죠
No hell below us / 우리 아래엔 지옥도 없어요
Above us only sky / 오로지 하늘만이 우리 앞에 있을 뿐
Imagine all the people living for today / 세상 모두가 다만 '오늘'을 위해 살아간다고 상상해 보세요 (후략)

노래 이야기

혹시 밀성고 여러분은 존 레논을 아는지. 이제 전설이 되어 버린, 20세기를 장식하는 중요한 문화 코드의 하나인 비틀스의 멤버로, 절정기의 비틀스를 박차고 나와 일본인 아내 오노 요코와 함께 평화와 혁명을 노래한 존 레논. 더 나은 세계는 가능할까? 이 질문에 대답하기는 쉽지 않다. 그러나 한 번이라도 그런 세계를 상상해 보자는 것, 아름다운 세상에 대한 꿈을 꾸자는 이야기는 꼭 전해 주고 싶다.

▶ 혜화동 | 동물원

오늘은 잊고 지내던 친구에게서 전화가 왔네 / 내일이면 멀리 떠나간다고 / 어릴 적 함께 뛰놀던 골목길에서 만나자 하네 / 내일이면 멀리 떠나간다고 / 덜컹거리는 전철을 타고 찾아가는 그 길 / 우린 얼마나 많은 것을 잊고 살아가는지 (후략)

> **노래 이야기**
> 우리도 스무 살, 서른 살이 되면 함께 놀던 골목길을 그리워할지 모른다. 우린 얼마나 많은 것을 잊고 살아가는지……. 쌤이 대학생이던 시절에 혼자 자취방에서 테이프가 늘어지도록 듣곤 했던 노래.

　노랫말과 나의 짧은 감상을 적어서 한 달치 분량(네 곡 정도)의 유인물을 미리 나눠 주고, 수업 자료를 보관하는 파일에 넣어 두게 한 뒤 수업 시간마다 꺼내서 한 곡씩 새롭게 배워 가는 방식으로 진행했다.
　이 노래들을 학년 말에 CD로 구워 그림을 잘 그리는 학생에게 표지를 디자인하게 하여 그럴듯하게 꾸며 한 장씩 나누어 가진 해도 있었다. 그리고 졸업한 아이들이 그때 배운 노래를 어디선가 듣다가 문득 생각이 나서 연락하는 일이 종종 있기도 했다.
　각 노래들에 대한 아이들의 반응은 내 예상과 다를 때가 많았다. 좀 길고 지리한 〈백구〉라는 노래가 의외로 큰 히트를 쳤고, 〈불량제품들이 부르는 희망노래〉, 〈제발제발〉은 공전의 히트를 기록했다. 내가 좋아했던 좀 우중충한 노래들의 상당수가 아이들에게 외면받기도 했다. 노래를 가르치면서 문자 언어인 '시'를 가르치는 것보다 이처럼 '노래'를 가르치는 것이 더 좋은 정서교육이 될지도 모른다는 생각이 들었다.

아이들에게 가르쳐 준 노래 목록

출발 (어떤날)
그런 날에는 (어떤날)
Imagine (존 레논)
산다는 건 다 그런 게 아니겠니 (여행스케치)
깊은 밤을 날아서 (이문세)
가을 우체국 앞에서 (윤도현)
가을이 오면 (이문세)
시청 앞 지하철 역에서 (동물원)
어머니가 참 좋다 (김창완)
불행아 (김광석)
백구 (양희은)
브라보 마이 라이프 (봄여름가을겨울)
기다려 줘 (김광석)
라구요 (강산에)
Top of the World (카펜터스)
Oh My Love (존 레논)
내일이 찾아오면 (오징박)
사랑일기 (시인과 촌장)
내가 만일 (안치환)
똥파리와 인간 (안치환)
Blowing in the Winds (밥 딜런)

제발제발 (김민기)
불량제품들이 부르는 희망노래 (주현신)
사랑은 봄비처럼 이별은 겨울비처럼 (임현정)
사랑은 유리 같은 것 (이은미)
친구에게(Graduation Tears) (이선희)
물 따라 나도 가면서 (안치환)
철망 앞에서 (안치환)
I Believe (신승훈)
머릿속을 (임주연)
바람, 어디에서 부는지 (루시드 폴)
행복의 나라로 (한대수)
진심 (권진원)
희망의 마지막 조각 (패닉)
사노라면 (전인권)
엘도라도 (개구장애)
편지 (김광진)
넌 내게 반했어 (노브레인)
사랑해요 (심플리 선데이)
어머님께 (G.O.D)
청계천 8가 (천지인)
그루터기 (노래를 찾는 사람들)

낭독의 발견 : 시와 아름다운 글 낭송하기

나는 시건 소설이건 문학 텍스트는 눈으로 읽어 내릴 것이 아니라, 제 목소리로 감정을 실어 낭독해야만 육화(肉化)된다고 믿는다. 그리고 다음 글에 다루겠지만, 우리 문학 교육의 관행 중에 떨쳐 버리고 싶은 것이 있는데, 그것은 '너무 적은 작품을, 너무 깊이, 분석적으로 가르친다'는 점이다. 나는 최대한 많은 작품을 접하게 하고, 핵심이 되는 큼직큼직한 것들을 중심으로 가르치면서 낭송과 필사를 통해 아이들이 직접 텍스트를 체험하는 방식으로 문학 교육이 전환되어야 한다고 생각한다.

앞의 글 〈사람에게는 얼마만큼의 논술 능력이 필요한 것일까〉에서도 언급했듯이 중세 때의 '읽기'와 지금의 '읽기'는 매우 달랐다고 한다. 일리치는 12세기 사람인 성聖 빅토르 휴라는 수도사에 대해 이야기하는데, 휴와 같은 중세 수도사들은 마치 수도원의 포도밭에서 딴 포도의 맛을 음미하듯이 온몸으로 글을 낭독하면서 한 줄 한 줄 '맛보았다'고 한다. 영어 단어 'page'는 라틴어 'pagina'에서 유래하는데, 그것은 포도 넝쿨이 자라는 시렁을 가리키는 말 '에스팔리에espalier'에서 비롯되었다고 한다.

한 편의 시를 포도 알을 음미하듯이 맛보게 하는 길은 결국 마음을 담아 읊는 '낭송'인 것이다. 한 달에 네 편 정도의 시를 감상하게 할 계획을 갖고, 학급에서 목소리가 좋은 몇 학생들을 미리 지정하여 돌아가면서 미리 낭송 준비를 하게 한다. 그리고 한 달치 분량의 시를 미리 유인물로 만들어 나눠 주고 낭송하고 감상하게 했다. 이 시들을 옮겨 적게 했는데, 사실 반응은 썩 좋지 않았다. 그래서 손수 베껴 쓰고 자신의 감상을 곁들여 자기만의 예쁜 시집을 꾸미는 작업은 생각만 하고 아직까지 시도해 보지 못했다. 여학생과 남학생들의 반응이 많이 다르고, 또 다른 과목의 숙제가 너무 많다 보니 새로운 부담을 얹어 주는 듯해서 주저하다가 지금까지 오고 말았다. 언젠가 꼭 해 보고 싶은 작업이다. 그리고 소설이나 다른 글을 읽다가 거의 시적인 분위기를 뿜어내는 아름다운 문장을 만났을 때, 역시 시와 같은 방식으로 낭송하고 베껴 쓰게 했다.

낭송과 베껴 쓰기에 동원된 글 목록

시

자장가 (릴케)
가을날 (릴케)
별 헤는 밤 (윤동주)
삼중당 문고 (장정일)
사철나무 그늘 아래 쉴 때는 (장정일)
국수 (백석)
남신의주 유동 박시봉방 (백석)
머슴 대길이 (고은)
너를 기다리는 동안 (황지우)
뼈아픈 후회 (황지우)
쉽게 씌어진 시 (윤동주)
슬픔이 기쁨에게 (정호승)
수선화에게 (정호승)
눈물 (김현승)
이탈한 자가 문득 (김중식)
유리창 (정지용)
저문 강에 삽을 씻고 (정희성)
목마와 숙녀 (박인환)

가지 않은 길 (로버트 프로스트)
눈 내리는 밤 숲가에 멈춰 서서 (로버트 프로스트)
그 사람을 가졌는가 (함석헌)
자화상 (서정주)
비에 지지 않고 (미야자와 겐지)
사령 (김수영)
어느 날 고궁을 나오면서 (김수영)
껍데기는 가라 (신동엽)
행복 (유치환)
참 좋은 당신 (김용택)
사랑 (김용택)
즐거운 편지 (황동규)
질투는 나의 힘 (기형도)
10월 (기형도)
선운사에서 (최영미)
수화기 속의 여자 (이명윤)
시애틀 추장 연설문

소설

《토지》 중 별당아씨가 김환 품에서 죽는 장면 (박경리)
《토지》 중 목수 윤보가 죽으며 남기는 독백 (박경리)
《내 영혼이 따뜻했던 날들》 중 할머니 말씀 (포리스트 카터)
《호밀밭의 파수꾼》 중 마지막 부분, 홀든이 피비에게 고백하는 장면 (J. D. 샐린저)
《나의 라임오렌지 나무》 중 제제가 포르투카 아저씨에게 보내는 편지 (J. M. 바스콘셀로스)

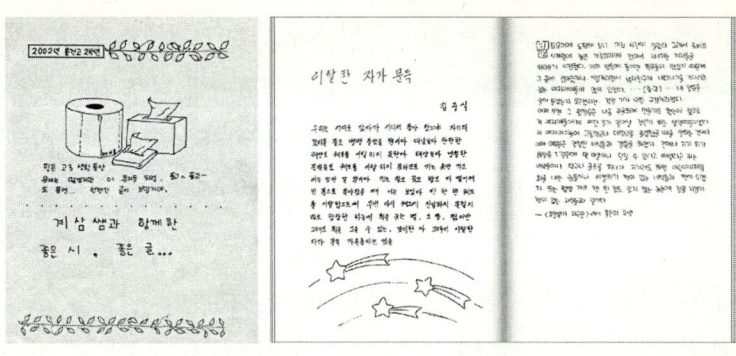

수업 시간에 필사한 글들을 문집 삼아 엮었다. 아이들이 직접 쓰고 엮은 것이어서 더 풋풋한 느낌이 들었다.

그리고 글씨가 예쁘고 그림을 잘 그리는 아이들을 선발해서 학년 문집 삼아 이 시와 글들을 작은 시집으로 꾸며 학년 말에 나누어 갖기도 했다.

지존(?)의 등장과 제자리 찾아 주기 : EBS〈지식채널e〉에 대한 단상

앞의 네 가지 방법으로 매 수업 10~15분의 여백을 메워 가며 조금씩 매너리즘에 젖어들고 있을 때, 그동안의 모든 실천들을 초라하게 만드는 '강적' EBS〈지식채널e〉가 등장하고 말았다. 처음 봤을 때는 그야말로 신선한 충격이었다. 무엇보다 화면을 바라보는 아이들의 놀라운 집중이란······.

〈지식채널e〉의 등장으로 내 실천들이 잠시 날개가 꺾이고 말았다. 어쩌면 〈지식채널e〉가 저 골치 아픈 일들 — 매번 자료를 찾고, 유인물로 만들어서 수업 시간마다 들고 다니고, 컴퓨터로 연결해서 화면에 띄우고, 읽고, 설명하는 — 을 쉽게 해 줄 계기를 제공해 준 것인지도 모르겠다. 그냥 노트북을 인터넷에 연결해서 화면에 띄워 보여 준 뒤 몇 마디 설명만 덧붙이면 되니 얼마나 편리하고 좋았겠는가. 워낙 완벽하게 잘 만들어져 있어서 학습지를 만든다든지 하는 그 이상의 것도 생각지 못했다. 그 내용은 또한 얼마나 수준이 높은지. 시사, 인물, 역사, 예술, 과학, 그리고 웬만해선 수업 시간에 다룰 수 없었던 민감한 정치적 사안에까지 미치지 않은 분야가 없었고, 어디서 그런 자료들을 구했는지 눈에 쏙 들어오게 잘 고른 영상들과 시적인 언어들, 그리고 음악의 절묘한 조화까지 훌륭했다.

그러면서 조금씩 이런 걱정이 들었다. 앞의 네 가지 방법 중에서 제일 잘 안 됐던 것은 '시 낭송과 베껴 쓰기'였는데, 〈지식채널e〉의 언어와 전개 방식은 거의 시적인 구도를 따르고 있었다. 이제 시적인 서정으로 아이들을 몰입하게 하기 위해서는 〈지식채널e〉 수준이 되지 않으면 힘들겠구나 싶어졌다. 그것은 〈지식채널e〉 제작진은 결코 의도하지 않았겠지만 말이다. 그리고 이제는 〈지식채널e〉의 빈틈이 보이기 시작했다. 무엇보다 텔레비전을 통한 영상의 공급은 '일방향'이고, 모든 교육적 과정에서 필수 사항인 '쌍방향' 교육은 결국 교사 자신이 개별 수업 속에서 아이들과 함께 이루어 내는 길밖에 없겠구나 하는 생각이 들기 시작한 것이다. 그리고 아이들도 〈지식채널e〉의 플래시 화면 중심의 반복된 전개 방식에 슬슬 권태를 느끼는 것 같았다. 그래서인지 아이들은 다 보고 난 뒤 그 내용들을 잘 기억하지 못했다.

지존(?)을 만나 잠시 방황했던 내 '여백 채우기'는 이제 〈지식채널e〉의 자리를 찾아 줌으로써 새로운 전기를 맞게 된다. 〈지식채널e〉가 '여백 채우기' 중의 하나로 자리매김된 것이다.

나가는 말

이 글 들머리에서 내가 내걸었던 전제는, 아이들은 대개 수업 시간의 7~8할에만 집중할 수 있으며 따라서 모든 교사에게는 수업 시간의 2~3할이 여백으로 주어진다는 사실이었다. 그 '여백의 시간'은 국어 교사에게 매우 중요한 기회이자 도전이 된다. 나는 그 시간을 통해 아이들에게 전해 주고 싶은 중요한 이야기들을 할 수 있었고, 국어과 교육과정 변방에 있던 많은 중요한 것들을 담아낼 수 있었으며, 피로와 권태에 절어 있는 아이들에게 작은 활력소가 될 수 있었다. 여백의 시간은 모두에게 던져져 있으며, 아이디어는 모두에게 넘쳐 날 것이다. 여백의 시간을 채워 나가는 풍성한 흐름을 기대해 본다.

소설을 어떻게 가르칠 것인가

소설은 힘이 세다

　20년이 넘었는데도 사춘기 때 접한 소설들은 지금도 기억이 난다. 나는 〈가요 톱10〉 같은 프로그램을 빠지지 않고 봤는데, 그때 유행하던 노래는 들어 봐야 겨우 기억이 나는 정도고, 코미디 프로나 드라마도 이름을 대기 전에는 떠오르지 않는다. 그런데 지금도 고등학교 때 읽은 소설을 생각하면, 단박에 몇몇 작품이 떠오른다. 교과서에 실린 김동리의 〈등신불〉이 떠오르고, 마지막 대사인 "자네 오른손 식지를 들어 보게" 하는 알 듯 모를 듯 야릇한 장면도 생각난다.
　내가 다니던 고등학교에는 도서관이 없어서, 책다운 책을 읽을 기회가 없었다. 집에 굴러다니던 이문열의 〈젊은 날의 초상〉, 《사람의 아들》, 이외수의 《칼》, 《들개》 같은 것들을 읽었는데, 지금도 또렷이 기억난다. 이상한 일이다. 소설은 왜 이렇게 기억이 잘 날까? 그것은 아마도 그 작품들이 내 의식에 어떤 식으로든 영향을 끼쳤다는 뜻이리라. 생각해 보니, 그 영향은 수업을 통해 배웠다기보다도, 그저 내 삶과 그 소설이 만나 이루어진 화학적 변화라고 보는 것이 옳을 듯싶다. 〈등신불〉은 솔직히 지금도 잘 이해가 되지 않지만, 만적의 소신공양과 그 업연의 슬픔은 아직도 선명하다. 나름대로 독실한 기독교 신자였던 내가 《사람의 아들》에 나오는 '아하스 페르츠'를 통해 '신앙적인 두려움'이라는 것을 체험하게 되고, 이것이 내 신앙을 다른 단계로 접어들게 하는 징검다리가 되어 주었다. 그때 나는 《젊은 날의 초상》에 등장하는 주인공의 원인 모를 방황을 동경했다. 그런데 1년 내내 수업 시간마다 한 편씩 EBS 〈지식채널e〉를 보여 주고 난 뒤 학년 말이 되어 그 기억들을 떠올려 보라고 하면 너덧 편 이상 떠올리는 학생들이 드물다. 확실히 소설은 영상 매체보다 '힘이 세다'. 10대에 체험하는 소설은 일생 동안 지속될 정도로 그 영향력이 깊고 넓다.

    나는 아이들과 소설을 읽고 함께 이야기하는 것이 참 좋아서 교과서 진도를 얼른 해치우고 소설 읽을 짬을 노리곤 했다. 그 속에서 내가 견지한 몇 가지 원칙들이 있는데, 이 이야기를 하면서 그동안 내가 수업했던 제재들을 펼쳐 보려 한다.

제재 선정의 중요성 : 〈광장〉, 《당신들의 천국》은 좋은 작품인가

국어과 교과서에 실린 소설 제재들은 다른 갈래들에 비하면 비교적 무난하다고 생각한다. 하지만 흔히 '고전'이라 불리는 작품들이 실제 가르치기에는 적합하지 않은 경우가 많았다. 이를테면 최인훈의 〈광장〉, 이청준의 《당신들의 천국》에 대해 이야기해 보자.

〈광장〉은 관념소설이다. 나는 고등학교 때는 문제집에 나온 부분만 읽었고 대학 때는 두어 번 읽었지만, 그 작품에 쏟아지는 상찬이 이해가 되지 않았다. 그건 내 문학적 취향의 문제니 그렇다 치고, 어쨌건 이 작품은 해방 이후 남한 체제의 결함과 부패상을 제대로 형상화하지 못했고, 무엇보다 '전쟁과 분단'이라는 우리의 실제 역사를 관념적 틀로써 바라보게 하는 것은 중등 교육과정에서는 온당하지 않다고 나는 생각한다. 중등 교육과정에서는 어떤 진리든 추상적 관념으로 연역하게 하는 것이 아니라, 구체적 형상으로 귀납하게 해야 한다. 실제로 아이들은 이명준의 방황에 별로 공감하지 않았다. 이 작품은 지적 수준이 높은 몇몇 학생들을 대상으로 하거나, 혹은 고등 교육과정에서 가르치는 것이 옳다고 생각한다.

《당신들의 천국》은 더 그렇다. 이 작품은 문학적으로도 결함이 적지 않다고 생각한다. 전반부는 흥미로운 사건 전개 속에 '자유와 사랑', '천국'의 의미가 비교적 명징하게 드러나지만, 조백헌 원장이 소록도를 떠나는 중반 이후부터 끝부분까지는 거의 매가리 없는 동어반복에 그치고 있다. 나는 이 작품이 어떻게 고전의 반열에 오르고, 논술고사에 단골로 출제되는지 솔직히 이해가 잘 되지 않는다.

나는 중등 교육과정에서 소설은 그 작품이 담고 있는 형상적 구체성과 도덕적 가치가 중요할 뿐, 예술적 성취는 그다음의 문제라고 생각한다. 문학사의 정수를 뽑아 심도 있게 분석적으로 가르치고, 다양한 내면화의 과정을 직접 지도해야 한다는 소설 교육의 일반적인 전제는 검토해 볼 필요가 있다.

소설 수업의 방법과 원칙 : 낭독하고, 조각내지 말고 통 크게, 많은 작품을 접하게 하자

아이들과 소설을 읽을 시간은 정규 교과 시간 말고도 많이 있다. 고등학교의 경우 학기 중 보충수업과 방학 중 보충수업이 있고, 학교가 비디오방이 돼 버리는 학기말시험 이후 2~3주간의 시간이 있다.

연수나 전국국어교사모임 회지를 통해 여러 선생님들의 소설 교육 사례들을 보면서 배운 바가 많았다. 그렇지만 두 가지 경향성은 지적하고 싶다. 하나는, 읽은 뒤 활동의 비중이 너무 크다는 점이다. 아마도 텍스트의 주체적인 독해를 중시하다 보니 생기는 경향인 듯한데, "나라를 다스리는 일은 작은 생선 굽듯 하라治大國若烹小鮮"는 노자의 말씀을 여기에 적용해 봄 직하다. 소설을 가르치는 일 또한 작은 생선을 굽듯 크게 한두 번 뒤집어 주는 것으로 그쳐야 이리저리 잔 손길이 너무 많이 가면 텍스트의 옹근 의미가 훼손당할 수 있다. 어떤 수업 사례에서 소설 한 편으로 6차시 동안 주인공에게 편지 쓰기, 책 표지 만들기, 영화화된 것과 비교하여 감상평 쓰기까지 시키는 것을 본 적이 있는데, 나는

| 수업 진행 예시 |

최시한, 〈허생전을 배우는 시간〉

① 유인물 편집
소설 원문을 B4 크기에 행 간격, 좌우 여백, 머리말·꼬리말 여백을 대폭 줄여 3단으로 편집하면 7쪽이 나온다.

② 낭독
이 원문을 직접 낭독한다. 낭독은 소설에서 매우 중요하다. 묵독은 집중력을 잃게 하고, 텍스트의 육체성을 호흡할 수 없다. 혼자 다 읽기 어렵기에 미리 반별로 '낭독 소년, 낭독 소녀'를 정해 교사와 함께 셋이 번갈아 낭독한다. 〈허생전을 배우는 시간〉의 경우 2차시 정도 만에 낭독이 끝났다.

③ 퀴즈 풀기
2차시 나머지 절반은 소설 내용을 확인할 수 있는 퀴즈를 푼다. 나는 '쪼잔퀴즈'라고 하여 소설 내용을 대목별로 확인할 수 있는 익살스러운 퀴즈 문제를 만들어 소설 원문과 같이 인쇄하여 내 준다. 여기서 정답은 별 의미가 없다.

④ 과제물 결과 읽어 주기, 토론
소설의 핵심 문항 하나를 정해 거기에 대한 쓰기 과제를 내 준다. 그리고 다음 시간에 그 내용들을 읽고 토론한다. 이렇게 하면 〈허생전을 배우는 시간〉 전체 내용도 3차시 안에 끝낼 수 있다.

그런 방식은 좋지 않다고 생각한다.

또 하나는 분석적으로 뜯어 읽는 경향이다. 나는 소설을 뜯어 읽음으로써 그것의 문학적 가치를 이해하는 것보다 중요한 것은 그 소설의 핵심적인 요소 — 작품에 따라 교훈적 메시지일 수도 있고, 문체, 정서, 사회 역사적 맥락일 수도 있다 — 가 독자의 삶과 만나 일으키는 화학적 반응이라고 생각한다. 그것은 어떤 의미에서 교육적 과정으로 가르칠 수 없는 것이기도 하다. 따라서 '낭독'을 통해 텍스트의 육체성을 생생하게 호흡하고, 핵심 사항을 붙잡아 주는 것 말고 그 나머지는 아이들에게 '맡겨' 두는 것이 좋다고 생각한다.

내가 이렇게 생각하는 또 하나의 이유는 이렇게 해야 많은 작품을 접할 수 있기 때문이다. 소설은 인생의 대리 체험이므로, 최대한 많은 작품들을 던져 주고, 그중에 크게 와 닿는 작품들이 삶과 만나 반응을 일으키도록 기다리는 것이 좋다고 생각한다.

학습지
예시

▶ 사천만이 기다리는 쪼잔퀴즈

1. 등장인물을 생각나는 대로 다 써 보세요.

2. 선재가 마음속으로 그리는 K는 같은 반이며, 이름은 이경순이다. ( )
  * K는 다른 반이며, 이름은 이경미이다. 정답은 X. 기억을 환기하기 위해 다소 뻔한 질문을 던졌다.

3. 윤수가 전체 모임 중 쓰러졌을 때 곁에 서 있던 여학생들은?
  (오빠, 파이팅! 했다, 소리만 질렀다)
  * 정답은 '소리만 질렀다'이다. 쪼잔퀴즈는 유머가 중요한 코드이기 때문에 다소 비극적인 상황을 이렇게 비틀어 보는 것이다.

4. 허생전에서 허생이 도둑들을 데리고 가서 만든 천당 같은 섬에서 '글 아는 자들'을 데리고 나온 것은 (화근을 없애기 위해서, 밀성 2관–유태관·김성관을 없애기 위해서)이다.
  * 학습지에 재미있는 친구들의 이름을 등장시키는 것도 수업의 재미를 위한 한 전략이라고 할 수 있다.

  (후략)

▶ 주요 사항

1. 이 작품은 '허생전'의 내용, '허생전'을 둘러싼 수업 내용, 그리고 허생과 왜냐 선생이 엇갈리고 겹치며 흘러갑니다. 이 작품의 큰 줄기를 이루는 것은 윤수가 제기한 어느 이야기인데요. 이 대사를 찾아 쓰세요.

   * 중요한 대목은 그대로 찾아 옮겨 적게 한다.

2. 허생은 〈혁명가, 선비, 장사꾼, 자선사업가〉의 면모를 모두 갖고 있습니다. 여러분이 보기에 가장 가까운 것에서부터 배열해 보세요.

   * 정답은 따로 없다. 발표를 시켜 보면 아이들마다 허생에 대한 이해에 약간씩 차이가 있는데, 그 차이를 설명하게 하면 수업의 흥미도도 높아지고, 소설에 대한 이해도 높아지게 된다.

   (후략)

▶ 과제

이 작품이 그리고 있는 1980년대 말 우리나라 학교의 현실을 있는 대로 써 보세요.

제일 좋은 결과를 얻었던 작품 6선

수업 준비에서는 역시 소설 제재를 고르는 일이 제일 어려웠다. 대학 때 읽었던 작품들, 그때 좋았던 작품들을 이리저리 찾아보았다. 다행히 전국국어교사모임에서 펴낸 《문학시간에 소설 읽기》 시리즈가 큰 도움이 되었다. 이런저런 한계 속에서 수업을 진행하여 좋은 결과를 얻은 작품 6편을 꼽아 보겠다.

체제의 도덕성과 권력의 속성을 이야기하다

• 전상국, 〈우상의 눈물〉

전국국어교사모임에서 펴낸 《고등학생을 위한 우리말 우리 글〉에도 실려 있지만, 소설을 통해 사회의 모습을 가르칠 수 있는 아주 좋은 작품이다. 비슷한 구성을 가진 이문열의 〈우리들의 일그러진 영웅〉, 황석영의 〈아우를 위하여〉와 비교해도 돋보인다. 중우정치衆愚政治에 대한 혐오와 같은 이문열 특유의 보수성이 드러나는 〈우리들의 일그러진 영웅〉이나, 동화처럼 단순한 도식을 바탕으로 한 〈아우를 위하여〉에 비해 치밀하고도 실감 나게 권력의 체제 운용 방식과 악의 속성에 대해 이야기하고 있기 때문이다. 무엇보다 소설이 매우 흥미롭고 긴박하게 진행되기 때문에 아이들의 집중도가 높고, 읽은 뒤 작업도 잘 이루어진다.

학습지 예시

▶ 사천만이 기다리는 쪼잔퀴즈

1. 등장인물을 생각나는 대로 다 써 보세요.
2. 기표네 재수파들이 유대를 끌고 간 곳은 학교 강당 앞이었다. (　)
3. 기표는 윗옷을 벗어 팔뚝에 사이다 병 조각을 사각사각 그은 다음 피가 솟아나오자 이렇게 말했다. (먹어, 핥아, 좋아?)
4. 담뱃불로 지짐질을 하면서 기표가 한마디 한 말은? (공부 좀 작작 해, 건강도 좀 생각하면서 공부해, 이 선생은 내 거야, 메스껍게 굴지 마.)

▶ 주요 사항

1. 기표가 도망치면서 여동생에게 보낸 편지의 맨 앞줄에 쓴 말은?
　"무섭다, 나는 무서워서 살 수가 없다."

2. '나'는 어떤 사람인가.

　냉정한 관찰자(이 소설은 1인칭 관찰자 시점). 합리성과 판단력을 겸비한 사람으로 담임과 형우의 의도를 꿰뚫고 있음. 위선과 허위에 대한 통찰력을 갖고 있는 작가의 분신이라 할 수 있음.

▶ 과제

　다음 셋 중 하나를 골라 자신의 생각을 쓰시오.

　기표가 떠난 2학년 13반은
　① 좋은 반이다. 왜냐하면 ~
　② 좋지는 않지만 현실적으로 최선이다. 왜냐하면 ~
　③ 나쁜 반이다. 왜냐하면 ~

문체의 아름다움, 우울의 정서를 발견하다

• 김승옥, 〈무진기행〉

〈무진기행〉은 분량이 길고, 흥미로운 반전도 없고, 시종일관 우울한 정서가 흐르는 작품인데도 아이들은 낭독되는 내용에 잘 몰입한다. 그것은 이 작품이 가진 문학적 우수성을 반증해 주는 것이 아닐까 싶다. 발표된 지 50년이 다 되어 가지만 이 소설의 현대적인 감각은 조금도 녹슬지 않았다. 문학적 감수성의 기저에는 우울한 자위, 자기 연민, 까닭 모를 냉소 같은 것이 있고, 그런 민감한 촉수를 〈무진기행〉이 잘 건드리고 있다. 이 작품은 줄거리보다 문체와 거기 담긴 정서를 발견하는 것이 중요하다.

▶ 쪼잔퀴즈 (생략)

▶ 주요 사항

1. '무진'의 현재 모습을 설명할 수 있는 단어 몇 가지를 찾아 써 보세요.
   안개, 그럭저럭, 화투, 개구리 울음소리

2. 하 선생이 서울로 가고 싶어 하는 이유는?
   시골이 싫으니까, 무작정 도시가 좋으니까, 아니 꼭 그렇게 가고 싶지 않기도 하다.

3. '나'와 세무서장 친구 '조'의 공통점과 차이점은?
   공통점 : 성공했다, 속물 세계에 발을 담그고 있다.
   차이점 : '나'는 부끄러움을 알고, '조'는 부끄러움을 모른다.

4. 현실원칙과 쾌락원칙에 대해서
   - 서울에서의 나 : 현실원칙
   - 무진에서의 나 : 쾌락원칙
   - 마지막 부분에서는 결국 누구의 승리? 현실원칙
     (후략)

▶ 과제

1. 문학적으로 멋있게 다가오는 구절을 몇 개 옮겨 쓰세요.

2. 하 선생에게 쓴 편지를 찢어 버리고 서울로 올라가면서 '부끄러움을 느낀다'는 '나'의 선택에 대해 어떻게 생각하나요?

열등감, 방관자의 이기심

• 아쿠다가와 류노스케, 〈코〉

전국국어교사모임이 펴낸 《문학시간에 소설 읽기 1》에 실려 있다. 분량이 짧기 때문에 2차시 만에 넉넉하게 끝낼 수 있다. 일본의 한 이름 높은 승려의 기다란 코에 대한 이야기인데, 비현실적이고 동화적인 방법으로 빗댄 소품 같은 소설이지만, 이 작품이 담고 있는 주제 의식은 만만치 않다.

▶ 쪼잔퀴즈 (생략)

▶ 주요 사항

1. 나이구의 긴 코에 대한 사람들의 생각과 나이구의 생각은 대조되는데, 이를 집약해서 말하면?
   - 나이구 : 코 때문에 승려로서 불편한 일에 휘말리지 않아서 좋다.
   - 주변 사람 : 코 때문에 승려가 될 수밖에 없었을 것이다.
   (후략)

▶ 과제

누구나 나이구의 '코'와 같은 것을 하나씩은 갖고 있다. 내가 가진 나이구의 '코'는 어떤 것인지 쓰시오.

사춘기의 성性과 책임성

• 벌리 도허티, 《이름 없는 너에게》

이 소설은 장편이다. 도서 구매 때 한 반 분량을 사서 수업 시간에 같이 읽고 수업을 했다. 대출까지 허용해서 돌려 읽히면 정규 수업은 3차시 만에 끝낼 수 있다. 한 반 분량의 책을 사고, 반별로 내 주고, 반납받고, 다른 반으로 돌리는 수고로움만 견뎌 낸다면 좋은 장편소설을 엄선해서 돌려 읽게 하는 것도 참 좋다.

고교 졸업과 대학 입학을 눈앞에 둔 영국의 고3 커플 크리스와 헬렌이 우연한 기회에 아이를 갖게 된다. 크리스는 부모의 이혼으로 아버지와 살지만, 어머니에 대한 그리움을 간직하고 있다. 헬렌은 완고한 어머니에게 눌려 살지만 명민한 소녀다. 크리스는 어린아이처럼 방황하고 어머니를 찾지만, 헬렌은 어머니의 완고함을 견디며 아기에게 온통 집중하면서 출산을 기다린다. 결국 둘은 헤어진다.

사춘기의 성과 남학생·여학생의 책임성의 차이, 가족의 의미, 거기에다가 한국과 너무나 다른 영국 고교생들의 생활까지 잘 보여 주는 수작이다. 이 작품 다음에 월간 《작은책》 2004년 4월호에 실린 〈민이〉— 청소년 미혼모 쉼터에서 성교육을 하는 안미선 씨의 체험담 — 라는 글을 같이 읽으며 한국 상황과 대조시켜 보았다.

학습지 예시

▶ 쪼잔퀴즈 (생략)

▶ 주요 사항

1. 헬렌의 성격과 헬렌 가족의 분위기
2. 크리스의 성격과 크리스 가족의 분위기
3. 이 작품을 통해 알 수 있는 임신에 대한 남녀의 책임성 차이
4. 한국과 영국 고교생들의 생활은 어떻게 다른가?
   (후략)

▶ 과제

여러분이 헬렌(여학생의 경우) 혹은 크리스(남학생의 경우)라면 어떻게 했을지를 쓰시오.

진정한 교육의 모습, 아메리카 인디언의 지혜, 그리고 영혼의 의미에 대해
• 포리스트 카터, 《내 영혼이 따뜻했던 날들》

어느 날 한 졸업생의 이메일을 받았다. 취업이 잘 된다는 꽤 괜찮은 지방대학을 졸업했는데, 결국 대기업 협력 업체에 비정규직으로 취업했고, 6개월 만에 그만두고 집에서 아르바이트를 하면서 쉬고 있다고 했다. 그러던 어느 날, 고등학교 때 함께 읽은《내 영혼이 따뜻했던 날들》을 꺼내 읽다 한바탕 울고, 다시 어떻게 살아야 할지 원점에서 생각해 보려 한다는 내용이었다.

포리스트 카터의 이 책은 모든 아이들에게 읽히고 싶은 책이다.《이름 없는 너에게》처럼 한 반 분량을 사서 수업 시간 제재로 끌어들이면 된다. 인생의 잠언으로 새겨도 좋을 아름다운 말들, 자연에서 살아가는 인디언들의 생존 방식, 진정한 교육의 의미를 체로키 인디언 소년 '작은 나무'의 성장을 통해 가르쳐 준다.

상상력을 통해 이야기의 창조자가 되어 보자
• 이승우, 〈미궁에 대한 추측〉

《문학시간에 소설 읽기 1》맨 앞에 자리 잡은 소설이다. 아이들은, 물론 만화 때문이겠지만, 그리스 로마 신화에 의외로 정통하다. 그러나 대개 재미난 '이야기'로만 알고 있을 뿐 신화의 '역사적·사회적 맥락'이나 신화에 담겨 있는 문학적 상상력에 대해서는 크게 생각해 보지 않은 듯하다. 이승우의 이 소설은 이야기가 좀 늘어지는 아쉬움이 있지만, 신화의 역사적·사회적 맥락을 살피는 데 유용하고 자신의 상상력으로 신화를 해석하는 독후 활동을 해 보면 늘 좋은 결과를 얻었다.

▶ 쪼잔퀴즈 (생략)

▶ 주요 사항

1. 왜 미궁이 필요했을까?
   ① 역사가의 미노타우로스의 비신화화 : 용맹스러운 최고의 용사
   ② 장 델뤽의 소설에서 나온 이야기들
   - 법률가 : 미궁은 감옥이다.
   - 종교학자 : 미궁은 신전이다.
   - 건축가 : 미궁은 다이달로스 생애 최후의 예술 작품이다.
   - 연극배우 : 미궁은 불륜의 결과물이다. 예술혼이 아닌 욕망의 산물이다.
   (후략)

▶ 과제

위 해석을 바탕으로 미노스 왕의 미궁은 어떻게 만들어지게 됐는지 자신의 상상력을 펼쳐 보자.

비슷한 주제로 엮어서 가르쳐 본 작품들

상처의 의미

- 가족, 유년 시절의 상흔 : 김소진, 〈자전거도둑〉
- 사생아라는 출신 성분, 열등감 : 송기원, 〈아름다운 얼굴〉
- 여성의 상처, 소외와 배제 : 오정희, 〈순례자의 노래〉

유년 시절 얻은 것이건, 이후 사회 속에서 얻은 것이건, 상처는 인간의 삶을 크게 왜곡시킨다. 소설을 통해 상처를 들여다보

게 하고, 그 의미를 성찰하게 하는 것은 문학 교육의 중요한 역할이다. 위 세 편은 그 주제에 값할 만한 작품들이었고, 실제 수업에서도 좋은 반응을 얻었다.

김소진의 〈자전거도둑〉은 '나'의 유년 시절 아버지와 혹부리 영감의 가계와 서미혜의 오빠에 대한 이야기가 서로 엇갈리면서 흥미롭게 읽히지만, 마지막 부분이 좀 어렵게 처리돼 있다.

송기원의 〈아름다운 얼굴〉은 장돌뱅이 집안의 사생아라는 출신 성분에 대한 열등감으로 스스로를 괴롭힌 자신의 성장기를 중년의 나이에 되짚어 보는 진실하고 감동적인 작품이다.

오정희의 〈순례자의 노래〉는 《문학시간에 소설 읽기 2》에 실려 있다. 이 땅에서 여자로 산다는 것, 남성이라면 아무것도 아니었을 일이 한 여성의 삶을 결정적으로 어긋나게 만들어 가는 과정을 통해 여성에 대한 무시무시한 사회적 억압을 고발하고 있는 작품이다.

가난과 웃음, 그리고 슬픔

- 극한의 고통과 바보 같은 사랑의 감동 : 위화, 《허삼관 매혈기》
- 수탈과 고통, 그 반어적 형상화 : 김유정, 〈만무방〉

《문학시간에 소설 읽기 1》에 실린 《허삼관 매혈기》는 아이들에게 좋은 반응을 얻었다. 하도 굶어서 다 죽어가는 가족들의 우스꽝스러운 음식 놀음이 그랬고, 전처소생의 아들 일락이를 위해 자신의 피를 파는 허삼관의 진한 자식 사랑에 뭉클한 마음으로 마무리하게 된다.

김유정의 〈만무방〉은 익히 알려진 작품이라 굳이 설명이 필요 없을 듯하다. 수탈, 가난과 같은 삶의 고통에 반어적으로 혹은 유머로써 접근하는 태도에 대해 이야기하기 좋은 작품이다.

한국 교육의 현실, 그 속에서 '성장'한다는 것

> • 우리는 푹 자고 싶다 : 김곰치, 〈우주소년 철진〉
> • 한국 성장 소설의 전범 : 최시한, 《모두 아름다운 아이들》

김곰치의 〈우주소년 철진〉은 어릴 때부터 잠이 많던 한 아이가 고등학생이 되어 스파르타식 기숙학교에 입학하여 겪는 '잠'에 관한 에피소드를 담고 있다. 정신분석학적인 도식이 더러 사용되는 것이 거슬리기도 하지만, 아이들은 자신의 생활과 너무나 밀착된 이 작품을 실감 나게 읽는다.

최시한의 《모두 아름다운 아이들》은 필독서로 선정해 독후감을 쓰게 할 때에도 반응들이 좋았고, 거기에 실린 단편 〈허생전을 배우는 시간〉만 따로 떼서 수업을 하기도 했다. 왜냐 선생의 수업과 〈허생전〉의 허생이 겹쳐지면서 1989년 전교조 건설 당시의 학교와 교실의 분위기들이 실감 나게 얽혀 있다. 역시 우리나라 학교를 다루고 있기 때문에 집중도가 높다.

이루어질 수 없는 사랑

> • 사랑의 충동과 운명 순응 : 김동리, 〈역마〉
> • 소처럼 순한 여인의 아련한 사랑 : 신경숙, 〈풍금이 있던 자리〉
> • 가슴이 뻐근한 슬픈 사랑 : 박경리, 《토지》 중 월선이가 죽어가면서
>   용이와 헤어지는 대목

가장 집중도가 높은 주제는 역시 '사랑'이다. 사랑의 여러 모습은 인생의 기쁨과 슬픔을 구성하는 가장 농밀한 계기다. 내가 선택한 것은 저 세 편이지만, 더 좋은 사랑 소설들이 얼마든지 있을 것이다.

김동리의 〈역마〉는 화개장터를 무대로 역마살이 얽어 낸 '운명적인 사랑' 이야기다. 결국 이모와 조카의 사랑 이야기가 돼 버린다. 한국인들의 운명관 같은 것을 엿볼 수 있다.

〈풍금이 있던 자리〉는 신경숙 소설 특유의 여성스러운 서간체가 낭독과 잘 맞아떨어진다. 중년 유부남과 에어로빅 강사 여주인공의 '불륜'인데, 어린 시절 새어머니의 기억으로 갈등하는 모습이 애처롭고 슬프게 그려지며, 결국 담담히 이별을 감내하는 모습이 감동적이다.

《토지》는 20권이 넘는 대하소설이다. 그중 《문학시간에 소설 읽기 1》에 실린 부분은 한 마을에서 서로 오누이처럼 사랑을 키워 오다 엇갈리는 인연 속에서 끝내 사랑을 이루지 못하는 용이와 월선이의 이별 장면이다. 죽음 앞에서 끝내 긍정하고 마는 두 사람의 이별 장면은 《토지》에서 손꼽히는 명장면이다. 두 사람의 인연에 대한 사전 설명이 필요하지만, 아이들은 아주 흥미롭게 읽었다.

선하고, 의로운 개인

- 누구도 몰라본 의로운 사람 : 솔제니친, 《마뜨료나의 집》
- 가난한 민중의 양심 : 양귀자, 《비 오는 날이면 가리봉동에 가야 한다》

아이들은 바보처럼 착하게 살고 싶지는 않다고 생각한다. 그러나 '과연 세상은 누가 떠받치고 있는가?'를 생각해 보아야 한다. 개인적으로 나는 저 소설들에서 특별한 감동을 받았다.

마뜨료나는 스탈린 철권 통치 시절, 러시아의 한 궁벽한 시골에 사는 바보처럼 순하고 착해 빠진 여인이다. 여섯 자식이 모두 죽고 남편도 전쟁으로 잃고 병마에 시달리지만, 흙에서 일하는 데서 가장 큰 기쁨을 느끼고 모두에게 희생적인 여인이다. 마뜨료나는 권정생 선생을 생각나게 한다. 이 여인의 불행한 죽음과 거기에 대조되는 속물스러운 마을 사람들의 모습은 진한 슬픔을 준다.

양귀자의 《비 오는 날이면 가리봉동에 가야 한다》 역시 참 좋다. 요즘 세상에 이런 사람이 있을까 싶다. 지하 단칸방에 살면서 최선을 다해 일하고 양심껏 품삯을 챙겨 가는 인부, 겨우 받은 품삯으로 맥주를 내는 주인공 임 씨를 보면서 가슴이 뭉클하다.

아이들과 '어떻게 살아야 할 것인가'를 이야기하는 것은 참 어려운 일이다. 그러나 이런 감동적인 작품에 담긴 '삶의 형상'으로 그런 어려운 이야기를 나눌 수 있다.

도회적 삶과 고독, 그리고 문명

- 어쩌다 만난 세 남자 이야기 : 김승옥, 〈서울, 1964년 겨울〉
- 누군가가 나를 호출해 주었으면 : 김영하, 〈호출〉
- 바코드 찍힌 통조림 같은 삶 : 김애란, 〈나는 편의점에 간다〉

도회적 삶이 보편화된 요즘에 아이들에게는 도시 문명을 반성적으로 성찰할 거리가 제공되어야 한다. 다행히 무수히 많은 문학작품들이 이를 다루어 왔다. 나는 저 세 작품이 특히 좋은 거리라 생각한다.

김영하의 〈호출〉은 '삐삐'(호출기)가 이제 거의 쓰이지 않기 때문에 좀 뒤늦은 감이 있다. 우연과 고독 속에 침잠하는 한 무력한 젊은 남자의 몽상으로 벌어지는 가상의 연애가 우울함을 자아낸다. 그러나 이 '외로움'이라는 정서를 아이들은 잘 이해하지 못하는 경우가 많았다.

김애란의 〈나는 편의점에 간다〉는 '편의점'을 통해 바코드의 익명 체제 속에서 완전한 타자로 살아가는 도회인들의 삶을 그리고 있다. 이 작품에는 살아 있는 어떤 자연물도 등장하지 않는다. 익명, 바코드로 대표되는 전자 감시 체제, 아스팔트 같은 메마른 상징들이 작가 김애란의 날렵하고도 서늘한 문체로 직조돼 있다.

문체 혹은 '분위기 소설' 맛보기

- 홍상수 영화 같은 소설 : 서정인, 〈강〉
- 부서진 삶의 형상 : 윤대녕, 〈은어낚시통신〉

서정인의 〈강〉은 마치 홍상수 감독의 영화를 보는 듯하다. 눈 오는 밤 세 남자의 하룻밤 동행, 그들은 점점 삶의 나락으로 이끌리는 듯한 소시민이다. 거기에 끼어든 천사 같기도 하고 몽매한 백치 같기도 한 작부 여인이 있다. 이 소설은 줄거리나 인물보다 '분위기'에 지배되는 소설이다.

윤대녕의 〈은어낚시통신〉도 마찬가지다. 무라카미 하루키의 소설처럼 사진, 재즈 등의 문화적인 코드와 함께 도회적 삶의 우울, '존재의 시원'과 같은 고급한 관념, '은어낚시통신'의 비밀스런 분위기까지, 주로 부서진 삶의 분위기에 의해 지배되는 작품이다. 어렵게 생각할 것 없이 한번 읽어 보고 느낌을 나누면 된다. 이런 분위기를 잘 흡수하는 학생들을 더러 만날 수 있다.

역사의 상흔

> • 좌익 활동가 아버지의 총살, 배고픔 : 김원일, 〈어둠의 혼〉
> • 증오와 화해의 드라마 : 윤흥길, 〈장마〉
> • 극우 반공 체제가 망가뜨린 한 의사의 삶 : 황석영, 〈한씨 연대기〉

문학을 통해 역사의 진실을 가르치는 일은 국어 교사의 중요한 역할이라고 믿는다.

김원일의 〈어둠의 혼〉은 작가의 개인사가 투영된 작품으로 알려져 있다. 아버지가 해방 후 좌익 활동을 하다 붙잡혀 죽은 날 '배고픈 아들'의 저녁 무렵을 그려 내고 있다. 짙어 오는 어둠의 공포, 백치인 누나의 울음소리, 악다구니를 쓰는 무식한 엄마, 아버지의 시체에서 와락 달려드는 연민이 그려진다.

윤흥길의 〈장마〉는 고등학교 국어 교과서에 마지막 부분만이 실려 있다. 그 일부를 뜯어 읽는 것보다 원문을 통으로 읽는 게 좋다는 생각에 세 시간 동안 낭독했다. 교과서만 다룰 때보다 집중도나 반응이 훨씬 좋았다. 복잡하고 분석적으로 가르치지 말고 '통'으로 감상하게 하는 소설 수업 방식에 대한 믿음을 확인한 계기가 되기도 했다.

황석영의 〈한씨 연대기〉는 월남한 의사 한영덕의 삶을 통해 분단과 전쟁, 그리고 극우 반공 이데올로기가 지배하는 남한 사회가 한 양심적인 개인을 어떻게 망가뜨렸나를 그리고 있다.

국가란 무엇을 하는 존재인가?

> • 조마이 섬과 갈밭새 영감의 고통 : 김정한, 〈모래톱 이야기〉
> • 난 오늘버틈 도루 나라 없는 백성이네 : 채만식, 〈논 이야기〉
> • 인격권 주장 – 벌금 2만 원 : 이문구, 〈여요주서〉

김선일 씨의 죽음이나 전용철, 홍덕표 농민의 죽음을 보면서, 그리고 한동안 시끄러웠던 한반도 대운하를 보면서 '국가가 대체 무엇을 하는 존재인가'를 생각하게 되었다. 국어 수업을 통해 이런 주제를 어떻게 이야기할까를 고민하다가 요산 김정한 선생의 〈모래톱 이야기〉를 생각하게 되었다. 일제강점기 동양척식주식회사, 해방 이후 지역 유력자들이 제멋대로 주무른 조마이 섬과 거기에 저항하는 갈밭새 영감의 불행을 통해 이 질문은 올곧게 형상화된다.

채만식의 〈논 이야기〉 역시 마찬가지다. 아버지가 동학농민항쟁으로 관가에 억울하게 땅을 빼앗기고, 또 자신의 노름과 방탕한 생활로 땅을 잃고는 해방되면 땅을 찾을 생각에 들떠 있던 한 생원에게 다시 국가가 그 토지를 가진다 하니 그 모자라는 한 생원의 마음이 어떻겠는가. "일 없네. 난 오늘버틈 도루 나라 없는 백성이네"라고 한 한 생원의 몽매한 발언 속에서 역설적으로 국가의 존재 의미에 대한 날카로운 비판을 만날 수 있다.

《문학시간에 소설 읽기 2》에 실린 이문구의 〈여요주서〉는 1970년대의 풍경을 그림처럼 보여 준다. 어수룩한 촌사람 신용모가 꿩 파는 아이를 돕다 야생 밀렵 단속에 걸리고, 폭행에 허위 자백을 하고, 결국 죄를 뒤집어쓰려다 정작 판사 앞에서 "나도 인격이 있다"며 대드는 대목에서, "제발 사람대접 좀 해 달라"는 무지렁이 민초의 절규를 들을 수 있다. 그러나 정작 수업에서 아이들은 이문구 소설 특유의 쫄깃쫄깃한 사투리가 낯설고 구어체 장문을 잘 소화하지 못해 힘들어했다.

민중들의 삶의 여러 형상

- 복덕방 영감들의 퇴락한 삶, 못난 신세대 : 이태준, 〈복덕방〉
- 윤리나 도덕보다 깊고 뭉클한 자연의 삶 : 오영수, 〈갯마을〉
- 세 '막장'들의 아름다운 동행 : 황석영, 〈삼포 가는 길〉

이태준의 〈복덕방〉은 신문물을 접한 이기적인 '하이칼라'들에게 밀려난 구한말 세대의 이야기다. 이태준 소설의 정확하고 절제된 묘사는 소설 문장의 한 전범이라 할 만하다. 오세영의 만화 《복덕방》과 함께 보는 것도 좋다.

오영수의 〈갯마을〉은 갯가에 터를 잡고 사는 이들의 이야기다. 두 남편을 각각 바다와 강제 징용으로 잃고, 산골의 삶을 견디지 못해 다시 갯가로 돌아온 해순을 마을 사람들은 잘 품어 준다. 윤리나 도덕보다 높은 곳에 있는 자연스러운 인간의 욕망과 그 어울림이 잘 드러난다.

황석영의 〈삼포 가는 길〉은 달리 설명이 필요 없을 것이다. 바람기가 있지만 정이 깊은 노동자, 겉은 거칠지만 속은 비단결 같은 창녀, 고향을 찾아가는 출옥수, 이 셋이 동행하면서 얽혀 가는 여로가 낭만적이고 뭉클한 감동을 준다. 그리고 고향 상실의 아픔까지. 역시 교과서에 수록된 일부보다 원문을 다 읽고 감상하는 것이 좋을 듯싶다.

나가는 말

내가 서두에서 주창한 소설 교육의 원칙에 동의하지 않는 분도 많을 듯싶다. 교사의 역할을 너무 축소시키는 것이 아닌가, 혹은 너무 대충 가르치는 것이 아닌가 하는 식으로 비판받을 수도 있겠다. 그러나 좋은 소설은 굳이 교사가 뜯어서 '가르치지' 않아도 아이들의 삶과 만나 충분히 흡수되리라는 믿음이 필요하다고 생각한다.

이 목록은 순전히 나 개인의 취향과 독서 체험이 반영돼 있기 때문에 부족한 것이 한두 가지가 아니다. 이 목록보다 훨씬 좋은 제재가 많을 것이다.

나는 이 자리에서 소설 교육에 관한 내 체험을 얼기설기 펼쳐 봤는데, 이렇게 복잡하지 않아도 좋으니 선생님들이 아이들과 함께 수업했을 때 좋은 반응을 얻었던 소설 작품의 목록들을 서로 공유하면 좋겠다. 개별 작품을 가르치는 미시적인 방법론을 나누는 것보다 훨씬 중요하고 의미 있는 일이라 생각한다.

새삼스럽게 강조하지만, 스무 살 이전까지 읽은 소설은 평생 간다. 그러므로 소설은 힘이 세다. 아이들에게 좋은 소설을, 있는 힘껏, 최대한 많이 읽히자.

이 좋은
영화 공부

이 편지를 강재 씨가 보게 될지 모르겠습니다.

이 편지를 보신다면 저를 봐 주러 오셨군요.

나는 죽습니다.

너무나 잠깐이었지만 강재 씨의 친절 고맙습니다.

강재 씨에 관하여 잘 알고 있습니다.

잊어버리지 않도록 보고 있는 사이에

당신을 좋아하게 됐습니다.

좋아하게 되자, 힘들게 되었습니다.

혼자라는 것이 너무나 힘들게 되었습니다. 죄송합니다.

당신은 늘 웃고 있습니다.

여기 사람들 모두 친절하지만 당신이 가장 친절합니다.

왜냐하면 나와 결혼해 주셨으니까요.

내가 죽으면 만나러 와 주시겠습니까?

만약 오신다면 부탁이 하나 있습니다.

당신의 아내로 죽는다는 것, 괜찮으시겠습니까?

응석 부려서 죄송합니다. 제 부탁은 이것뿐입니다.

당신에게 줄 수 있는 것 아무것도 없어서 죄송합니다.

세상의 어느 누구보다 사랑하는 강재 씨, 안녕.

― 영화 〈파이란〉에서 파이란이 죽기 전 강재에게 남긴 마지막 편지

좋은 영화는 문학적이다

나는 아이들과 같이 소설을 읽을 때, 영화를 볼 때가 제일 좋다. 그런데 학교 관리자들은 소설에 대해서는 별 말이 없지만 영화를 보는 것은 탐탁지 않게 여긴다. 교사가 된 첫해, 보충수업 시간에 나름 야심차게 준비한 '미야자키 하야오 컬렉션'으로 날리고 있을 무렵, 관리자들에게 호출을 당했다. "듣자 하니 보충수업 시간에 일본 만화를 보여 준다면서요?" "그거 세계 명작입니다." "다른 선생님들 백묵 가루 마셔 가며 목청 터져라 수업할 때, 비디오 틀어 놓고 놀면 되겠습니까?" "……."

이렇게 시작된 줄다리기는 학교를 옮긴 이후에도 이어져 지금껏 계속되고 있다. 그러나 나로서는 절대로 포기할 수 없는 것이 바로 이 영화 수업이다. 영화는 국어교육의 모든 영역에 걸쳐 있고, 아이들이 잘 몰입한다. 좋은 영화는 그 자체로 매우 문학적이다. 서사적 형상은 소설에 견줄 수 있고, 이미지의 운용 방식은

시에 견줄 수 있으며, 연극보다 훨씬 다채롭다. 거기에다 문자 언어로는 담아낼 수 없는 영상 언어만의 묘미가 있다. 개인적인 판단이지만, 1970~80년대 문학이 수행했던 사회적 역할을 1990년대 이후에는 영화가 하고 있는 게 아닐까 싶다.

나는 정규 수업 시간의 일부를 떼 내거나 기말고사 이후, 방과 후 보충수업, 논술반·도서반·문예반 등 여러 계기를 통해 아이들과 함께 영화를 보면서 수업을 해 왔는데, 세월이 흘러 목록이 쌓이니 상당한 분량이 된다. 그 목록을 나누고 싶다.

영화 보기 수업의 원칙과 방법

아이들의 눈높이를 끌어올려 주는 수업이 되어야 한다

아이들은 이미 영화를 많이 보고 있다. 그러나 그 영화들은 대개 흥행에 성공한 오락성 작품들이 많다. 그런 영화를 굳이 보여 줄 필요는 없을 것이다. 아이들이 잘 모르지만, 재미와 문학적 감동을 갖춘 작품을 골라 교육과정의 한 부분으로 자리를 잡아 주는 것이 필요하다. 요컨대 아이들의 눈높이를 끌어올려 주는 수업이 되어야 하는 것이다. 영화 수업은 기말고사 이후 학교가 비디오방이 될 때 시간을 때우는 수단이 아니라, 국어과 교육과정의 한 영역이 되어야 한다고 믿는다.

영화 한 편을 몇 시간 동안 나누어 봐도 좋다

영화 한 편을 다 보려면 최소 2~3차시가 소요된다. 그래서 꺼려지는 게 사실이다. 그러나 뜻밖에도 내가 수업을 해 보니 매 시간 15분씩 할애해서 6차시에 걸쳐 나누어 봐도 아이들은 줄거리를 잘 기억해 냈다. 그만큼 아이들은 영상 언어를 잘 소화해 내며, 또한 문자 언어에 이골이 나 있다는 뜻이다. 아이들이 문자 언어를 힘겨워하고 영상 매체에 손쉽게 몰입하는 것은 교육적으로도 결코 나쁜 상황이 아니다.

영화 상영 중간중간에 필요한 설명을 해 주어야 한다

아이들은 대개 영화의 줄거리는 잘 찾아내지만, 대사의 묘미, 카메라의 시선이 뜻하는 바, 특정 장면이 감추고 있는 맥락에는 둔감한 경우가 많다. 주로 액션이나 오락 영화에 익숙하기 때문이다. 더러 흐름이 끊어지더라도 필요한 대목에서는 직접 설명을 하거나, 영화를 다 본 후에 다시 되짚어 가며 설명해 주는 것이 필요하다.

반드시 학습지를 통해 내용 확인 및 분석 과정을 거쳐야 한다

영화를 같이 보는 것으로 끝내서는 안 된다. 영화 또한 소설처럼 '읽어 내는 훈련'이 필요하다. 영화를 보고 난 뒤 맥주 한잔하면서 뒤풀이하듯, 학습지를 통해 영화를 되짚어 보는 시간을 가져야 한다. 좋은 영화 한 편은 내용과 형식에 걸쳐 무수히 많은 이야깃거리를 거느리고 있기 때문이다.

| 가족의 탄생 |

1. 등장인물들을 있는 대로 써 보시오.

2. 주요 인물들의 가계도를 그려 보시오.

3. 쪼잔퀴즈

- 미라(문소리 분)는 천연 조미료와 유기농 재료로 웰빙을 추구하는 양심적인 분식집을 운영한다. (   )
    * 영화 도입부에서 홀몸으로 억척스럽게 분식집을 꾸려 나가는 문소리의 모습을 되새김하려는 장난스러운 퀴즈다.
- 형철(엄태웅 분)은 몇 년 만에 집에 돌아왔는가? (   )
    * 정답은 6년이지만, 정답 자체가 중요한 것은 아니다.
- 형철이가 만날 하는 말
    (내가 다 책임질게, 경제를 확실히 살리겠습니다, 이 선생은 내 거야)
    * 남성들이 저지르고, 여성들이 다 감당하는 영화의 주제와 나름 밀접한 관련이 있다.
- 미라가 장맛비 맞으면서 하는 행동과 그 의미는?
    (담배를 피우며 무신이 부르는 트로트 노래를 흥얼거린다)
    * 미라는 집을 떠난 동생 형철보다 잠시 함께 머물렀던 무신(고두심 분)에게 깊은 정이 들어 버렸다. 자세하게 설명하지 않으면 그냥 지나쳐 버리기 쉬운, 그러나 나름 묘미 있는 장면이다.
- 선경 엄마(김혜옥 분)가 선경(공효진 분)을 찾아온 이유는?
    (집도 절도 없어져서, 집은 있는데 절은 없어서, 얼마 남지 않은 생을 딸과 보내고 싶어서)

4. 이 영화에서 자신이 보기에 멋지거나 슬픈 장면을 몇 가지만 써 봅시다.
    (선생님의 경우 — 선경이 어머니 장례를 치르고 집을 청소하면서 햇빛이 비쳐드는 장면, 선경이 유치원 운동회에서 달리기하는 장면, 채현이가 미라네 집에 처음 와서 혼자 해 질 때까지 노는 장면, 영화 맨 마지막 부분 선경이 합창하다가 급상승하는 장면)

5. 두 가족의 이야기에서 비슷하게 반복되는 행동이나 대사는?
    (너 나한테 왜 그러는데?, 네가 어떻게 나한테 이럴 수 있어! 미라-형철, 선경-준호, 경석-채현)

6. 이 영화에서 가족의 따뜻함, 서로 다른 것들을 엮어 주는 가족 됨을 상징하는 것은?
  (뜨개질)

7. 가장 연기를 잘했다고 생각하는 배우는? 순위를 매겨 보세요.
  (선생님의 경우 — 공효진, 고두심, 엄태웅, 문소리)

8. 가족이란 대체 뭘까요? 이 영화에 대한 감상평을 간략하게 써 보세요.

가장 좋았던 아홉 편의 영화

• 이준익 감독, 〈라디오 스타〉

한때 잘나갔던 가수와 매니저가 시골에서 라디오 DJ를 하면서 인생의 새로운 경지를 발견해 나간다는 다소 통속적인 설정이다. 그런데 이 통속이 사람을 울리는 마력이 있다. 무엇보다 박중훈과 안성기의 연기가 빛나고, 음악이 좋고, 사람살이의 깊은 곳을 건드리는 진정성이 있다. 이미 많은 학생들이 봤기 때문에 수업 시간에 함께 하기에는 적당치 않은 면도 있지만, 몇 년 뒤에 이 영화를 접하지 않은 세대가 다시 중·고등학생이 될 때는 새롭게 효용 가치가 되살아날 것이다. 시골살이와 뿌리박힌 삶, 우정, 그리고 욕망의 허망함, 그리하여 삶에서 중요한 것이 무엇인지를 묻는 멋진 영화다. 그런데 뜻밖에도 몇몇 여학생들이 이 영화의 '남성 중심성' — 이를테면 '매니저인 민수(안성기 분)의 부인은 계속 두 남자를 위해 희생해야 하는가?'라는 문제 — 을 지적했고, 이를 계기로 좋은 토론이 이끌어지기도 했다.

• 김태용 감독, 〈가족의 탄생〉

　앞에서도 언급했지만, 아이들은 이 영화를 참 잘 읽어 내고 재밌어한다. 두 개의 이야기가 다시 세 번째 이야기로 합류하는 구조가 정연하고 깔끔하다. 개봉 당시에도 호평을 받았는데, 의외로 흥행은 하지 못했다. 이 영화는 무엇보다 '가족이란 무엇인가'에 대해 질문한다. 이 영화에 자주 등장하는 뜨개질 장면처럼, 혈연이 아니라 생활과 정으로 맺어진 관계가 곧 가족임을 웅변한다. 특히 내가 이 영화에서 감동받았던 것은 남성들이 저질러 놓은 일들을 수습하고, 버려진 것들을 보듬고 품어 주는 모성의 힘이었다.

• 송해성 감독, 〈파이란〉

　익히 알려진 수작이다. 그런데 의외로 이 영화를 못 본 학생들이 많다. 잘 알려져 있다시피 막장 인생을 살아가는 삼류 건달이 한 번도 느껴 보지 못한 부인의 사랑에 닿게 되면서 새롭게 거듭나는 이야기다. 물론 끝내 파멸하고 말지만……. 이 작품에는 '고전'에서만 만날 수 있는 고급스런 감동이 있다. 영화는 내내 흥미롭게 전개되고, 무엇보다 최민식의 연기가 빛난다. 영화를 다 보고 난 뒤 아이들과 '사랑'이나 '구원'과 같은 어려운 주제에 대해 의외로 깊은 대화를 나눌 수 있다.

• 케빈 코스트너 감독, 〈늑대와 춤을〉

　20여 년 전 크게 히트했고, 이제는 고전의 반열에 오른 작품이다. 19세기 말, 남북전쟁 당시 전쟁에 염증을 느낀 북군 장교 존 덴버(케빈 코스트너 분)가 아메리카 인디언 부족과 접촉하면서 새로운 세계를 만나고, 그들과 공동운명체가 되어 가는 과정을 그린 작품이다. 광활한 미국 대륙의 아름다운 자연을 담은 웅혼한 스케일이 멋지다. 아메리카 인디언의 높은 정신세계, 평화로운 삶, 그리고 이들을 침탈함으로써 성립한 미국이라는 국가에 대해 이야기하기 좋은 작품이다. 흠이라면 수업하기에는 영화가 길다는 점(3차시 소요)이다. 영화를 다 본 뒤 아이들과 아메리카 인디언식으로 이름 짓기를 하는 것도 재미있다.

• 박광현 감독 외, 〈묻지 마 패밀리〉

〈웰컴 투 동막골〉을 만든 이른바 '장진 사단'의 작품으로 세 편의 중편 영화를 엮은 유쾌한 코미디 영화다. 특히 두 번째 편 〈내 나이키〉는 1980년대 초반을 배경으로 그 당시 도회지 학교의 풍광과 가난한 서민 가정, 거기에서 사춘기를 보내는 소년들의 성장기를 담고 있다. 누구나 그 나이 대에는 가져 봄 직한 '브랜드에 대한 집착'을 그리고 있는데, 그 집착을 풀어 가는 과정들이 내내 훈훈하고, 아이들이 몹시 재밌어한다. 30분가량의 짧은 작품이지만, 알찬 성장 영화의 전범이라 할 만하다.

• 로베르토 베니니 감독, 〈인생은 아름다워〉

이 영화는 이미 많은 교사들이 수업 시간에 활용한 바 있다. 재미와 감동을 두루 갖추었고, 동화 같은 낭만이 가득 흐르고 있다. 차라리 꿈이었으면 좋을 엄청난 고난을 '놀이'로 꾸며 견뎌 내는 낙천성과 고귀한 희생정신이 감동의 원천이다. 아버지라는 존재, '유머'와 '희생'의 가치, 그리고 우리 세계사의 중요한 한 부분인 2차 세계대전과 유대인 학살, 파시즘의 광기를 보여 주기에도 좋은 작품이다.

• 임순례 감독 외, 〈여섯 개의 시선〉

국가인권위원회가 제작한 옴니버스식 인권 영화 시리즈 중 첫 번째 작품이다. 농담 삼아 하는 소리지만, 국가인권위가 만든 이 영화를 보면서 수십 년 만에 처음으로 '납세의 보람'을 느꼈다. 이미 많은 교사들이 수업 시간에 활용한 것으로 알고 있다. 각각 다른 시선으로 인권 문제를 바라보는 여섯 편의 단편 영화가 담겨 있다. 수업 시간에 활용했을 때 반응이 좋았던 것은 실업계 여학생들의 외모와 몸에 대한 강박을 다룬 〈그녀의 무게〉(임순례 감독), 장애인들의 일상에 걸쳐 있는 다양한 굴레들과 그들의 솔직한 욕망, 몸부림을 실감 나게 그린 〈대륙횡단〉(여균동 감독), 영어 발음을 위해 어린아이의 혀를 찢는 수술을 극사실적으로 그려 낸 〈신비한 영어나라〉(박진표 감독), 그리고 네팔의 이주노동자 찬드라 구룽이 정신병자로 오인받아 6년여 동안 갇혀 있었던 어처구니없는 실화를 다룬 〈믿거나 말거나, 찬드라의 경우〉(박찬욱 감독) 등이다.

넓은 의미에서 '인권'을 다루고 있지만, 전혀 계몽적으로 다가가지 않고 설득력 있게, 그리고 예술적으로 형상화하고 있어 매우 좋은 수업 제재가 되었다. 아직 소장하지 않은 분들에게는 DVD 타이틀 구입을 적극 권한다.

• 유진희 감독 외, 〈별별 이야기〉

국가인권위에서 제작한 애니메이션으로, 여섯 편의 작품이 옴니버스식으로 구성되어 있다. 이 중에서 지체 장애인 소녀의 일상을 담은 〈낮잠〉(유진희 감독), 우리 안의 순혈주의와 차이에 대한 폭력적인 대응을 우화 형식으로 유쾌하게 담은 〈동물농장〉(권오성 감독), 여성이 가사노동을 전적으로 전담하는 폭력적인 메커니즘을 그린 〈그 여자네 집〉(5인 프로젝트팀)이 좋은 반응을 얻었다. 이 세 작품들이 수준 높은 서정성으로 인해 오히려 호소력이 반감되는 면이 없지 않았다면, 박재동 감독이 제작한 〈사람이 되어라〉는 교육 현실에 대한 풍자의 유쾌함과 신랄함으로 아이들로부터 열광적인 반응을 얻었다. 역시 DVD 타이틀 구입을 적극 권한다.

• MBC 2004년 신년 다큐멘터리 〈꿈〉 1, 2부

이미 〈'나'를 찾아가는 국어 수업〉에서 소개한 바 있다. 2004년 1월 1일 텔레비전에서 이 다큐멘터리를 보고 곧장 MBC 프로덕션에 전화해서 비디오테이프를 구입했고, 가르치는 학년마다 한 번씩은 꼭 수업 교재로 쓰고 있다. 제재 자체가 워낙 탁월하다. 이 비디오를 보는 것만으로도 매우 좋은 수업이 된다. 그리고 좋은 글쓰기로 이어질 수 있다.

쉽고 흥미로워서 누구나 잘 따라오는 영화

• 장선우 감독, 〈소나기〉

MBC 베스트극장에서 방영된 것을 MBC 프로덕션에 문의해 비디오테이프를 샀다. 황순원 원작 〈소나기〉를 영화감독 장선우가 각색한 것인데, 시골 자연의 영상미가 참 아름답고 원작의 감동

을 별로 훼손하지 않은 점을 높이 살 만하다. 아이들이 재미있게 잘 보았다.

• 미야자키 하야오 감독, 〈모노노케 히메〉, 〈바람계곡의 나우시카〉

미야자키 하야오 감독의 작품은 대체로 수업 시간에 활용하기 좋다. 많은 교사들이 활용해 봤을 것이다. 특히 〈붉은 돼지〉, 〈바람계곡의 나우시카〉, 〈모노노케 히메〉, 〈센과 치히로의 행방불명〉 등이 그렇다. 그러나 이제는 이 작품들을 아이들도 웬만큼 봤기 때문에 수업 시간에 활용하기에는 적당치 않은 면이 있다. 대신 영화를 읽고 분석하는 수업으로 적절할 것 같다. 〈모노노케 히메〉와 〈바람계곡의 나우시카〉는 인간의 죄악, 세상의 미래 등을 말할 때 좋은 수업 제재가 되어 주었다.

• 자파르 파나히 감독, 〈하얀 풍선〉

어린아이가 주인공인 영화들은 대체로 그 나름의 감동과 깊이를 갖춘 경우가 많다. 〈내 친구의 집은 어디인가〉를 만든 이란의 감독 압바스 키아로스타미가 각본을 쓰고 그의 제자 자파르 파나히가 연출한 작품이다. 금붕어를 사기 위한 어린 소녀의 집념과 깜찍한 연기가 아이들을 사로잡는다. 그 과정에서 생긴 여러 우연들, 남매를 도와주는 풍선팔이 소년의 아름다운 동심, 그리고 마지막 부분의 반전이 깊은 슬픔을 자아낸다.

• 구스 반 산트 감독, 〈굿 윌 헌팅〉

MIT에서 청소 일을 하면서 밑바닥 친구들과 어울리는 천재 수학자, 알고 봤더니 그에게는 아버지로 인한 끔찍한 유년의 상처가 있다. 그의 천재적인 재능을 이용하는 일에 혈안이 된 자가 있고, 그의 상처를 치유해 주면서 바른 인생의 길로 이끌어 주는 사려 깊은 심리학자가 있다. 주인공 윌(맷 데이먼 분)의 멋진 대사들은 인생의 잠언처럼 와 닿는다.

윌의 천재성, 밑바닥 친구들과의 우정 같은 다소 통속적인 설정은 이 영화가 지닌 나름대로의 깊은 성찰적인 요소를 이끌어 내기 위한 당의糖衣가 아닐까 싶다. 모든 아이들이 흥미롭게 잘 보았다.

- 우인태 감독, 〈무인 곽원갑〉

아이들이 워낙 권하기에 져 주는 기분으로 같이 보았는데, 무협 영화에 대한 흥미를 거의 잃어버린 내가 뜻밖에 신선한 감동을 받았다. 일제 침략기의 중국 톈진에서, 오로지 가문의 영광을 위해 최고가 되겠다는 욕망만으로 살아오던 무인 곽원갑(이연걸 분)이 끝내 자신의 방자함으로 가장 소중한 것(가족)을 잃어버린다. 곽원갑은 남쪽을 방랑하다 자살 직전에서 구해지는데, 그를 구해 준 이들은 자연과 하나가 되어 살아가는 농민들이었다. 마치 아메리카 인디언을 보듯 그들의 평화롭고 높은 정신세계가 인상적이다. 거기서 상처를 치유하고 다시 원래의 자리로 돌아온 곽원갑은 이제 정신적으로 완전히 거듭난 무술인이 되어 제국 열강에서 온 무술인들과의 쟁투 속에서 진정한 무술인의 혼을 보여 주며 아름답게 죽어 간다.

서구 열강과 일본에 겪은 치욕을 이 영화를 통해 정신적으로 넘어서 보려는 '중화적인 욕구'가 엿보이기도 했다. 이연걸의 화려한 무술 액션도 멋지지만, 비교적 단순한 도식으로 '승리와 패배', '화해와 용서', 그리고 '진정한 힘'에 대해 말하기 좋은 영화이다.

조금 어렵지만 아이들이 그럭저럭 소화해 내는 영화

• 찰리 채플린 감독, 〈모던 타임즈〉

산업기술문명의 인간소외와 대공황 직전의 사회 분위기가 채플린의 아이 같은 시선으로 그려진다. 특히 정신없이 돌아가는 기계 속에서 소외되는 인간의 모습을 멋지게 풍자한 전반부의 공장 장면이 인상적이다. 1930년대 작품이라고는 믿을 수 없을 만큼 장면들이 촘촘하게 잘 구성되어 있고, 찰리 채플린의 연기가 뛰어나다.

• 이창동 감독, 〈박하사탕〉

몇 번 등장하는 야한 장면 때문에 시끄러운 일을 겪기도 했다. '광주사태'가 한 개인의 삶에 남긴 상흔, 그리고 우리 사회가 지난 30여 년간 정신적으로 타락해 온 과정을 잘 그려 낸다. 우리 사회가 왜 이렇게 폭력적인지, 왜 이렇게 천박한 사회로 변해 왔는지에 대해 설명하기에 적합한 영화다. 〈화려한 휴가〉나 강풀의 《26년》을 아이들이 많이 보았기 때문에 낯설어하지 않을 것이다. 좀 어렵지만, 아이들은 잘 몰입한다.

• 압바스 키아로스타미 감독, 〈내 친구의 집은 어디인가〉

이란의 거장 압바스 키아로스타미 감독의 대표작. 남학생들은 따라오기 힘들어하지만 여학생들은 잘 견뎌 주었다. 영상 언어가 매우 시적인 아우라를 거느릴 수 있다는 것을 잘 보여 준다. 그리고 마지막 대목에서 깊은 감동이 밀려온다. 수업 시간에 같이 보았을 때 많은 아이들이 잠들어(!) 버리기도 했지만 동심과 우정의 가치를 이야기하기에 이만한 영화도 드물다.

• 임순례 감독, 〈세 친구〉

고등학교를 졸업하고 대학에 진학하지 못한 세 친구가 사회 속에서 망가져 가는 과정을 그린 영화다. 〈우리 생애 최고의 순간〉을 연출한 임순례 감독의 장편 데뷔작. 반항적이지만 모성에 대한 그리움을 간직한, 군대에서 귀가 멀어 돌아온 '태무', 참전 용사에 주정뱅이인 아버지로부터 끊임없이 상처를 받는 여성스러운 '섬세', 그리고 먹는 것으로 모든 스트레스를 푸는 '겹살'이가 스무 살 초입에 겪는 폭력과 상처를 그리고 있다. 우리 사회의 남성성과 그 산실인 군대에 대한 비판이 신랄하다. 이런 영화들을 아이들과 함께 꼭 봐야 한다고 생각한다. 성공한 삶에 대한 백치 같은 찬양만이 횡행하는 우리 사회에서는 더더욱 말이다. 낙오한 인생에 대한 감독의 따뜻한 시선이 돋보인다.

• 신재국 감독 외, KBS 〈차마고도〉 1편 '마지막 마방', 2편 '순례의 길'

2008년 이 다큐멘터리를 수업 시간 짬짬이 틀어 주었다. 애초에는 베이징 올림픽을 앞두고 한창 진행된 티베트 유혈 사태 때문이었는데, 이제는 다른 이유로 보여 주게 될 것 같다. 이 다큐멘터리는 우리나라 다큐멘터리의 한 정점이라 해도 될 것 같다. 여기서 다루는 티베트, 중국 북서부 변방 민족들의 삶이 너무나 평화롭고 아름답다. 1편 '마지막 마방'에서는 극한의 위험 속에서도 몇 달을 걸어 장삿길에 나서는 '마방'의 삶을 보여 준다. 거기에 비친 자연이 참으로 아름답다. 2편 '순례의 길'은 중국 쓰촨성에서 티베트 포탈라궁까지 오체투지로 순례하는 네 사람의 이야기다. 아이들은 처음에는 왜 저런 어이없는(?) 행동을 할까 하는 질문을 던지다가도 끝내 진정한 종교의 모습과 구도자의 삶에 대한 낯선 충격과 감동을 느끼게 된다.

• 월터 셀러스 감독, 〈모터사이클 다이어리〉

조금 진지한 독서를 하는 학생들은 대부분 남미의 혁명가 체 게바라에 대해 알고 있다. 〈모터사이클 다이어리〉는 같은 제목의 책으로도 이미 출간돼 있다. 아르헨티나의 의대 졸업반인 체 게바라가 형뻘 되는 친구와 함께 감행한 남미대륙 여행기다. 거기서 그는 새로운 세상을 만난다. 가난과 질병, 제국주의의 수탈로 신음하는 민중들과 그들의 인정에 감동하면서 조금씩 혁명가로 변해 가게 되는 것이다. 발작적으로 터져 나오는 천식 속에 아마존을 헤엄쳐 가는 마지막 부분은 체 게바라라는 아름다운 영혼의 한 편린을 맛보게 되는 감동적인 장면이다.

• 박찬욱 감독, 〈올드보이〉

고교 시절, 남매의 성애 장면을 우연히 목격하고 이를 발설한 한 사내(최민식 분)가 그로 인해 정신적 파멸(누이의 죽음)을 겪은 남동생(유지태 분)으로부터 끔찍한 복수를 당하는 과정을 그리고 있다. 앞서 〈'나'를 찾아가는 글쓰기〉에서도 언급했지만 근친상간 모티프를 담고 있기 때문에 수업 시간에 같이 보지는 못하고 줄

거리만으로 수업했다. 흥미로운 줄거리에 아이들이 잘 빨려든다. 인간의 '자기애'에 대해 이야기할 때 좋은 소재가 된다.

논술 수업 시간이나 문예 동아리에서 활용하면 좋은 영화

- 프레데릭 백 감독, 〈나무를 심은 사람〉

설명이 필요 없는 애니메이션의 고전. 개인적으로 내 삶의 방향에 큰 영향을 준 작품이기도 하다. 아이작 부피에라는 한 노인이 수십 년 동안 매일처럼 헐벗은 산야에 나무를 심었다. 그로 인해 조금씩 숲이 살아나면서 헐벗은 인심들이 회복되고 끝내 그 일대가 낙토로 변하는 기적이 만들어진다. 그러나 아이들은 이 영화가 담고 있는 깊은 메시지에 대해 잘 공감하지 못했던 것도 사실이다. 선명한 그림에 익숙한 아이들에게는 이 영화의 파스텔톤 그림들이 낯설었기 때문인 듯도 하다.

- 김동원 감독, 〈송환〉

주로 고3 아이들과 수능이 끝난 뒤에 보았다. 최소 30년에서 많게는 45년씩 사상전향을 거부했다는 이유로 옥살이를 해야 했던 비전향장기수 노인들이 북으로 송환될 때까지의 삶을 다룬 다큐멘터리다. 아이들이 지루해할 줄 알았는데 중간중간 설명도 해 주고 쉬는 시간도 줘 가면서 영화를 보니 그런대로 잘 따라왔다. 한 개인의 사상적 '양심'이라는 것, 그리고 이를 한껏 유린한 한국 현대사의 야만과 폭력에 대해, 그리고 이것을 견디고 끝내 이겨낸 '인간의 위엄'에 대해 말할 때 이만한 영화도 없다.

• 피터 위어 감독, 〈트루먼 쇼〉

알고 봤더니 우리 사는 이 세상이 다른 세계로 중계되는 하나의 '쇼'라면? 현대 사회에서 미디어가 대중을 감시하고 지배하는 '빅 브라더' 현상을 뛰어난 발상으로 잡아낸 영화다. 태어날 때부터 지금까지 거대한 인공 스튜디오인 '시 헤븐$^{Sea\ Heaven}$'에 갇혀 수천 대의 카메라에 의해 자신의 일거수일투족이 모조리 중계되는 트루먼 버뱅크(짐 캐리 분). 그가 쓰는 모든 물건은 텔레비전 광고가 되며, 그의 사랑도 결혼도 모두 설정된 게임이다. 결국 그는 이 모든 음모를 눈치 채고 끝내 '시 헤븐' 바깥으로 탈주한다.

미리 준비된 학습지를 배부하고 같이 영화를 본 아이들과 함께 영화를 뜯어 읽는 재미가 쏠쏠해서 매체 읽기의 자료로도 우수하다.

• 김명준 감독, 〈우리학교〉

일본 사회에서 아웃사이더로 살아가는 홋카이도의 재일조선인 학교를 다룬 다큐멘터리다. 고3 아이들과 함께 봤는데, 중간에 잠시 지루해하기도 했지만, 북한 수학여행 장면부터 마지막 졸업식 장면까지 잘 몰입했다. 특히 일본 학교와의 축구 경기에서 지고 나서 모두가 눈물을 흘리는 장면이나, 마지막 졸업식 장면은 감동의 도가니였다.

한 사회에서 아웃사이더로 살아간다는 것이 어떤 것인지, 한 사람의 삶에서 자기 정체성이란 무엇인지, 그리고 진정한 학교교육의 모습은 어떠해야 하며, 교사는 어떻게 살아야 하는지, 참 많은 것들을 이야기할 수 있는 작품이다. 몇몇 아이들은 〈우리학교〉의 팬이 되기도 했다.

• 고레에다 히로카즈 감독, 〈아무도 모른다〉

일본 작품으로 2004년 칸 영화제에서 남우주연상을 받았다. 어른들의 불장난으로 태어난 네 남매는 어머니는 같지만 아버지는 다 다르다. 이들은 좁디좁은 집에서 외출마저 못한 채 갇혀 사는데, 이들을 남겨 두고 어머니는 다른 남자와 함께 집을 나가 버린다. 결국 이들 넷은 큰오빠를 중심으로 집 나간 엄마를 기다리면서 애써 살지만, 조금씩 거지꼴이 되어 가고 결국 막내가 영양실조로 죽는다. 일본에서 실제 있었던 일을 소재로 했다고 한다. 공선옥 소설집 《내 생의 알리바이》에 실린 단편 〈그것은 인생〉과 함께 읽어도 좋다. 글쓰기반이나 논술반 등에서 영화에 대한 안목을 가진 학생들과 감상하면 좋은 반응이 나온다.

• 구로사와 아키라 감독, 〈이키루〉

일본이 낳은 세계적인 거장 구로사와 아키라 감독의 1952년 작품이다. 인터넷 서점에서 '구로사와 아키라 컬렉션'을 검색하면 싼 값에 구할 수 있는데, 〈이키루〉도 거기에 실려 있다.

암에 걸려 시한부 인생을 선고받은 한 늙은 공무원이 조직 사회에서 그동안 아무런 인간적인 생기 없이 마치 '시체'처럼 살아온 자신의 인생을 돌이켜 보면서 인생의 허망함에 몸부림치고 방황한다. 그는 결국 죽기 전에 마지막으로 보람 있는 일을 하려고 마음먹는다. 그것은 가난한 동네 주민들의 민원인 놀이터를 해결해 주는 일인데, 야쿠자까지 동원되는 온갖 방해를 뚫고 혼신의 힘을 다해 그 일을 마치고는 놀이터 그네에 앉아 천천히 죽어 간다. 산다는 것이 무엇인지, 죽는다는 것이 무엇인지를 생각하게 한다. 참 좋은 영화이고, 비슷하게 시한부 인생을 소재로 했지만 상큼한 로맨스에 기우는 〈8월의 크리스마스〉보다 훨씬 웅숭깊은 맛이 있다.

• 크리스티안 문주 감독, 〈4개월, 3주... 그리고 2일〉

　루마니아의 크리스티안 문주 감독 작품이다. 차우셰스쿠의 철권통치 시절 '인구가 국력'이라는 슬로건 아래 낙태를 철저히 금지하는 가운데 비밀리에 낙태 수술을 받는 두 여대생의 이야기를 그리고 있다. 무엇보다 전체주의 사회가 얼마나 끔찍한 것인지를 생생하게 그려 낸다. 영화의 시선이 내내 우울하고 차갑기 때문에 논술반이나 문예반 등 이런 영화를 어느 정도 견딜 수 있는 학생들과 보는 것이 좋다.

• 켄 로치 감독, 〈보리밭을 흔드는 바람〉

　EBS 〈지식채널e〉 중에 '대니 보이' 편은 우리 귀에 익숙한 아일랜드 민요인 〈Danny Boy〉를 통해 아일랜드가 잉글랜드로부터 당했던 수백 년의 피어린 식민 경험과 저항의 역사를 그리고 있다. 아이들이 '대니 보이'에 감동을 받기에 이 영화를 소개해 주었다. 컴퓨터에 담긴 파일을 공유하는 방식으로 소개했는데, 제법 전파가 되었다.

　'아일랜드 해방 기구IRA'에 속한 두 형제가 영국의 식민 통치에 저항하는 과정에서 오히려 적이 되어 가는 엇갈린 운명을 다루고 있다. 영상미도 뛰어나고 식민 통치의 잔학성도 충분히 고발되고 있다. 그리고 무엇보다 '역사적 삶'와 '개인'의 관계를 끈질기게 질문한다.

　인터넷 유튜브에서 검색되는 아일랜드 출신 록그룹 U2의

⟨Sunday Bloody Sunday⟩(영국군의 아일랜드인 학살을 고발한 노래) 동영상과 ⟨지식채널e⟩의 '대니 보이' 편과 더불어 감상하면 도입부로서 훌륭하다.

• 장예모 감독, ⟨인생⟩

⟨인생⟩이라는 멋진 영화를 만든 장예모 감독이 어떻게 베이징 올림픽 개막식 같은 끔찍한 축제를 연출하게 됐는지 지금도 이해가 잘 안 된다.

일제 말기, 아무 생각 없이 노름과 아편에 몰두하던 부귀(갈우분)는 줄지에 알거지가 되어 가족을 잃고 버림받는다. 다시 정신을 차린 그는 그림자극을 하며 겨우 먹고사는데, 국공내전 속에 희한하게 운명이 엇갈리고 겨우 정착해서 가족들과 행복하게 살 무렵, 이제는 다시 문화혁명으로 아들을 잃는다. ⟨보리밭을 흔드는 바람⟩이 지식분자의 역사적 삶을 그렸다면, ⟨인생⟩은 평범한 민초가 거대한 역사의 격랑에 휘청이는 모습을 슬프게 그린다. 문예반 학생들과 감상했는데 토론도 잘되었고, 좋은 반응을 얻었다.

• 구로사와 아키라 감독, ⟨라쇼몽⟩

논술 수업할 때 자주 언급되는 '진리의 절대성과 상대성', '인간의 이기심' 등을 잘 다루고 있다. 일본 헤이안 시대, 숲속에서 유명한 산적이 사무라이를 살해하는 사건이 벌어진다. 그 사건을 두고 산적, 죽은 사무라이의 영매, 사무라이의 여인, 목격자 나무꾼들의 진술이 엇갈린다. 이 과정을 통해 결국 '진실'이란 존재하는지에 대한 커다란 의문부호가 던져진다. 역시 인터넷 서점에서

'구로사와 아키라 컬렉션'을 검색하면 구할 수 있다.

나가는 말

이 영화 목록들은 앞 글에서 소개한 소설 목록들과 마찬가지로 철저하게 내 취향과 관심이 반영돼 있다. 아마도 이보다 훨씬 훌륭한 영화 목록들과 수업 사례가 얼마든지 있을 것이다.

오랫동안 내가 아이들과 함께 영화 보기 수업을 하면서 얻은 결론은 "내가 느낀 감동은 아이들에게도 통했다"는 사실이다.

영화는 인간이 지난 수천 년 동안 쌓아 올린 서사적 역량, 이미지에 대한 감각, 그리고 영상 테크놀로지가 결합된 예술이다. 그 속에는 시와 소설, 연극적 요소가 모두 녹아 있다.

나는 국어 교사가 문학 수업의 제재로 시와 소설만을 고집할 이유가 없다고 본다. 내가 보기에 1990년대 이후의 우리 문단에서 생산된 작품 중에 앞에서 언급한 영화들을 뛰어넘는 작품은 그다지 많지 않다. 이제 영화도 시와 소설만큼의 비중으로 가르쳐야 할 때가 되었다. 이것은 이미 많은 국어 교사들이 느끼고 있는 바이기도 하다.

이제 집안 책장에 고이 모셔 놓은 비디오테이프, CD, DVD, 그리고 개인 컴퓨터에 소장된 영화 파일들을 학교로 옮겨 보자. 그리고 일 년에 서너 편 이상, 교사들이 감동적으로 보았던 영화들을 수업 진도 속에 배치해 보자. 아이들은 영화를 통해 무수히 배우고 크게 성장한다.

아이들에게 '세상의 모습'을
어떻게 가르칠 것인가

가르치는 것은 고백하는 것이다

　교사는 자신이 알고 있는 '현실'을 가르쳐야 할 의무가 있다. 국어 교사는 자신이 가르치는 말과 글 속에 틈입해 있는 현실의 실체를 궁구하고, 이를 아이들에게 가르치는 일을 게을리하지 말아야 한다. 이것이 교단에 교수-학습 기계(로봇)를 세우지 않고 사람을 세운 이유다.

　그러나 이런 일들을 향한 수고로움을 감내하는 정신들이 갈수록 지쳐 감을 느끼게 된다. 이러한 안일과 무기력은 우리 교육 현장에서 좀처럼 치유되지 않는 낡은 악폐들의 견고함에, 그리고 점점 파국을 향해 가는 세상의 어두움에 정확히 조응한다.

'현실'을 가르치는 교사가 감당해야 할 것들은 한두 가지가 아니지만 반대로 교수-학습 기계로 살아가는 길은 쉽고 안전하다. 연구공간 '수유+너머'의 고병권 선생 강의를 들으며 크게 깨달은 것이 있다. '교수^{敎授}하다'라는 말의 라틴어 어원에는 '고백하다'라는 뜻이 담겨 있다는 것이다. 지금껏 나는 내가 긴급하다고 생각하는 세상의 문제들과, 그 나이 대의 아이들이 반드시 알아야 한다고 생각하는 세상의 모습을 가르치기 위해 최선을 다했다. 돌이켜 보면 그것은 내가 살아오면서 얻은 세상에 대한 문제의식이자 결론이었고, 그것을 가르친 것은 아이들 앞에서 내 삶을 고백한 행위였던 것이다. 무엇보다도 그것은 교사로서 나를 살아있게 했다. 그리고 아이들과 함께 이것들을 나눌 때 아이들에게서 조금씩 번져 가는 변화의 느낌들이 이 모든 수고로움을 견뎌 내게 했다.

여기서는 그동안 내가 '세상의 모습'을 가르친 이력들을 펼쳐 놓고자 한다.

여행 : 직접 보고 겪은 세상의 모습 나누기

지난 2008년 여름 비정규직 문제가 크게 쟁점이 될 무렵, 나는 《녹색평론》이라는 잡지에 기고할 르포를 쓰기 위해 비정규직 노동자들의 농성장(기륭전자, KTX 여승무원, 코스콤, 이랜드, GM대우)을 다녀온 적이 있다. 그리고 나서 수업 시간 짬짬이 거기서 듣고 배운 이야기들을 풀어 놓았다. 이야기 끝에 직접 녹음해 온 그분들의 목소리(KTX 여승무원 한 분이 고등학생에게 하고픈 이야기)를 들려

미국에서 찍어 온 사진들로 진행한 수업

이것은 미국의 평범한 중산층인 누님 댁 내부이다. 아이들은 부럽다는 탄성을 터뜨리지만, 적은 돈(전체 주택 가격의 1/5 수준)만 내면 먼저 이런 집을 안겨 주고 매달 꼬박꼬박 받아 가는 집세(대출금)로 '파생 금융 상품'을 만들어 돈놀이하면서 생긴 것이 바로 서브 프라임 모기지론 사태라는 설명을 하면 분위기는 조금 진정된다. 무엇보다 이런 풍요의 대가가 몹시 혹독하다는 것, 분리수거도 일절 없고, 1회용품으로 쓰고 버리는 것이 넘쳐 나며, 24시간 내내 에어컨이 돌아가는 등 에너지를 엄청 낭비하는 사회 풍조에 대해서도 설명해 준다.

요세미티 국립공원에서 찍은 한 장면이다. 이 풍요롭고 아름다운 자연은 미국의 대단한 자산이다.
그러나 이 천혜의 땅은 실상 아메리카 인디언들을 내쫓은 뒤에 얻은 것이라는 사실도 분명히 알고 있어야 한다.
그렇지만 온 휴양지를 돌아다녀도 쓰레기를 발견할 수 없고, 우리처럼 함부로 파헤치거나 훼손한 흔적도 없다. 자연을 보존하고 아끼는 문화, 시민의식, 이런 것만큼은 많이 배워야 할 것이라는 설명을 해 준다.

어느 패스트푸드 가게 유리창을 찍은 사진이다. 웨이터에게 물어본 바로는 중간에 나 있는 점은 총탄 자국이라고 한다. 고등학생도 총기와 실탄을 손쉽게 구할 수 있는 미국의 총기 문화에 대해 설명해 준다.

'레이크 타호'라는 휴양지의 호텔 지하 카지노에서 찍은 사진이다. 평일인데도 운동장보다 넓은 카지노에 사람이 득실거린다. 하룻밤에 몇만 달러를 날리고 권총 자살하는 이들도 적지 않다고 한다. 풍요롭지만 권태로운 사회, 개인으로 조각난 인간관계에서 생겨나는 외로움, 그리고 넘쳐나는 물신의 욕망으로 결국 빠져들게 되는 도박 문화에 대해 설명해 주었다.

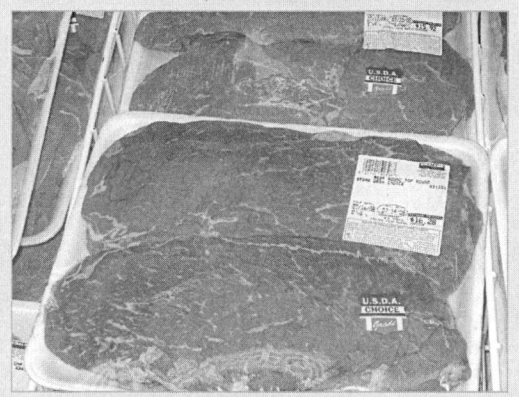

마트에서 파는 스테이크용 쇠고기 사진이다. 초이스 등급의 송아지 고기지만, 값이 한우에 비하자면 상상할 수 없을 정도로 싸다. 이것은 또한 '공장식 축산' 때문에 가능하다는 설명도 잊지 않는다.

샌프란시스코의 한 카페에서 찍은 사진이다. 미국에서 깜짝 놀랐던 것은 초고도비만자를 어디서나 쉽게 만날 수 있다는 점이었다. 그들의 식습관, 생활 문화의 당연한 귀결이기도 하지만, 이 비만이 또한 풍요와 안락의 한 그늘이라는 점을 설명한다.

주기도 했다. "사회생활은 생각보다 무섭고 어렵다. 대학 졸업하고 KTX에 입사할 때는 자랑스럽기도 했고, 꿈도 많았다. 어차피 사회에 나오면 겪게 될 문제들이기에 너무 큰 걱정을 할 필요는 없다. 한창 꿈꿀 나이인데, 그 꿈을 꺾게 하고 싶지도 않다. 그렇다고 이 문제들을 외면해서는 안 된다." 그때, 찬물을 끼얹은 듯한 침묵을 잊을 수 없다. 이런 방식이 온당한 것인지에 대한 생각은 교사마다 다를 수 있다. 그러나 나는 이것이 '산교육'이라 생각한다.

새만금 갯벌이 막힐 무렵, 내가 직접 가서 찍어 온 사진들을 보여 주었을 때 아이들은 이 문제를 더 가까이 느낄 수 있었다. 작년에 미국의 누님 댁을 방문하고 온 뒤, 미국에서 찍어 온 사진들을 나름의 주제를 잡아 편집하여 한 시간 동안 수업을 진행한 적도 있다. 아이들은 몹시 흥미롭게 들었고, '유익한' 시간이었다고 평가해 주었다.

이처럼 책이나 매체를 통해 간접 체험한 것이 아니라, 교사가 직접 다리품을 팔아 얻은 견문들을 직접 아이들과 나누는 것은 더할 수 없이 좋은 세상 공부가 된다. 아이들 또한 어느 수업보다 높은 집중도를 보여 준다.

인권 : '괴물'이 되지 않기 위해 알고 있어야 할 것들

교무실에서 교사로부터 모욕적인 체벌을 받고 있는 아이를 보며 어떤 생각을 했는가. 아침마다 휴대폰을 수거하는 일에 대해 아이들과 토론해 본 적이 있는가. 마석 가구공단에서 이주노동자를 '단속'하기 위해 법무부 직원들과 경찰이 총으로 그물을 쏘아

'포획'했다는 사실을 들어 본 적이 있는가. 네팔의 이주노동자 찬드라 구룽이 분식집에서 라면 값을 내지 못했다는 이유로 파출소에 끌려간 뒤, 정신병자로 오인되어 6년 4개월 동안 정신병원에 감금돼 있었다는 사실을 알고 있는가. '동성애' 하면 대번에 변태, 에이즈라는 단어만이 떠오르는가. 그렇다면 열댓 명 중 한 명은 이성보다 동성에게 사랑을 느낀다는 사실에 대해서는 어떻게 생각하는가. 새 학년, 당신의 학급에 피부색이 다른 아이가 편성된다면 어떤 기분이 들겠는가.

나는 인권 담론이 급진적인 것이라고 생각하지 않는다. 그러나 당연하고 상식적인 것을 실천하면 반드시 누군가와 부딪치게 된다. 나는 내가 가르치는 아이들을 '좌파'로 길러 내고 싶다는 생각은 꿈에도 해 본 적 없다. 다만, 상식을 갖춘 '사람'으로 자라나 주기를, 아니 그저 '괴물'이 되지 않기를 바랄 뿐이다. 인권 교육은 교사인 나와 아이들이 그저 '괴물'이 되지 않기 위해 반드시 알고 있어야 할 극히 상식적인 가치들을 내면화하는 과정일 뿐이다.

| 교사를 위한 안내서 |

• 배경내, 《인권은 교문 앞에서 멈춘다》

인권교육센터 '들'의 상임활동가이자 청소년인권운동네트워크의 일꾼으로 청소년인권 문제의 가장 첨예한 곳에서 활동하는 배경내 선생은 교사들이 몹시 고마워해야 할 분이라고 생각한다. 이분이 청소년들을 실제로 인터뷰하고 여러 사례들을 분석해서 펴낸 《인권은 교문 앞에서 멈춘다》는 청소년인권 문제에 관한 생생한 문화인류학적 보고서다. 교사들은 항상 "학생인권도 좋지만 교권도 지켜 달라"고 들먹이지만, 우리는 이 제도 속에서 가해자임을 인정해야 한다고 나는 생각한다. 그 사실을 아프게 가르쳐 주는 책이다.

• 마셜 B. 로젠버그, 《비폭력 대화》

이미 많은 교사들에게 알려져 있는 책이다. 'NVC$^{Nonviolent\ Communication}$'라고 불리는 비폭력대화 기법을 연구하고 보급해 온 상담심리 전문가의 책이다. 이 책이 가르쳐 주는 아이들과의 우정 어린 대화 기법, 긍정적이고 따뜻한 소통의 기술들은 결국 '사랑과 믿음'만이 교육을 가능케 한다는 진리를 확인시켜 준다.

• 인권교육센터 '들', 《인권교육, 날다》

인권교육센터 '들'에서 펴낸 인권교육 지침서다. 참으로 역작이라 하지 않을 수 없다. 인권과 교육이 만나는 거의 모든 영역 — '나'라는 존재의 가치부터 주거, 여성, 장애인, 노동과 생태 환경, 평화 문제에 이르기까지 — 을 망라하여 엮어 놓은 이야기들과 이를 아이들과 직접 나눌 수 있도록 구성한 자료들을 훑어보다 보면, 사람이 사람답게 살아가지 못하도록 만드는 이 세상의 짙은 어두움에 대해 생각하게 된다.

| 아이들과 함께하는 자료 |

• 인권운동사랑방, 《뚝딱뚝딱 인권 짓기》 / 박재동 외, 《십시일반》 / 손문상 외, 《사이시옷》

이 세 권은 어떤 해에는 필독서로 모두 읽히기도 했고, 어떤 해에는 권장 도서로 지정하기도 했고, 어떤 해에는 한 학급 분량만큼 주문하여 돌려 읽히기도 했다.

어느 편이건 반응들이 아주 좋았다. 저 정도의 제재이면 굳이 강제로 읽히지 않아도 되겠다는 생각에 학급 문고로 비치해 두었는데, 다른 반에까지 퍼지면서 책이 너덜너덜해져 돌아오곤 했다. 위 세 책의 가치는 단순히 만화이기 때문에 손쉽게 잘 이해된다는 것에만 있지 않다. 감동적으로, 때로 비장하거나 때로는 아주 유쾌하게 이 모든 문제들을 풀어 나간 작가들의 역량에 감탄할 따름이다. 《뚝딱뚝딱 인권 짓기》를 기획한 활동가들과 만화 작가들의 노고에 감사할 따름이다. 위 세 책은 인권 문제에 대한 입문 역할을 하는 교재로서도 훌륭하지만, 그 자체로 좋은 교양 도서이기도 하다.

- 박영희 외, 《길에서 만난 세상》

이 책은 어느 해에는 필독서로 지정하여 지필고사에 출제하기도 했다. 국가인권위에서 펴내는 월간지 《인권》에 실린, 세 명의 작가(박영희, 오수연, 전성태)가 인권 현장을 찾아 써낸 르포들을 묶은 것이다. 다루는 주제에 비해 글이 짧은 것이 아쉽지만, 주류 매체들이 거의 다루지 않은 생존 현장 — 소록도에서부터 한국에 사는 무슬림들, 0.3평의 박스 안에서 생활하는 가판대 상인에 이르기까지 — 의 모습이 잘 찍힌 사진들과 함께 담겨 있다.

- 오진원, 〈굿바이, 메리 개리스마스〉, 《라일락 피면》

동성애 문제는 이야기하기가 쉽지 않다. 여전히 아이들에게는 도저히 있을 수 없는 금기의 영역인데, 자연스러운 인간 감정의 일부가 아닌 '변태'로 여겨지기 때문이다. 그중에서 아이들로부터 가장 좋은 공감을 이끌어 낸 것이 이 작품이다.

보린이의 아빠는 여성의 자아를 지니고 있고, 네덜란드 남자인 폴과 동거 중이다. 아빠가 아이를 갖고 싶어 술집 여종업원의 몸을 빌려 낳은 자식이 보린이다. 아빠는 동성애자 부부도 인정받는다는 네덜란드로 이민 가는 것을 꿈꾸지만, 매번 도피를 선택하는 폴의 배신으로 단란한 가족의 꿈이 깨져 버린다.

아이들은 《라일락 피면》에 실린 단편 중에서 이 작품을 가장 인상적인 작품으로 꼽았다. 이 작품이 주는 감동으로 동성애가 변태가 아닌 한 인간의 감정임을 비로소 공감하게 된다. 한때 화제가 된 영화 〈천하장사 마돈나〉에서 주인공 오동구(류덕환 분)가 어머니(이상아 분)에게 자신의 성적 정체성에 대해 눈물을 흘리며 고백하는 장면을 함께 보는 것도 좋다. 이 영화는 트랜스젠더를 다루고 있지만, 성소수자에 대한 생각을 일깨우는 데 매우 훌륭하다.

• 공선옥, 〈그것은 인생〉, 《멋진 한세상》

공선옥 소설집 《멋진 한세상》의 맨 앞에 실린 이 작품을 읽었을 때 견딜 수 없는 기분이 되고 말았다. 엄마는 가출, 아버지는 포장마차를 하다가 교통사고로 불구가 된 채 스스로 실종, 결국 영구임대주택에 부모 없이 사는 남매의 이야기다. 요금이 연체되니 가차 없이 전기와 수도가 끊어진다. 어둠과 추위에 지친 소년은 동생을 위해 무언가를 '빼앗으러' 나가고, '그것은 인생'이라고 콧노래를 흥얼거리며 위악을 키워 간다. 오빠를 기다리던 여동생은 추위에 지쳐 라이터 불을 켜다 결국 불을 내고 만다.

빈곤 문제를 이야기하기에 적절한 작품이고, 분량도 적당하다. 그러나 너무 마음이 아프다. 그것은 소설의 문학적 우수함을 반증하는 것이기도 하지만, 이런 감정을 아이들과 함께 나눌 수 있는 용기가 필요하다.

- 임순례 감독 외, 〈여섯 개의 시선〉

이 작품들은 아이들에게 좋은 변화들을 이끌어 내기도 했다. 〈대륙횡단〉을 보고 난 뒤 '장애인 이동권'을 보장하기 위한 천만 인 서명에 거의 모든 학생들이 동참했고, 이 작품을 보고 특수교육과에 가기로 결심하여 실제로 진학한 학생도 있었다.

여섯 편의 단편 영화에 대한 소개는 이 책 233쪽을 참고하기 바란다.

- 유진희 감독 외, 〈별별 이야기〉

이 책 233~234쪽의 〈별별 이야기〉 소개를 참조하기 바란다.

- 안동희 감독 외, 〈별별 이야기 2 : 여섯 빛깔 무지개〉

〈별별 이야기〉와 마찬가지로 애니메이션 작품 모음이며, 1편에 비해 다소 발랄하고 실험적인 성격의 작품이 많다. 아이들로부터 많은 공감을 얻었던 작품은 다문화 가정에서 자라난 씩씩한 소녀의 일상을 다룬 〈샤방 샤방 샤랄라〉(권미정 감독)와 동성애 청년의 고통을 담은 〈거짓말〉(박용제 감독)이었다.

▶ 그녀의 무게

미디어가 없었다면 우리는 자신의 외모에 대해 적어도 지금보다는 만족해하며 행복해했을 것이다. 그리고 지방 노폐물이나 임신선, 또는 어두운 색깔의 머리카락을 혐오스러운 것으로 여기지 않았을지도 모른다. 두꺼운 허벅지, 느슨하게 처진 가슴, 그리고 가는 머리카락은 사소한 문제에 불과했을 것이다. 미디어를 통해 아름다운 외모를 가진 인간들이 공격해 오지 않았더라면 말이다.

— 우르술라 누버(독일 사회학자)

- 이 영화는 여학생들의 외모와 관련한 여러 가지 현실을 다루고 있습니다. 기억나는 대로 써 보세요.
- 이 영화가 다루고 있는 우리나라의 외모 지상주의에 대한 자신의 생각을 써 보세요.

▶ 대륙횡단

나는 목발을 사용하기 때문에 계단을 오르내리는 일은 그야말로 쥐약이다. 지하철을 한 번 타려면 온몸에서 기운이 모두 빠져나간다. 그렇다고 버스를 탈 수 있느냐? 제자리에 서지도 않는 버스는 낑낑거리며 달려가는 날 기다려 주지도 않을 뿐더러 어찌어찌 올라탔다고 해도 자리를 잡기도 전에 출발하는 버스 안에서 나는 거의 굴러다니는 짐짝 수준이다. 어쩌다 출퇴근 시간이 되면 이리저리 사람들에게 밀려 몇 대를 놓치고 결국 눈물을 흘리며 택시를 타야 하는 일들이 많다. 내 몸이 절대로 따라 주지 못하는 현실에서 난 언제쯤 마음 놓고 외출을 할 수가 있을까?

— 어느 장애인의 수기 중에서

- 이 영화에서 장애인 김문주 씨가 처해 있는 상황에 대해 기억나는 대로 쓰고, 이 영화를 보고 느낀 점을 쓰세요.

▶ 믿거나 말거나, 찬드라의 경우

아마 찬드라 구릉이 영어를 말하는 사람이었다면 그렇게 터무니없이 정신병자 취급을 받지는 않았을 게 틀림없다. …… 야만주의는 차별을 바탕으로 출발하고, 차별은 타자를 절대적인 인격으로 이해하고 받아들이는 상상력의 결핍으로 일어난다. 그리고 이러한 상상력의 결핍은 개인적인 자질 이전에 우리 각자가 그 구성원으로 참여하고 있는 문화공동체의 성격에 결정적으로 기인한다. 영어가 아닌 다른 변방의 외국어를 하기 때문에, 행색이 초라하다는 이유 때문에 함부로 한 인간을 재단하고, 정신병원에 6년 반이나 방치해 둘 수 있다는 것은, 뒤집어서 볼 때, 멀쩡한 단일 겨레말의 존재에도 불구하고 영어공용화가 외쳐지고, 영어를 위해서라면 아이들의 혀를 수술하는 데도 망설임이 없는 사회에서만 가능한 일인지 모른다. 우리는 지금 투쟁적인 열기와 공격적인 자기주장이 넘쳐흐르는 분위기 속에서 살고 있다. 찬드라 구룽의 일화는 꼭 외국인에 국한되는 이야기라고 할 수도 없다. 찬드라 구룽은 지금 이 사회에서 천대받고 있는 모든 사회적 약자의 다른 이름일 뿐이다.

— 김종철, 〈책을 내면서〉, 《녹색평론》 65호, 2002년 7-8월

– 이 영화에서 찬드라 구룽이 한국에서 당한 것을 간단히 요약해 보세요.

▶ 동물농장

– 이 영화를 간략하게 요약하고, 동물농장이 비유하고 있는 것은 우리 사회의 어떤 모습인지 구체적으로 써 보시오.

▶ 그 여자네 집

– 자신의 집에서 어머니와 아버지의 가사 노동 분담은 어떠한지 써 보고, 이 영화에서 느낀 점을 쓰시오.

생태 : 방향 전환이 없다면

우리가 살고 있는 이 산업기술문명을 '집단 자살 체제'라고 표현하는 사람도 있다. 대부분 이런 표현에 심한 거부감을 느끼겠지만, 이 표현은 사실관계에서 그다지 틀리지 않다. 방향 전환이 없다면, 결국 우리가 누리는 이 물질문명이 결국은 '집단 자살'로

향하는 짧은 향연에 다름 아니었음이 머지않아 드러날 것이다. 중요한 것은 우리가 누리고 있는 이 물질적 삶이 절대로 지속될 수 없다는 사실이며, 이런 소비와 풍요는 지구라는 유한한 체계 속에서 절대로 보편화될 수 없다는 사실이다. 그러나 지금 우리 사회는 대개 '어떻게든 되겠지' 하는 식의 근거 없는 낙관과 '될 대로 돼라'는 식의 자포자기가 뒤섞여 있다. 한 개인은 이 거대한 흐름 앞에서 무력하지만, 그렇다고 해서 개인에게 지워진 몫의 책임이 사라지는 것은 아니다. 기성세대가 틀렸다면 자라나는 우리 아이들에게는 분명 다른 가치관을 가르쳐야 하지 않겠는가.

그동안 아이들에게 가르쳐 왔던 생태학적 주제들을 몇 개로 범주화해 보았다.

농업의 가치와 경제성장의 문제

오줌이 누고 싶어서
변소에 갔더니
해바라기가
내 자지를 볼라고 한다
나는 안 비에(보여) 줬다
— 이오덕 지도, 경북 안동 대곡분교 3년 이재흠, 1969년 10월 4일

청개구리가 나무에 앉아서 운다
내가 큰 돌로 나무를 때리니
뒷다리 두 개를 발발 떨었다
얼마나 아파서 저럴까?
나는 죄될까 봐 하늘 보고 절을 하였다.
— 이오덕 지도, 경북 안동 대곡분교 3년 백석현, 1969년 5월 3일

농업의 가치에 대해 아이들에게 이야기할 때 내가 자주 인용하는 글이다. 오줌을 누려고 바지춤을 끌렀는데 변소 위 해바라기가 제 '꼬추'를 보려는 것 같아 재빨리 해바라기를 등지는 아이, 그 아이는 해바라기를 제 '꼬추'를 보려는 동무쯤으로 여겼나 보다. 무심결에 벌인 장난 때문에 발발 떠는 개구리를 보고 불현듯 두려움을 느껴서 하늘에 대고 절을 하는 아이도 있다.

우리 사회가 겪는 이 모든 정신적 고통, 메마른 인간관계들은 '흙'과 '마을'의 삶으로부터 스스로 유폐된 것에서 출발한다. 우리 교육의 가장 큰 병폐 또한 흙에서부터 유리된 것이다. 의식 있는 교사라면 이제 농업에 대해 고민해야 한다.

| 교사를 위한 안내서 |

- 모심과살림연구소 엮음, 《땅에 뿌리박은 지혜》

농업에 대한 글을 모아 엮은 책이다. 농업 문제에 대해 솔직히 '별다른' 생각을 해 보지 못했으되, 농업의 중요성에 대해 공감하는 분이라면 공부하는 기분으로 일독할 것을 권한다. 농업의 가치, 농업과 문명, 그리고 우리 농업의 대안에 이르기까지 어렵지 않게 풀어내고 있다.

- 더글러스 러미스, 《경제성장이 안 되면 우리는 풍요롭지 못할 것인가》

개인적으로 큰 영향을 받은 책이다. 경제성장, 민주주의, 평화 등의 문제를 구어체로 쉽게, 그리고 정확하게 풀어냈다. 번역 또한 미려하여 읽고 밑줄 치며 공부하다 보면 가장 중요한 문제인 경제와 민주주의, 평화에 대한 새로운 인식을 얻을 수 있을 것이다. 새 술은 새 부대에 넣어야 한다면, 이 책은 그야말로 '새 부대'의 역할을 충분히 해낼 것이다. 독서 토론의 교재로도 훌륭하다.

• 김종철, 《간디의 물레》

10여 년 전, 진로 문제로 고민하던 복학생 시절, 특강에서 만났던 김종철 선생의 강연은 내 삶에 중요한 전환점이 되었다. 농업과 흙의 가치, 가난과 겸손의 철학, 그리고 힘없고 약한 것들에 대한 사랑, 그리고 지식인에게서 엿볼 수 있는 가장 아름다운 면모까지 이 책에서 얻을 수 있다.

| 아이들과 함께하는 자료 |

• EBS 〈지식채널e〉 '쌀'

한국 : 미국 = 26.9 : 135.1, 한국 : 캐나다 = 26.9 : 150.1, 이 수치들은 무엇일까? 정답은 식량자급률이다. 우리의 식량자급률 26.9%, 그중 쌀을 제외한 식량의 자급률은 5%. 1980년 냉해로 쌀을 수입할 당시, 미국 카길사는 평상시보다 3배의 가격으로 살 것을 요구해 왔다. 지금 전 세계 곡물 시장의 70%를 거대 곡물 기업들이 장악하고 있다. 26.9%의 식량자급률 가운데 95%를 지켜 주던 우리 농촌이 지금 괴멸 직전에 놓여 있다는 것을 아프게 가르쳐 주는 영상이다.

• EBS 〈지식채널e〉 '논에서 들려온 이야기'

국토의 11% 차지, 홍수 조절, 지하수 정화, 대기 정화, 토양 보전, 연간 54조 원의 경제 가치를 창출하는 논. 그 논을 경작하는 농민이 그 땅의 실제 소유주인 경우는 1/3에 불과하다. 여전히 '소작농'이 이끌어 가는 우리 농업 문제, 논이 부동산 투기의 수단으로 전락한 현실을 보여 주는 영상이다.

• EBS 〈지식채널e〉 '그해 가을 김 씨'

아직 장가도 못 간 농촌 총각이 홀어머니를 남기고 그라목손이라는 농약을 먹고 자살하기까지의 사연을 그려 내고 있다. 잦은 기상이변과 널뛰기하는 농산물 가격으로 농사를 지어도 빚만 쌓여 가는 것이 농촌의 현실이다. 농민으로 사는 것의 고통 — 이미 아이들도 어느 정도는 알고 있다 — 보다 이 잘못된 현실이 바뀌어야 함을 이야기한다.

• MBC 〈W〉 '식량 위기, 지구를 덮치다', 2008년 4월 25일 방송

식량 문제에 관해 여러 영상물을 살펴보았지만, 이 자료만큼 꼼꼼하게, 그리고 폭넓게 현재 식량 위기 상황을 잘 보여 준 자료도 없는 것 같다. 이 자료는 이집트, 아이티, 필리핀에 불어닥친 식량 위기와 폭동, 그리고 그 구조적인 원인을 상세하게 그리고 있다. 이들은 모두 농업이 번성한 국가였으되, 세계화의 물결 속에서 자의로 혹은 타의로 농업을 포기하면서 끔찍한 재앙에 이르게 된 국가들이다.

식량자급률 30%가 안 되는 우리나라의 미래도 이런 나라들과 다르지 않음을 알 수 있다. 쉬운 설명, 그리고 생생한 화면을 두루 갖춰 학생들에게 좋은 교육이 되었다.

| 더 깊이 있는 공부를 원하는 아이들에게 권하는 자료 |

- 알렉산더 융 외, 〈우리의 배고픈 행성 — 식량이냐 연료냐〉, 《녹색평론》 99호, 2008년 3-4월

앞의 MBC 〈W〉 동영상을 보여 주었을 때 관심을 보인 학생들에게 복사해서 나눠 주거나 파일을 이메일로 보내 주었다. 독일 주간지 《슈피겔》에 실렸다고 하는데, 현재 전 세계가 당면해 있는 식량 문제를 한눈에 볼 수 있게 정리가 잘 되어 있다. 학습용으로도 큰 가치가 있다.

- 윤병선, 〈세계적 식량 위기의 원인과 식량 주권〉, 《녹색평론》 100호, 2008년 5-6월

앞의 《슈피겔》 자료가 전 세계적인 상황을 정리해 준다면, 이 글은 그 상황을 더욱 명확하게 정리하면서 식량 위기의 구조적 문제를 짚어 내고 있다. 곡물 시장에 뛰어든 투기 자본, 식물성 연료 정책, 유전자 조작 곡물의 득세 등과 곡물 시장의 불안정성을 다루고 있다. 앞으로 식량 문제가 전 세계적인 이슈가 될 것임을 분명히 깨닫게 해 준다.

경제학을 전공하기를 희망하는 학생이나, 식량 문제에 대해 평균 이상의 관심을 보이는 학생이라면 읽어 봄 직한 글이다.

기후변화와 에너지 문제

이미 기후변화는 심각한 의제가 되고 있다. 그러나 구체적인 데이터를 갖고 이것이 어떤 메커니즘으로 작동하는 문제인지, 그

리고 세계적으로 이를 넘어서기 위해 어떤 노력이 진행되는지에 대해 자세하게 아는 사람은 드물다.

기후변화는 우리 당대의 삶에서부터 커다란 변수로 작용할 것이 분명하며, 이미 시작되었다. 벌써 사계절의 순환 자체가 교란되고 있고, 세계 도처에서 기상이변이 속출하고 있다.

석유는 우리 세대를 끝으로 종말을 고할 것이다. 따라서 석유를 바탕으로 한 이 문명도 필연적으로 거대한 혼란에 빠질 것이다. 이미 피크 오일[38]이 지났거나 그 지점에 와 있다는 예측도 끊임없이 나오고 있다. 세계 인구의 1/3에 육박하는 인도와 중국이 거대한 산업화의 물결에 와 있는 지금, 이 추세는 더욱 가속화될 것이다. 생태적 전환은 농업과 에너지 문제로부터 시작되어야 한다.

| 교사를 위한 안내서 |

- 이필렬, 〈종말과 희망 — '펜타곤 보고서'에 대하여〉, 《녹색평론》 76호, 2004년 5-6월

5년 전, 미 국방성에서 지구온난화로 인한 기상이변으로 초래될 재앙에 대해 예측하고 그 대처 전략에 대한 보고서를 발표해서 세계적인 화제가 되었다. 세계 에너지의 1/4을 소비하면서도 그에 따른 책임을 지는 일에는 철저히 방관해 왔던 그들도 기후변화의 가공할 위협에 대해 이미 알고 있다는 이야기다. 이 글은 이필렬 교수가 기상이변의 과학적 메커니즘을 설명하고, 그 보고

---

38 peak oil, 석유 생산의 정점, 석유의 수요량을 생산량이 따라가지 못하게 되는 시점

서가 다루는 내용을 소개하고 있다. 마치 묵시록적 예언을 듣는 듯 섬뜩한 내용(기상이변과 식량 및 에너지 재앙, 전쟁과 난민 등)들로 채색되어 있지만, 이것은 또한 최악의 상황을 가정한 예측이니만큼 걸러 들어야 할 필요도 있지 않을까 싶다. 그만큼 위기가 가까이 와 있다는 뜻으로 이해하면 될 것이다.

• 헤르만 셰어, 《에너지 주권》

헤르만 셰어는 세계재생에너지위원회 의장으로 활동하는 독일 연방의회 하원의원 출신의 세계적인 에너지 전문가이자 활동가이다. 이 책에서는 전 세계 에너지 문제에 관한 가장 실제적인 데이터를 얻을 수 있다. 우리가 재생에너지 전문가가 될 수는 없겠지만, 독일과 유럽에서 활발하게 실험하고 또 현실화시키는 재생에너지들은 우리에게 여전히 신천지와 다름없다는 것을 알 수 있을 것이다.

| 아이들과 함께하는 자료 |

• EBS 〈지식채널e〉 'Somewhere over the rainbow'

지구온난화에 따른 해수면 상승으로 서서히 물에 잠기고 있는 남태평양의 섬나라 투발루의 이야기다. 이들은 세계 최초의 환경 난민이지만, 호주는 이주를 거부했고 뉴질랜드는 까다로운 조건을 내걸고 있다. 이들이 겪는 일은 언젠가 우리에게도 닥칠 미래를 미리 알려 주는 예고편인지도 모른다. "신이여, 재앙으로부터 우리를 구해 주소서"라는 투발루족 주민의 기도가 마음 아프다.

- EBS 〈지식채널e〉 '얼음 위를 걷고 싶어요'

캐나다 북부 허드슨만에 위치한 마을 처칠의 바다는 이제 1970년대보다 3주나 빨리 얼음이 녹기 시작하기 때문에 물개를 사냥해서 살아가는 북극곰의 생존이 위태로워졌다. 사냥의 받침대가 되는 얼음이 없으니 심지어 100킬로미터를 수영해서 겨우 사냥을 하는 경우까지 보고되고, 개체 수가 급감하고 있다. 기후변화의 가장 앞자리에서 고통을 받고 있는 북극곰의 슬픈 이야기다.

- 데이비스 구겐하임 감독, 〈불편한 진실〉

미국 부통령을 지냈고, 대통령에 거의 당선될 뻔했던 전력을 가진 정치인 엘 고어가 세계적인 환경운동가로 거듭나면서 노벨평화상까지 수상하게 만든 유명한 다큐멘터리다. 이미 많은 이들이 감상했고, 세계적으로 널리 퍼져 있다. 가장 널리 알려진 기후변화 경고 텍스트인 셈이다. 그러나 의외로 학생들 중에는 보지 못한 경우가 많다.

- 이계삼, 〈2006년 2월생〉, 《한겨레21》 625호, 2006년 9월 5일

내가 쓴 글이라 쑥스럽지만, 기후변화에 관한 내가 가진 문제의식을 담아 보려 애쓴 글이다. 이 글에서 내가 기후변화를 두고 내린 결론은 '자전거'이고, 자동차에 대한 보이콧이다. 이것을 두고 아이들과 많은 이야기를 나누었다.

생명공학과 먹을거리 안전 문제

가끔 끔찍하게 목을 조여 오는 것이, 이제는 정말로 먹을 게 없다는 공포감 같은 것이다. 실제로 갈수록 살찐 어린이들이 늘어나고 있고, 아토피가 만연하고, 또한 아이들의 성정이 난폭해지고 주의집중 능력이 떨어지는 것을 느낀다. 이것은 많은 부분이 아이들의 먹을거리와 관련이 있을 것이다.

해답은 '자급자족의 먹을거리 체제'를 만드는 것 외에는 없어 보인다. 이것은 아주 작은 일에서부터 시작되는 것이고, 또 마땅히 그렇게 되어야 한다. 물론 쉬운 일이 아니다. 한두 번의 수업으로 끝나는 것도 아니다. 무엇보다 교사 자신이 이에 대한 분명한 문제의식이 있어야 한다. 아이들이 온갖 오염된 먹을거리를 일상적으로 섭취하는 것은 별말 없이 방치하면서 자신과 자기 자식들의 먹을거리는 유기농 매장이나 생협에서 사들이는 이중성을 갖고 있지 않는지, 우리는 작은 것부터 고민하고 실천해야 한다.

| 교사를 위한 안내서 |

• 박병상, 《파우스트의 선택》

생명을 조작할 수 있는 기술을 가진 것은 마치 파우스트가 악마에게 영혼을 판 것과 같다고 오래전부터 주장해 온 생물학자가 있다. 이미 황우석 사태를 겪었고, 우리 생활에도 GMO가 널리 퍼져 있다. 유전자 조작과 생명 복제 같은, 생명의 질서를 인간의 힘으로 교란하는 일은 이미 현실이 되어 버렸다. 그러나 이것이 가져올 재앙은 누구도 알 수 없다. 이 책을 읽고 나면 생명 조작 기술에 대한 분명한 의식이 생긴다.

• 존 로빈스, 《육식 : 건강을 망치고 세상을 망친다 1, 2》

아이들이 무척 좋아하는 '배스킨라빈스'의 상속자였던 지은이는 육식의 폐해와 공장식 축산을 고발하는 환경운동가가 되었다. 소가 어떻게 키워지는지, 어떻게 죽임을 당하는지, 육식이 우리의 건강과 생태계를 어떻게 망가뜨리는지 생생하고도 면밀하게 보여 준다. 이 책을 읽고 나면 우리의 먹을거리 문화를 새롭게 바라보게 된다. 우선 교사 자신이 무한대로 창궐하고 있는 육식의 욕망에 대해서 문제의식을 느껴야 한다는 점에서 권할 만한 책이다.

• 안병수, 《과자, 내 아이를 해치는 달콤한 유혹》

몇 년 전 우리 사회에 '과자의 공포 신드롬'을 불러일으킨 책이다. 덕택에 과자 문화도 많이 변했지만, 근본적인 변화는 여전히 요원하다. 지은이 자신이 과자 회사의 간부였다가 자신과 주변 사람들의 건강 문제로부터 서서히 과자의 폐해에 눈을 떠서 이제는 과자와 식품 첨가물의 폐해를 경고하는 실천적 운동가가 되었다. 이 책에 담긴 경구, "아이에게 과자를 주느니 차라리 담배를 권하라"는 말은 여전히 음미해 봄 직하다. 이런 문제를 알고 나면 교사가 할 수 있거나, 해야 할 일이 참 많다는 생각을 하게 된다.

| 아이들과 함께하는 자료 |

• EBS 〈지식채널e〉 '웩, 우웩!'

영국의 학교 급식에서 정크 푸드를 몰아내기 위해 한 학교를 정해 실험적으로 급식개혁운동을 펼친 요리사 제이미 올리버의 이야기다. 아이들의 비난 시위까지 겪어 가며 각고의 노력 끝에 9개월 만에 그 학교 아이들의 식습관과 건강에 눈에 띄는 변화를 이끌어 낸 제이미 올리버 덕에 결국 토니 블레어 정부가 급식에 5,000억 원을 지원하게 되었고, 2006년 8월 영국 정부가 학교 급식에서 정크 푸드를 금지하게 되었다. 한 사람의 노력이 이런 결실을 맺기도 한다. 이런 영상을 보면 자신감과 희망이 생긴다.

• EBS 〈지식채널e〉 '미친 공장'

2008년 광우병 쇠고기 파동 때 널리 알려진 동영상이다. '최단 시간, 최소 비용, 최대 이익 = 미친 소, 미친 공장'으로 이어진다. 광우병이 생기는 메커니즘을 아주 쉽고 정확하게 보여 준다.

• EBS 〈지식채널e〉 '햄버거 커넥션'

이 동영상에서 나오는 '사실'들은 그대로 외우게 해도 좋을 만치 '학습의 가치'가 있다. 햄버거 하나가 생태계와 삶 전체에 미치는 영향을 규명하고 있다.

1인분의 고기와 우유 한 잔을 얻기 위해 22인분의 곡식이 들어 간다. 세계 곡식의 1/3을 소가 먹어치우지만, 매년 4~6천만 명의 인간이 기아로 사망한다. 1970년대 중남미 농토의 2/3가 축산단지와 목초지로 변모했다. 햄버거 하나를 위해 열대우림 1.5평이 불태워진다. 매년 남한 땅 크기의 목초지가 방목으로 사막화된다. 그렇게 해서 사라진 숲은 지구의 온도를 높이고, 기후변화와 기상이변으로 우리에게 되돌아온다.

- 남종영, 〈자연 수명의 20분의 1, 돼지의 한평생〉, 《한겨레21》 654호, 2007년 4월 6일

콘크리트에서 삶을 시작해 열흘 만에 송곳니가 잘려 나가고, 10마리 중 3마리가 질병으로 일생을 마감하는 돼지의 일생. 그나마 자연 수명의 1/20밖에 살지 못하는 끔찍한 삶이다. 이 글은 우리나라의 돼지 축산에 대한 보고서인데, 그 내용이 자못 충격적이다. 학생들에게 육식 문화에 대한 경종을 일으킬 수 있는 좋은 기회가 되었고, 반응도 좋았다.

- 〈KBS스페셜〉, '얼굴 없는 공포, 광우병', 2006년 10월 29일 방송

2006년 한미 FTA 정국 때 미국의 공장식 축산의 문제점을 파헤친 이강택 PD의 기념비적인 작품이다. 어쩌면 지금의 광우병 정국은 이미 이때 이러한 언론인들의 노력으로 기초가 닦였는지도 모른다. 공장식 축산에 대한 충격적인 영상이 많이 담겨 있고, 역시 학생들도 몰입해서 잘 보았다.

- KBS 〈환경스페셜〉 '위험한 연금술, 유전자 조작 식품', 2007년 7월 4일 방송

이 역시 이강택 PD의 작품인데, GMO 문제에 대한 하나의 교재로 쓸 수 있을 정도로 일목요연하게 잘 정리된 영상이다. 학생들의 집중도도 높은 편이다. 인도에서 '볼가드'라는 유전자 조작 종

자로 기른 목화를 먹은 1만 마리의 양들의 코에서 고름과 피가 섞여 나오더니 결국 목숨을 잃는다. 농민들은 망연자실, 자살에까지 이른다. 냉해를 막기 위해 딸기에 집어넣는 심해 물고기의 유전자, 소와 양의 유전자를 섞어 만든 신생물체, 엄청나게 커다란 슈퍼 연어……, 인간은 지금 대체 무슨 짓을 하고 있는 것일까.

미국, 인도 등에서 벌어지는 GMO 문제의 실태, 세계 각국의 대처까지 그간 우리 사회에 알려진 거의 모든 사항들을 정리하고 있다. GMO 문제에 그간 무심했던 교사라면 먼저 보고 이 문제의 심각성을 생각해 보는 시간이 필요할 것이다.

- 〈인간복제를 시도하는 의사, 안티노리 교수와의 대담〉, 《슈피겔》 2001년 2월 4일

녹색평론사 누리집(www.greenreview.co.kr)의 '녹색통신' 메뉴에 링크돼 있다. 황우석 사태가 벌어지기 전에 이미 알려진 글이다. 첨단의 과학기술자들이 빠져들기 쉬운 허황된 개척자 정신과 과학기술문명의 교만에 대해 이야기하기 좋은 글이고, 무엇보다 대담 자체가 흥미롭다. 안티노리 교수의 입장이 워낙 명징하고, 대담자의 질문이 이를 잘 이끌어 내고 있어서 논술 수업 '요약하기'에 교재로 썼는데, 효과적인 수업이 되었다.

- 제레미 리프킨, 〈쇠고기를 넘어서〉, 《녹색평론》 5호, 1992년 7-8월

마치, 15년 뒤 한국에서 벌어질 광우병 쇠고기 사태를 미리 예언이나 한 듯이, 육식 문화와 미국의 공장식 축산에 대한 충격적인 실태를 담고 있다. 아이들과 같이 읽어 봄 직한 글이다.

• 〈세상을 바꾸는 '식탁 혁명', 로컬 푸드 1~4〉, 〈프레시안〉 2007년 9월 13~18일

광우병 쇠고기 사태로 잘 드러났지만, 이제 사람들을 두렵게 하는 요소의 중심에 '먹을거리'가 자리를 잡고 있다. 대안은 있을까? 나는 '지역 먹을거리 운동'(로컬 푸드)에 있다고 믿는다. 우리 사회가 반드시 찾아야 할 길이고, 지금 학교를 다니는 아이들이 성인이 되었을 때는 반드시 중요한 일자리의 하나가 되리라 믿는다. 밴쿠버, 런던, 샌프란시스코, 그리고 한국 사례들을 발로 뛰며 취재한 글이다. 교사부터 먼저 일독을 권한다.

이런 문제들을 가르쳤을 때 여러 가지 걱정이 들 것이다. 너무 부정적인 시선으로만 세상을 보게 하지는 않을까, 아이들이 먼저 거부 반응을 보이지 않을까 하는……. 물론 그런 반응을 보이는 아이들도 있었고 심상하게 넘기는 아이들도 적지 않았다. 그러나 생각보다 반응이 좋았고, 효과도 있었다. 아이들은 이런 수업이 쓸데없이 걱정만 많은 한 교사의 유난스런 수업이 아니라, 지금 긴급하게 당면한 문제라는 것을 충분히 이해해 주었던 것이다. 실제로 몇몇 아이들은 농업계 대학으로 자신의 전공을 결정하기도 했고, 채식을 실천하는 아이도 있었으며, 여러 가지 에너지 대안 문제에 관한 관심으로 이어지기도 했다. 이것이 교육의 힘이다. 아이들은 어른들보다 훨씬 나았다.

교육 : 우리가 발 딛고 선 곳을 알아야 한다

지난 5월 28일, 전교조가 스무 살 생일을 맞았다. 사실 여러 가지 복잡한 심사가 엇갈린다. 나 또한 전교조 활동을 내 생활의 중요한 한 축으로 삼아 왔지만, 뭐랄까, 채워지지 않는 연못에 돌을 던지고 있다는 느낌은 점점 짙어진다.

전교조는 지난 20여 년간 이 교육 현실에 맞서 싸워 왔지만, 이 지긋지긋한 경쟁의 굴레는 갈수록 견고해져 간다. 교육 문제에 관한 한 이 땅은 거의 집단 착란 상태에 놓여 있다. 문제는 권력도, 민주주의도 아니다. 이 땅에서 교육 문제는 분명 '욕망'의 범주에서 다루어야 할 영역이다. 여기서 빠져나오는 것 말고는 아무런 대안이 없다.

그러므로 우리는 이 '욕망의 체제'를 들여다볼 수 있어야 한다. 교육 현실은 너무나 자명하지만, 우리는 이 현실을 또한 너무나 모르고 있다. 우리가 발 딛고 있는 발바닥을 봐야 한다. 그리고 아이들에게 우리가 왜 이렇게 고단한 나날을 보내야 하는지에 대해 자신만의 언어로 설명할 수 있어야 한다. '어찌할꼬, 어찌할꼬' 하고 마는 것은 아무 의미가 없다.

| 교사를 위한 안내서 |

• 김동춘, 〈한국의 근대성과 '과잉 교육열'〉, 《근대의 그늘》

우리 교육 문제의 근원적인 구조에 대해 이런저런 자료를 살펴보았지만, 김동춘 선생의 이 논문만큼 우리 사회의 과잉 교육열의 역사적 연원과 그 전개 과정을 명확하게 짚어 준 노작은 없었던 것 같다. 교육을 둘러싼 이 어이없는 현실은 어제오늘의 문제가 아니라, 바로 우리 근대사 100년의 파행과 왜곡에 기인한다는 것을 분명하게 보여 준다. 교육 문제에 대해 공부하기를 원하는 이들에게 권하고 싶다.

• 닉 데이비스, 《위기의 학교》

일제고사를 기점으로 자사고 도입과 교원평가제, 학교 선택제가 현실화되면 우리 교육 현장은 닉 데이비스가 그리고 있는 영국의 학교들과 같아질 것이다. 그것은 지옥의 현현에 다름 아니다. 이 책은 영국의 학교를 신자유주의적 경쟁 논리로 재편한 결과 영국의 공교육이 어떻게 망가졌는지를 생생하게 보여 주고 있다. 사실 이러한 심층 탐사 보도는 우리나라에서도 반드시 나와야 한다. 한국판 '스쿨 리포트' — 이 저작의 원제는 'The school report'이다 — 가 필요한 것이다. 미국의 사례를 공부하기 위해서는 미국의 진보적 교육학자 마이클 애플이 지은 《미국 교육개혁, 옳은 길로 가고 있나》를 권한다.

• 이계삼, 〈영혼 없는 사회의 교육〉, 《녹색평론》 84호, 2005년 9-10월

개인적으로 심혈을 기울여 쓴 글이다. 우리 교육의 근원적인 병폐를 여러 측면에서, 현장 교사의 실감을 바탕으로 짚어 보려 했다. 녹색평론사 누리집에서 전문을 읽어 볼 수 있다.

| 아이들과 함께하는 자료 |

• EBS 〈지식채널e〉 '2007년, 대한민국에서 초딩으로 산다는 것'

대한민국 초등학생 10명 중 9명이 과외를 받고 있고, 평균 종목은 3.13개이며, 3시간을 넘어서는 경우도 40%에 달한다. 친구들과 노는 시간이 거의 없다는 학생이 30%나 되고, 자살 충동을 느껴 본 아이가 27%에 달한다. "나도 물고기처럼 자유롭게 날고 싶다"며 자살한 한 초등학생의 유서도 나온다.

이런 어두운 내용을 다루는 수업이 부담이 될 것이다. 그러나 이것이 '현실'인 것을 어찌하겠는가. 중요한 것은 이 문제를 응시하는 교사의 분명한 입장이 있어야 한다는 점이다. 아이들과 함께 한탄이나 할 거라면 굳이 이런 자료를 보여 줄 이유가 없다.

• EBS 〈지식채널e〉 'spec up!'

2009년 대학 새내기들의 83%가 가장 걱정되는 것으로 취업 준비를 꼽았다. 2009년 1/4분기 서류 전형을 통과한 대졸자들의 평균 스펙은 학점 3.6, 토익 755점, 자격증 평균 1.8개이며, 직장인과 취업 준비생의 97%가 스펙 강박을 겪고 있다고 한다.

이쯤 되면 캠퍼스의 낭만이라는 건 꿈같은 소리고 그 힘든 관문을 통과해서 시작된 사회생활 또한 밀려나지 않기 위한 지옥이 된다. 이러한 '스펙 강박증'은 아무것도 해 놓지 않으면 '불안'하고, 뒤처질까 봐 '불안'하기 때문에 생겨난다. 사실, 이것은 정신병적인 징후이다. 어디서부터 무엇이 잘못되었는지에 대해 궁구해야 한다. 결국은 '다른 삶에 대한 욕망'의 문제이다.

이 밖에도 EBS 〈지식채널e〉에는 아이들과 교육에 대해 이야기할 좋은 자료가 많다. 지능 검사가 실은 1910년대 미국에서 이민자들을 추방하기 위한 근거를 마련하기 위해 개발된 것임을 밝히면서 지능 검사의 반인간성, 반교육성을 고발하는 '인간의 점수' 편, 교육의 힘으로 유럽의 강소국이 된 핀란드를 다룬 '유럽의 문제아' 편, 우리나라의 기괴한 교육열을 상징하는 '강남 집중 현상'의 역사적 연원과 구조를 그려 내는 '한강의 남쪽 2부 — 배움의 역사' 편, 그리고 스페인의 어린이공화국 벤포스타를 다룬 '웰컴 투 벤포스타' 편도 아이들과 교육에 대해 이야기하기에 좋은 자료이다.

- 가네시로 카즈키, 《레벌루션 No.3》

같은 제목의 만화책도 있다(한글 만화 제목은 《레볼루션 No.3》). 일본 동경의 한 삼류 고등학교의 오갈 데 없는 '좀비'들이 인근에 있는 한 명문 귀족 여학교의 축제에 잠입해 들어가는 과정을 다룬 작품이다. 흥미와 감동이 함께 있다. 철저하게 계급으로 나누어진 교육 현실 속에서 약자들이 어떻게 연대하고 이를 이겨 내는가, 더 나아가 희망이 어디 있는지를 알려 준다. 내가 읽기에 그 희망이란 '우정'이 아닐까 싶다. 만화책으로 된 것을 사서(총 3권) 아이들에게 돌렸는데, 근 열흘 만에 우리 반 아이들 전체가 다 읽었다.

- 학교대사전편찬위원회, 《학교대사전》

한때 크게 유행한 적이 있다. 학급 문고에 비치해 두었더니 아이들이 너덜너덜해질 때까지 읽었다. 아이들의 눈으로 바라본 교육 현장의 여러 모습을 유머러스하면서도 탁월한 표현력으로 짚어 냈다. 이 책은 또한 우리 학교교육을 둘러싼 모든 것(교육과정, 교사, 학교 문화, 관행)들에 관한 생생한 보고서다. 교사들도 일독해야 할 책이 아닐까 싶다.

• 김종철, 〈병든 문명과 우리 아이들의 미래〉, 《처음처럼》 19호, 1999년 11-12월

《녹색평론》 발행인 김종철 선생이 부산에 있는 '생태유아공동체' 소속 유치원 교사들에게 한 강연문이다. 개인적으로 나는 이 글이 교과서에 실려야 한다고 생각한다. 우리가 처해 있는 곳을 조목조목 짚어 가면서 크고 높은 비전에서부터 작은 일상사까지 관통하는 지배적인 논리를 하나씩 이야기로 들춰 내면서 진정한 교육에 대해서 풀어낸다. 이 자료는 고등학교 국어 교과서 하권 〈간디의 물레〉의 보조 자료로 쓰다가 지금은 해마다 수업 자료로 쓰고 있다. 인터넷에서도 쉽게 검색 가능하다.

• 이계삼, 〈니들이 더 걱정이다〉, 〈한겨레〉 2009년 5월 23일

평준화 교육에 대한 소신을 써 본 글이다. 지금과 같은 계급적 격차를 바탕으로 한 성장 코스 설계가 결국 모든 아이들을 불행하게 하며, 결국 교육이란 '섞이는 것'이라는 생각을 펼쳐 보았다.

• 성현석, 〈국제학력평가 1위, 핀란드의 비결은?〉, 〈프레시안〉 2007년 10월 22일

우리 사회에서도 전교조와 진보신당 등을 중심으로 핀란드 공교육 모델에 대한 관심이 급증하고 있다. 공교육이 도달할 수 있는 가장 이상적인 모습을 간직한 핀란드에 대해 알게 되면 새로운 변화의 상상력을 추동할 수 있을 것이다. EBS 〈지식채널

e)에서 핀란드를 다룬 '유럽의 문제아' 편과 함께 보면 더욱 좋다.

• 이계삼, 〈자라나는 '잠재적 마초'들의 노래〉, 《한겨레21》 592호, 2006년 1월 10일

황우석 파동이나 독도 분쟁, 월드컵 때만 되면 느낄 수 있는 아이들의 '애국 열기'의 바탕에는 이미 '삶의 양식樣式'이 되어 있는 '전체주의적 삶의 방식'이 깔려 있음을 나름의 학교 현장 경험을 통해 이야기한 글이다.

현대사 : 상식 가르치기

갈수록 더 심해지겠지만, 아이들은 깜짝 놀랄 정도로 우리 현대사에 대해 무지하다. 아이들은 이승만이 얼마나 몽매하고, 교활하고, 또한 야만적인 인간이었는지를 잘 모르고, 여운형이 얼마나 중요한 인물이었는지를 모른다. 아이들은 박정희의 실체에 대해서도 잘 모른다. 많은 아이들은 박정희가 농촌공동체를 괴멸시키고, 우리 경제를 일본과 미국 경제의 하청 체제로 재편함으로써 수출을 위해서는 농업이건 무엇이건 간도 쓸개도 다 내주어야 하는 기형적인 경제 체제를 설계한 인물임을 잘 모른다. 독재를 하였으되 오늘날 '경제성장의 영광'을 이끈 이로만 알고 있을 따름이다. 민주주의에 대한 뿌리 깊은 경멸, 전체주의에 대한 선망, 야만적인 약육강식의 사회가 멀리는 이승만 시대로부터 가깝게는 박정희 시대에서 출발한다는 사실을 아이들이 반드시 알고 있어야 한다고 생각한다.

자본과 정권은 아이들이 역사에 깨어 있는 것을 원치 않는 것이 분명하고, 인문 교양이 갈수록 황폐해지는 전반적인 흐름 속에서 역사에 대한 무지는 더욱 짙어질 것이다. 물론 현대사는 역사 교과의 영역이지만, 반드시 그런 것도 아니다. 국어과의 경우에도 역사적 배경을 모르면 이해하기 어려운 문학작품이 허다하기 때문이다.

| 교사를 위한 안내서 |

• 리영희·임헌영, 《대화》

나는 이 책이 너무나 흥미로웠던 나머지 두 번이나 읽었다. 이 책은 리영희라는 한국 지성사의 한 거목의 파란만장한 인생 역정을 그리고 있지만, 또한 이 기나긴 이야기에는 한국 현대사의 여러 장면들이 사진처럼 찍혀 있다. 일제강점기의 조선 풍경, 해방 공간의 민중들의 삶, 그리고 오랜 시간에 걸쳐 이야기되는 한국전쟁과 그 당시 선생이 복무했던 군대의 부패한 현실, 그리고 선생이 언론인으로 나서면서부터 겪은 격동의 독재정권 시절까지. 역사는 이와 같이 '이야기'를 통해 읽는 것이 가장 좋은 공부가 되리라 생각한다.

• 하워드 진·도날도 마세도, 《하워드 진, 교육을 말하다》

《미국 민중사》로 유명한 미국의 원로 역사학자 하워드 진이 미국 교육에 대해 이야기한 책이다. 그는 시종일관 아이들에게 '현실'을 가르치라고, 아이들이 현실을 알아야 한 사회가 정신적으로 지탱할 수 있다고 말한다. 미국이 지금과 같은 몽매한 나라가 되어 버린 것은 바로 교육 때문이라는 것이다.

그가 지치지 않고 싸울 수 있었던 것도, 허무의 나락으로 빠지지 않았던 것도, 역사를 알았기 때문이라고 그는 말한다. 이 책을 읽다 보면 아이들에게 '현실'과 '역사'를 가르쳐야 하는 교사의 책무에 대해 생각하게 된다.

• 한홍구, 《대한민국사 1~4》

역사학자 한홍구 교수는 교사 입장에서는 참 고맙고 소중한 분이다. 그는 우리 현대사의 거의 모든 장면들에 관해 소상하게 알고 있는 듯하며, 이를 뛰어난 입담으로 풀어 준다. 이 시리즈의 일부는 한때 아이들에게 필독서로 지정하기도 했고, 뜻있는 아이들에게도 많이 권했다. 우리 현대사에 관해서 이만한 입문서도 흔치 않은 듯하다. 아이들에게 무언가 이야기를 하려면 교사가 우선 뭘 좀 알아야 한다는 점에서 이 시리즈는 좋은 입문서가 된다.

| 아이들과 함께하는 자료 |

• EBS 〈지식채널e〉 '기억의 조건', '수요일엔 빨간 장미를'

독일의 나치 수용소였던 부헨발트의 시계는 1945년 4월 11일 3시 15분에 멈춰 있다. 그리고 그곳의 시체 소각로, 인체 해부대는 당시 그대로 보존되어 있고, 가해국 독일과 피해국 폴란드의 대학생들은 함께 역사 체험 프로그램에 참여한다. 빌리 브란트 총리 이래 역대 독일의 정치 지도자들은 여기에서 참회의 의식을 치렀다. 이것이 진정한 기억의 조건이자 역사에 대한 성숙한 태도임을 보여 준다. 당연히 일본의 태도가 가슴 아프게 대조

된다.

이어서 일본대사관 앞에서 18년째 수요시위를 이어 가고 있는 위안부 할머니들의 이야기를 다룬 '수요일엔 빨간 장미를' 편을 함께 본다. 중국 길림성에서 영구 귀국한 이옥선 할머니의 눈물의 귀국 모습도 있고, 현재 생존해 있는 할머니들의 얼굴도 나온다. 이 두 영상을 보다 보면 일본에게 껄끄러운 이야기는 하지 않으려는 우리 정부와 오만불손하기 이를 데 없는 일본 정부의 태도가 동시에 오버랩된다.

• EBS 〈지식채널e〉 '어머니께 보내는 편지'

"어머니 나는 사람을 죽였습니다, 아무리 적이지만 그들도 사람이라 생각하니, 이 복잡하고 괴로운 심정을, …… 적들은 많은데 우리는 71명, 이제 어떻게 될지 모를 것이라 생각하니 두렵습니다, 적들이 몰려오고 있습니다……, 상추쌈이 먹고 싶습니다, 찬 옹달샘에서 이가 시리도록 찬물을 마시고 싶습니다." 1950년 8월 10일, 경북 영천 전투에서 숨진 이우근 학도병의 품에서 발견된 편지다. 나는 6.25를 전후한 수업 시간에는 계기 수업 삼아 꼭 이 자료를 보여 준다. 그 어떤 명분을 들이대더라도, 모든 전쟁은 '악'이라는 사실도 꼭 이야기해 준다.

• EBS 〈지식채널e〉 '잃어버린 33년'

우리 현대사의 가장 아픈 대목 중의 하나인 인혁당사건을 다루고 있다. 어느 날 목욕탕에 가겠다고 한 뒤 돌아오지 못한 남편, 남편이 사형당한 후 아들은 동네 꼬마들에 의해 목에 새끼줄이 묶인 채 '빨갱이 자식'이라는 놀림을 당한다. 대법원에서 사형이 확정된 뒤 18시간 만의 전격 사형 집행, 그러나 2007년 이들에게 결국 무죄가 선고된다. 여덟 명의 목숨은 다시 살아나지 않고…….

박정희 정권의 극악무도함을 이야기할 때 이 영상을 꼭 함께 보여 주기 바란다.

• EBS 〈지식채널e〉 '하루'

1970년 11월 13일 전태일이 분신했던 그 하루와 죽음에 이르기까지의 과정을 어머니 이소선 여사의 회고를 통해 담고 있다. 분신하는 날 아침, 방을 깨끗이 청소하고 옷을 말끔하게 다려 놓고 집을 나간 전태일. 그가 박정희 대통령에게 보낸 편지, 일기 글도 함께 나온다. 그리고 병상에서 전태일이 어머니에게 했던 말들도 들을 수 있다. 보다 보면 눈물이 나온다.

전태일이라는 이름을 처음 들었을 때의 그 느낌이 내 삶을 변화시켰던 것처럼 나도 전태일에 대해 가르쳐야 한다는 사명감으로 아이들에게 보여 주는 영상이다.

• EBS 〈지식채널e〉 '2-34, 2-35, 2-36'

제목으로 삼은 숫자들은 광주항쟁에서 시민군으로 숨을 거둔 세 사람의 시신 번호이다. 서울에서 대학을 다니던 열아홉 살 대학교 1학년 2-36, 양계장 직원이었던 스무 살 청년 2-35, 시민군의 심부름을 하던 고등학교 1학년 2-34, 이 셋은 계엄군의 마지막 공격 앞에서 도청에 남았고, 모두 죽었다. 광주항쟁 당시의 필름을 직접 볼 수 있다. 공선옥의 단편소설 〈라일락 피면〉도 거의 같은 내용을 담고 있으므로 함께 읽으면 좋다.

• 백무현 글·박순찬 그림, 《만화 박정희 1, 2》

학급 문고에 비치해 두고 우리 반은 물론 다른 반에도 빌려 주었다. 이런 만화책이 고마운 것은 박정희 같은 인물에 대해 수업 시간에 직접 이야기하는 것은 위험 부담이 따르기 때문이다. 그의 인물됨과 행적, 그리고 1960~70년대의 우리 현대사를 잘 갈무리해 놓았다. 안타까운 점은 그의 경제성장이 가진 허구 — 농촌공동체를 괴멸시킨 급진적인 산업화가 야기한 문제들 — 에 대해서는 짚어 내지 못한 점이다.

• 백무현 글·그림, 《만화 전두환 1, 2》

역시 《만화 박정희》와 같은 방식으로 읽혔다. 이 만화가 나올 즈음에 영화 〈화려한 휴가〉가 인기를 끌고 있어서 폭발적인 반응이 왔다. 무엇보다 광주항쟁에 대해 가르치기 좋은 자료이다.

• 강풀 글·그림, 《26년 1~3》

광주항쟁 당시 계엄군으로 시민군을 죽인 죄책감에 시달려 온 대기업 회장 김갑세가 시한부 선고를 받은 뒤 이제는 장성한 시민군의 자식들과 함께 광주항쟁의 책임자를 단죄하는 내용을 담은 만화이다. 인터넷에서 폭발적인 인기를 끌었지만, 보지 못한 아이들이 많다. 다소 무협지의 구도와 비슷한 점이 없지 않지만, 역사의식을 조금이라도 일깨울 수 있다는 점에서 학급 문고나 여러 경로로 보급해야 할 가치가 있는 작품이다.

• 정의길, 〈맥아더는 정말 영웅인가?〉, 〈한겨레〉 2005년 8월 5일

역사관을 형성하는 데에는 기존 상식을 뒤흔들어 주는 계기가

필요하다. 그런 작업에 쓸 좋은 소재가 맥아더가 아닐까 싶다. 우리에게는 은인으로 알려진 맥아더가 실은 영웅주의에 찌든 전쟁광이자, 자신의 과오를 감추기 위해 끔직한 모험을 기획했다 좌절한 돈키호테임을 잘 밝히고 있는 글이다. 만약 그의 구상대로 한국전쟁에서 핵무기가 사용되고 중공군의 전면 참전으로 확전되었더라면 이 땅은 방사능에 찌든 잿더미가 되었거나 우리는 아예 태어나지 않았을지도 모를 일이다. 한홍구 교수의《대한민국史》1권에 실린〈맥아더가 은인이라고?〉편과 함께 읽으면 더욱 좋다.

노동 : 이제는 웬만하면 비정규직이다

어떻게 하다 보니 나에게도 노동 문제에 대한 관심이 생겨났다. 사실, 원래부터 그랬던 것은 아니다. 나는 대학 시절에 당시를 휩쓸던 사회적 분위기의 세례를 받았지만 노동운동의 군사적이고 남성적인 논리와 정서가 생리에 맞지 않았다. 교사가 되면서 이런 문제로부터는 좀 거리를 둘 수 있을 것이라 생각했다. 생명이나 평화 문제에 관심이 많았고, 노동 문제는 좀 멀게 여겼다. 그러나 선생 노릇을 하다 보니 조금씩 바뀌기 시작했다. 내가 가르친 아이들이 이제는 웬만하면 비정규직이 될 수밖에 없다는 자각이 생긴 것이다. 학창 시절, 참 밝고 명랑했던 아이들이 어느새 주눅 들어 굽은 어깨로 축 처져 살아가는 모습을 보면서 마음이 아팠다.

아이들은 예비 노동자이다. 이들에게 "남들은 몰라도 열심히 공부하면 너만큼은 성공할 수 있다"고 가르치는 것은 허위다. 비정규직 문제는 1970년대 이후 자본의 세계적인 이윤율 저하 경향과 연관되는 구조적인 문제다. 그리고 지금과 같은 추세로 비정규직이 확산된다면, 사실상 인간으로서의 품위 있는 생존 그 자체가 불가능해진다. 정규직 교사들이 노동 문제, 특히 비정규직 문제에 무심하고 둔감한 것은 참으로 어리석은 단견이라 하지 않을 수 없다.

| 교사를 위한 안내서 |

• 권성현·김순천·진재연 외, 《우리의 소박한 꿈을 응원해 줘》

이랜드 일반노동조합 아주머니들의 이야기를 담은 책이다. 그들은 바쁠 때는 대여섯 시간 동안 화장실 한번 못 가면서 방광염에 걸리도록 일을 했다. "어서 오세요, 고객님. 봉투 필요하십니까? 포인트 카드 있으십니까? …… 거스름돈은 여기 있습니다. 고객님, 행복한 하루 되십시오." 이 인사말을 하나라도 빠뜨렸다가 손님 속에 '암약 중인' 모니터링 요원한테 걸리면 지하 공간에 30명씩 가둬진 채 친절 교육을 받아야 한다. 이랬던 아주머니들이 당당하게 떨쳐 일어나 매장을 점거하고 싸웠다. 이들이 주부로서, 비정규직 노동자로서, 엄마로서 당당하게 살아가는 모습은 눈물겹도록 아름답다.

• 김진숙, 《소금꽃나무》

민주노총 부산본부 지도위원 김진숙 선생의 동영상 연설이나 강의를 들어 본 적이 있는가. 2003년 한진중공업 김주익 열사의 장례식 때 김진숙 선생의 추도사를 동영상으로 아이들과 함께 보던 순간은 내게도 참 중요한 전환점이 되었다. 처녀 용접공으로 공장 생활을 시작해 근 30여 년을 노동운동의 일선에서 살아온 선생의 삶과 투쟁이 가슴을 뻐근하게 한다. 그 어떤 노동 관련 책보다도 가슴을 뒤흔드는, 그리고 문제를 명확하게 정리해 주는 힘이 이 속에 있다. 노동 문제를 고민하는 분들께 일독을 강력히 권한다.

• 안건모, 《거꾸로 가는 시내버스》

참 재미있게 읽히는 버스 노동자의 일터 이야기다. 이 글을 다 읽고 나면 무심결에 지나치는 버스 노동자들, 그리고 생산 현장에서 땀 흘리는 우리네 보통 사람들의 삶이 안타깝고 정겨운 모습으로 다가온다. 안건모 선생은 알려져 있다시피 버스 노동자 출신으로 월간 《작은책》의 큰 일꾼이다. 나는 이런 책이 더욱 많아져야 한다고 생각한다. 아이들을 기만하고 배반하는 허깨비 같은 판타지 말고, 보통 사람들의 노동과 꿈의 이야기 말이다.

| 아이들과 함께하는 자료 |

• 최호철 그림·박태옥 글, 《태일이 1~5》

어린이 교양 잡지 《고래가 그랬어》에 연재되었고, 얼마 전 완간되었다. 연재 당시 눈여겨보고 있던 나는 다섯 권짜리 한 질을 큰맘 먹고 사서, 내가 가르치는 아이들 전부에게 읽힐 작정으로 순번을 짜서 읽혔다. 물론 《전태일 평전》도 설명이 필요 없을 만치 훌륭한 책이지만, 이 책을 소화해 낼 수 있는 고등학생은 전체의 1/3에 채 미치지 못했던 것 같다. 그러나《태일이》는 기대대로 흥행 폭발이다. 무엇보다 '성자 전태일'이 아니라, 지독하게 가난한 집안의 장남이자 다감하고 낭만적이고 사려 깊은 소년 전태일의 삶을 비중 있게 다루는 점이 좋다.

• EBS 〈지식채널e〉 '투명인간'

하루 12시간 운전, 하루 18시간 장사, 하루 두세 가지의 직업을 갖고 일해야 하는 사람들이 있다. 시급 4,100원 이하를 받고 일하는 노동자가 전체 노동자 4명 중 1명꼴이다. 임시직, 일용직, 강사, 영세 자영업자들, 새벽 택시를 모는 어느 택시 노동자의 이번 달 월급은 38만 원이다. 그들은 취업과 실업을 반복해도 실업률 통계에 잡히지 않는다. 경제성장률에도, 그 어떤 통계지표에도 반영되지 않는 그들의 이름은 '투명인간'이다.

• EBS 〈지식채널e〉 '3년'

비정규직 투쟁의 상징처럼 되어 버린 기륭전자 노동자들의 이야기이다. 한 달 내내 일하고 받는 월급은 법정 최저임금보다 10원 많은 64만 1,850원이다. 잡담, 말대꾸, 결근, 그들의 해고 사유는 이런 것들이다. 해고 사실은 문자메시지로 통보되고, 문자메시지를 쓸 줄 몰랐던 아주머니는 그냥 출근했다가 대성통곡을 하고 돌아간다. 이런 전설 같은 이야기가 지금 대한민국에서 벌어지고 있다. 그렇게 시작한 투쟁이 이제 3년을 넘었다.

• EBS 〈지식채널e〉 '70만 600원'

시급 3,100원으로 한 달간 226시간 일했을 때 받는 임금이다.

이 돈으로 살아가는 대학교 청소 아주머니, 건물 경비원 할아버지, 비정규직 파견 노동자 아주머니, 이들의 일상을 잔잔한 화면에 담았다. 전체 노동자 평균 임금의 37%에 해당하는 금액, 그러나 이것도 받지 못하는 노동자가 전체 노동자의 8.8%에 달한다. 말로만 듣던 양극화의 현실이다.

• 이계삼, 〈이건 내 나라가 아니야〉, 《녹색평론》 102호, 2008년 9-10월

기륭전자, GM대우, KTX 여승무원, 이랜드, 코스콤 등 대표적인 비정규직 투쟁 사업장을 다니면서 쓴 르포이다. 수업 자료로 쓸 엄두는 솔직히 내지 못했고, 생각 많고 진중한 아이들에게 읽기 자료로 주었다. 아이들의 미래와 비정규직의 강퍅한 현실을 고민하면서 썼다. 이 글을 쓰면서 만났던 비정규직 노동자들에게 받았던 인간적인 감동이 내겐 큰 공부가 되었다.

미국과 세계의 여러 모습들

천성적으로 돌아다니는 것을 싫어하는 성미인지라 결혼 전까지 어디를 다녀 본 기억이 손에 꼽을 정도다. 그러나 대한민국이라는 나라의 야만과 맹목에 넌더리를 내게 되고, 사는 게 무엇인지 이런저런 생각을 하게 된 무렵부터 다른 세계에 대한 동경이 생겨났다. 그리고 세계화로 인한 세계적인 규모의 불평등에 대한 관심도 생겨났다. 그러나 나는 좀 예외적인 경우이고, 세계의 속살과 다른 세계에 대한 관심이 생겨나는 시기는 대개 사춘기가 아닐까 싶다.

그런 맥락에서 우리 교육의 가장 큰 병폐의 하나는 1년 수업일수의 1/4에 해당하는 방학을 아이들의 견문을 넓히는 데에 거의 쓰지 못하는 것이 아닐까 싶다. 해외여행이라 해 봐야 부모와 다니는 짧은 관광이나 어학연수 정도이다. 아이들은 분명 어른보다 미지의 세계에 대한 더 짙은 동경을 갖고 있고, 그들이 세상의 참모습을 보게 되면 인식은 놀랄 만큼 확장된다.

미국이라는 존재는 이 세계에서 여러모로 의미심장하다. 근대세계가 태동부터 담고 있었던 폭력과 약육강식의 논리, 그리고 지금 이 세계에 드리운 암울함을 모두 체현하고 있는 나라, 그리고 우리 현대사에도 지울 수 없는 그늘을 드리우고 있는 나라가 바로 미국이다. 따라서 세상의 얼개를 파악하기 위해서는 반드시 미국에 대해서 알아야 한다고 생각한다.

| 교사를 위한 안내서 |

• 장 지글러, 《왜 세계의 절반은 굶주리는가》

날마다 뉴스에서 아프리카의 기근과 관련한 소식을 접할 수 있다. 우리는 달리 어떻게 할 길이 없으니 외면하고 만다. 유엔 식량특별조사관으로 일한 바 있는 장 지글러는, 이것은 '정치적인 문제'라고 말한다. 세계는 사실상 식량 과잉이고, 미국이 생산할 수 있는 곡물 잠재량만으로도 전 세계 사람들이 먹고살 수가 있다. 그런데 하루에 밀양시 인구만큼인 10만 명의 어린이가 굶어 죽어 가고 있다. 나는 이 책을 아이들에게도 많이 빌려 주었는데, 의외로 이 책을 숙독했고 몇몇은 크게 영향을 받았다.

• 하랄트 슈만·한스 피터 마르틴, 《세계화의 덫》

　이 책이 나온 지 꽤 시간이 흘렀지만, 이 책을 처음 접했을 때의 충격이 지금도 새록새록 떠오른다. 이 책을 통해 그 당시 주류에서 목청을 높이던 세계화의 허구성이 많은 부분 폭로되었다. 그리고 눈이 핑핑 돌아가도록 빠른 속도로 지구촌을 누비는 금융 자본의 실상도 알게 되었다. 세계화는 사실상 '야만과 빈곤의 세계화'이며, 이것이 세상을 나락으로 이끌 것이라는 이 책의 경고는 이제 현실이 되었다. 독일의 언론인인 지은이들의 다소 선정적인 서술 방식이 마음에 걸리지만, 지금 세상의 얼개를 파악하는 데 이만한 책도 없다.

• 아룬다티 로이, 《9월이여, 오라》

　2004년 인도 뭄바이에서 열린 세계사회포럼에서 〈새로운 미국의 세기〉라는 연설로 일약 유명 인사로 떠오른 인도 작가 아룬다티 로이의 글을 모은 책이다. 그는 주류 사회의 명사들에게 기억되기보다 인도의 강과 계곡으로부터 기억되는 작가가 되고자 한다. 인도의 개발주의와 미국 제국의 패권주의, 세계화의 폭력들을 작가의 양심과 문장의 힘에 기대어 고발하는 빼어난 글들이 빼곡히 채워져 있다.

• 찰머스 존슨, 〈찰머스 존슨의 '미 제국주의 비판' 1~6〉, 〈프레시안〉 2006년 4월 9~14일

　미국의 속살을 공부하기에 아주 좋은 자료다. 찰머스 존슨에 의하면 미국 제국은 스스로도 어찌할 수 없는 괴물이 되어 버렸다. 특히 군산복합체와 전 세계에서 운영하는 수백 곳의 대규

모 군사기지는 미국을 점점 더 나락으로 몰아가는 주범이며, 하루빨리 제국을 해체하고 '탈군사화'하지 않으면 안 된다고 주장한다. 방학 보충수업 시간에 요약하기 자료로 공부했는데, 아이들이 의외로 잘 따라왔다.

| 아이들과 함께하는 자료 |

• 박지희, 〈지구촌 아이들의 두 모습〉, 〈경향신문〉 2006년 10월 20일

유럽과 아프리카 어린이들의 극단적으로 대조되는 삶을 그려 낸 기사다. 우리 돈으로 수십만 원 하는 젖병과 딸랑이를 쓰는 독일 부유층의 아기들과, 버려져 입양될 곳조차 없는 아프리카 아기들은 결국 모두 불행할 따름인데, 저들은 별개가 아니라 세계화의 다른 두 얼굴인 것이다.

• 한비야, 《지도 밖으로 행군하라》

널리 알려진 베스트셀러이고 이미 많은 아이들이 읽었지만, 아직 읽지 않은 아이들도 많다. 한비야는 세계를 누비며 보람 있는 일을 하고 싶어 하는 아이들의 로망을 상징하는 존재가 되었다. 이 책은 한비야 씨의 5년여 간의 월드비전 긴급구호팀장 체험이 담겨 있다. 아프간, 이라크, 잠비아, 말라위, 라이베리아 등의 참상과 이들을 돕는 한비야의 '로드 무비'와 같은 행적이 그려진다. 학급 문고에 비치해 두면 많은 아이들이 관심을 갖고 읽어 내고, 아이들은 인식의 지평이 크게 확장되는 경험을 하게 된다.

- EBS 〈지식채널e〉 '시한폭탄' 1부 위험률 제로, 2부 아메리칸 드림

2008년 전 세계를 강타한 미국발 경제 위기를 짚어 내고 있다. '돈놀이'로써 내내 두 자릿수 수익률을 유지하면서 거품을 키워 온 신자유주의 금융경제를 다룬 '위험률 제로', 그리고 피해 규모조차 알 수 없도록 꼬여 버린 주택 시장과 그 붕괴로 유발된 미국발 금융 위기를 다룬 '아메리칸 드림'까지, 알기 쉽게 잘 요약해 놓았다. 결국은 인간의 땀방울로부터 유리된 '돈놀이'가 이 모든 사태의 본질임을 어렵지 않게 이해할 수 있다.

- EBS 〈지식채널e〉 '다시 살게 한 한마디', '사람들'

이스라엘-팔레스타인 분쟁을 다른 각도에서 알려 줄 필요가 있다. 나는 '인권영화제'에서 소개한, 이스라엘의 침공을 겪는 팔레스타인 소년들이 어떻게 테러리스트로 변해 가는지를 그린 〈아나의 아이들〉이라는 비디오를 1년에 한 번씩 수업 제재로 쓴다. 이 다큐를 보고 나면, 이들에게 비폭력을 운운하는 것이 얼마나 어설픈 것인지를 저릿하게 느끼게 된다. 1982년 이스라엘의 레바논 공격으로 부모와 한쪽 팔을 잃은 타리크라는 소년이 끝내 살 용기를 얻은 것은 그를 치료하던 노르웨이인 의사의 한마디 "너는 남은 한 손으로 총을 쏠 수 있다"는 말 때문이었다. 2006년 여름에 자행된 이스라엘의 레바논 폭격 사태를 다룬 '사람들' 편도 이어서 보면 좋다.

- EBS 〈지식채널e〉 '1968' 1, 2부

1968년, 프랑스 소르본 대학의 소요 사태는 청년들의 기성세대에 대한 항쟁으로 걷잡을 수 없이 확산되었다. 청년들은 고도성

장 사회에 넘쳐 나는 물신주의와 권위주의, 불안정한 미래, 암기식·주입식 교육을 참을 수 없었던 것이다. '68사태'는 하나의 문화 현상이 되어 전 세계에서 동시에 진행되었고, 세상은 크게 바뀌었다. 이 땅에서도 이런 항쟁이 일어나야 한다. 그것이 아이들에게 희망을 거는 이유이다.

• EBS 〈지식채널e〉 '전족이 아름다운 이유'

작고 아담한 발을 만들기 위해 봉건시대 중국 여성들에게 강요되었던 전족 현상을 그린 작품이다. 아이들은 흥미롭게 몰두하지만, 대개 지금 세계에서는 불가능한 봉건적 잔재로 넘겨 버린다. 그러나 상징적인 의미에서 오늘날 우리가 받고 있는 이 교육이 또한 '전족'과 다름없는 것임을 이야기하면 아이들은 진지해진다. 전족 그 자체보다 '오늘날의 전족'에 대해 이야기할 수 있어야 한다.

• EBS 〈지식채널e〉 'blood phone'

아프리카 콩고에서는 휴대폰 부품의 원료인 콜탄과 다이아몬드 채굴권을 차지하기 위한 내전으로 300만 명이 죽었다. 시에라리온의 다이아몬드 광산 노동자의 하루 임금은 500원이다. 다이아몬드와 휴대폰은 전 세계에 팔리지만 이를 차지하기 위한 전쟁으로 성노예가 된 여성이 있고, 살인 기계가 되어 버린 소년병들의 상처는 치유되지 않는다. 이 세계의 야만을 단적으로 보여 준다.

• EBS 〈지식채널e〉 '파키스탄의 아이, 이크발', '축구공 경제학'

파키스탄의 카펫 공장에서 살인적인 강제 노동을 당하다가 이 실상을 국제사회에 알렸던 용감한 소년 이크발은 암살당한다. 아동 노동 착취를 충격적으로 고발한 영상이다. 2002년 한·일 월드컵의 공인구 '피버노바' 생산도 하루 임금 500원을 받지 못하는 파키스탄 등 제3세계 아이들의 혹독한 노동 때문에 가능하다는 것을 가르쳐 주는 '축구공 경제학' 편도 좋다.

| 더 깊이 있는 공부를 원하는 아이들에게 권하는 자료 |

• 조지 몬비옷, 〈미국이 전쟁을 하려는 진짜 이유〉, 〈프레시안〉 2003년 2월 20일

미국의 문명비평가 조지 몬비옷이 이라크전 발발 당시에 미국의 군산복합체와 석유 자본, 그리고 전쟁을 치르지 않으면 도저히 떨궈 낼 길이 없을 만치 극단으로 치달아 가는 미국 경제의 과잉 생산, 축적 시스템을 밝힌 글이다. 미국의 세계 질서에 대해 피상적으로 이해하기보다는 이런 글을 통해 조목조목 따지는 것이 중요하다.

• 이철현, 〈세계 경제, 달러와 함께 쓰러지나〉, 《시사저널》 848호, 2006년 1월 13일

《시사저널》이 '삼성저널'이 되기 전에 종종 볼 수 있었던 좋은 기사이다. 자국의 쌍둥이 적자를 방어하기 위해 국채 발행을 남발하면서 달러화는 지금 신인도를 상실하고 있고, 이로 인해 세계 금융권에까지 위기를 몰고 오는 과정을 잘 서술하고 있다. 아이들의 세계 경제에 대한 인식을 한 단계 끌어올리는 데 좋은 글이다.

- 권복기 기자, 〈다국적기업 석유 개발 맞서 '우와족' 집단 자살 배수진〉, 〈한겨레〉 2003년 10월 30일

남미 콜롬비아 산악 지대에 사는 우와족의 땅에 석유가 매장돼 있다는 것이 확인된 순간부터 비극은 시작되었다. 석유를 지구의 '피'라고 믿는 이들은 절대로 이곳을 떠날 수 없다며 집단 자살의 배수진을 치고, 정부와 다국적기업과 싸웠다. 우리가 누리는 이 석유 문명이 실은 무지막지한 폭력을 바탕으로 하고 있음을 알게 해 주는 좋은 탐방 기사이다.

- 김도형 기자, 〈일본 호황 뒤편 굶어 죽는 비극〉, 〈한겨레〉 2007년 7월 16일

일본 경제가 회복기에 접어들었다고 하지만, 노숙자와 극빈층은 더욱 증가하면서 양극화체제가 강화되고 있다는 기사이다. 신자유주의적 시장 논리의 고삐를 더욱 바투 쥐어 가는 우리나라가 선배 일본의 운명에 그대로 겹쳐진다.

- 모흐센 마흐말바프, 〈잊혀진 나라, 아프간 1~6〉, 〈프레시안〉 2001년 11월 13~20일

2007년 여름, 아프간 인질 사태가 한창일 때 다시 연재되었다. 우리가 아프간에 대해 알고 있는 것은 얼마 되지 않는다. 아프간이 마약 재배와 탈레반 전사가 되는 길 말고는 '취업' 자체가 불가능한 나라라는 사실은 그다지 널리 알려지지 않았다. 그리고 그 배경에는 역시, 미국과 소련 두 강대국에 의한 침탈의 역사가 있다. 이 자료로 보충수업 시간에 요약하기 수업을 했다. 모흐센 마흐말바프는 이란 출신의 세계적인 영화감독이다.

아이들에게 세상의 모습을 가르치기 위한 몇 가지 제안

교실에 신문을 갖다 놓자

아이들에게 신문을 읽혀야 한다. 신문 한 부에는 그날의 세상이 오롯이 담겨 있다. 그리고 조·중·동 말고 비교적 건강하고 양식 있는 신문을 접하게 하는 것은 한국 사회에서는 남다른 의미가 있다.

나는 집에서 구독하는 〈한겨레〉를 담임을 맡은 교실에 갖다 놓거나, 아예 1년치 구독료를 미리 내고 〈경향신문〉을 교실에서 구독하는 방식으로 신문을 교실 안으로 끌어들였다. 번거롭고 신경쓰이는 일도 많았지만, 효과가 있었다. 작년 촛불시위 무렵에도 그랬고, 노무현 전 대통령의 서거 이후에도 그랬고, 큰 사안이 있을 때 신문은 아주 인기리에 읽힌다. 서로 돌려 보느라고 기다리는 아이가 생길 정도다. 평소에도 많은 아이들이 신문을 돌려 읽는다.

조·중·동의 폐해도 틈날 때마다 이야기하는데, 이런 노력의 영향만은 아니겠지만 작년 촛불시위가 한창일 무렵에는 몇몇 아이들이 조·중·동을 구독하는 친구를 설득하여 〈한겨레〉나 〈경향신문〉으로 바꾸게 하는 모습도 볼 수 있었다.

자료를 스크랩하자

현실을 가르치고자 하는 교사에게 스크랩은 기본이다. 나는 블로그나 미니홈피를 운영하지 않기 때문에 신문이나 잡지를 오리거나, 인터넷 기사를 출력해서 파일에 꽂아 두는 식으로 자료를 모은다. 그렇게 모은 자료들은 복사해서 수업 시간에 읽기 자료로 활용할 수 있었고, 관심 있는 아이들에게는 스크랩 파일을 통째로 빌려 주기도 했다. 이런 식으로 몇 년간 모은 자료가 상당하다. 스크롤바로 죽 읽어 내리고, 클릭 한두 번으로 스크랩하는 온라인 방식으로는 '자기 자료'가 되기도 어렵고, 실제 활용도도 떨어진다는 게 내 판단이다.

수시로 EBS〈지식채널e〉동향을 확인하자

현실 문제를 가르치고자 하던 나에게 EBS〈지식채널e〉는 그야말로 혁명이었다. 위에 나열했듯이,〈지식채널e〉는 내가 가르치고자 하는 내용들을 너무나 일목요연하게 정리해 주었고, 설득력 있게 전달해 주었다. 최근 들어〈지식채널e〉의 성향이 조금 바뀐 감이 있지만 여전히 훌륭한 수업 제재들을 생산해 내고 있다. 한 달에 한 번 정도로도 충분하니〈지식채널e〉누리집에 들러 동향을 확인할 필요가 있다. 누리집 초기 화면에서 '내용별 분류' 메뉴를 통해 검색하면 원하는 자료를 찾기가 수월하다.

학급 문고를 꾸며 보자

현실을 가르치기에도, 그리고 바른 독서 교육을 위해서도 역시 좋은 것은 학급 문고와 개인 문고가 아닐까 싶다. 나는 전국국어교사모임을 통해 학급 문고를 운영하는 교사들의 사례를 보고 많이 배웠다. 그래서 나도 집에서 묵히는 책 150여 권을 학교에 갖다 놓고, 100권 규모의 학급 문고와 50권 규모의 개인 문고를 운영한다. 그리고 내가 구독하는 잡지들 중에 아이들이 흥미로워하는 잡지(《한겨레21》,《씨네21》, 월간《작은책》),〈한겨레〉나〈경향신문〉같은 일간지, 그리고 내게 배달돼 오는 시민단체의 소식지들을 비치한다. 그리고 나는 여러 종류의 만화를 갖다 둔다. 현재 우리 반에서 돌고 있는 만화책들은 만화가 윤승운 선생의《겨레의 인걸 100인 1~4》(초등용인데 의외로 '중독성'이 있다), 앞서 소개한《태일이 1~5》, 강풀의《26년》,《레볼루션 No.3》, 최규석, 박재동, 손문상의 여러 작품집들, 국가인권위가 기획한 인권 만화책, 그리고 어린이 교양 잡지《고래가 그랬어》등이 있다. 그리고《매그넘 코리아》같은 도록도 있다. 분실 사고가 있어서 이제는 담당 학생을 선임하여 관리하고 있다. 학급 문고에서 인기가 있는 것은 대개 나라말, 창비, 사계절, 우리교육 등에서 나온 청소년 문고들과 만화책이다.

개인 문고를 운영해 보자

수업 시간에 가끔 교사의 설명에 대해 번뜩이는 반응을 보이는 아이가 있다. 나의 어설픈 심리학 이야기에 귀를 기울이는 아이에게는 내가 갖고 있는 샌디 호치키스의《나르시시즘의 심리학》을 빌려 주면 금세 다 읽고 돌려준다. 한국 사회에 대해 비판적인 안목을 내비치는 아이에게는 홍세화, 박노자, 진중권, 김종철 선생의 책을 빌려 준다. 인문 고전에 관심을 보이는 아이에게는 신영복 선생의《강의》나 고병권 선생의 여러 책들을 빌려 준다. 학급 문고는 주로 대중적이고 읽기 편한 책들로 꾸미고, 개인 문고는 세상과 삶에 관해서 조금 수준 있는 문제의식을 담은 책들로 꾸민다. 책을 빌려 주고 돌려받는 과정에서 아이들과 깊이 있는 교류도 가능하다.

이런 수공업적 방식의 읽기 교육이 이전에 내가 시도했던 권장도서·필독서 채택, 지필고사·수행평가 반영, 독서경시대회와 같은 대공업적 방식보다 훨씬 내실이 있었다.

　집에서 먼지만 뒤집어쓰고 있는 묵은 책들을 교실과 교무실로 한번 옮겨 보는 것은 어떨까.

약한 자들의 인문학[39]

인문학 강의 요청을 받고, 동래여중 친구들하고 무슨 이야기를 할까 고민했어요. 그러다 전상국의 단편소설 〈우상의 눈물〉이라는 작품을 갖고 이야기를 해 보고 싶어서 추천을 했습니다. 혹시 안 읽은 학생들이 있을 수 있으니 줄거리만 되새겨 봅시다.

'최기표'라는 오갈 데 없는 깡패가 있어요. 학급의 실질적인 권력이고 망나니죠. 맘에 안 들거나 '메시꺼운' 사람이 있으면 잔인하게 린치를 해요. 집안이 몹시 가난해서 그런 열등감을 분풀이 하는 건지도 모르죠. 어쨌든 이 골칫덩어리 기표를 담임과 똑똑한 반장 형우가 길들이려고 했어요. 낙제당할 수 있으니 커닝을

---

[39] 이 글은 2012년 4월 7일 부산 동래여중에서 진행한 강의를 다듬은 것이다.

시켜 주려고 했는데, 기표가 그걸 거절하죠. 그러고는 커닝을 주도한 형우한테 린치를 가해서 앙갚음을 했는데, 형우가 끝끝내 기표의 린치 행위를 발설하지 않아요. 그때부터 기표가 서서히 형우에게 굴복하게 됩니다. 기표는 자존심 강한 꼿꼿한 악마에서 불쌍하고 동정받아 마땅한 '불우 이웃 돕기' 대상으로 서서히 몰락해 가요. 그러다가 자기를 소재로 한 영화까지 만들어질 무렵에 기표는 "무섭다, 무서워서 살 수가 없다"는 편지를 남기고 가출하면서 소설은 끝납니다.

제가 강의 전에 글쓰기 과제를 하나 냈습니다. "기표가 떠나 버린 그 반은 '좋은 반'인가"라는 질문에 '① 좋은 반이다 ② 좋지는 않지만 현실적으로 최선이다 ③ 나쁜 반이다' 이 세 가지 답 중 하나를 고르고 그 이유를 써 보라고요. 자, 이제 발표를 해 볼까요. 1번 "기표가 떠난 2학년 13반은 좋은 반이다"라고 생각하는 친구, 손 한번 들어 봐요. 아무도 손을 안 드네요. 저는 1번 답도 가능하다고 생각해요. 이거, 냉정하게 봐야 돼요. 우리 자신이 2학년 13반 학생이라고 생각해 보세요. 기표가 떠나고 나서, 우리는 이제 누가 내 도시락을 까먹을까 걱정 안 해도 되고, 말 한마디 잘못해서 기표 눈에 거슬려서 언제 '다굴'을 당할지 모르는 공포에서도 벗어났어요. 얼마나 후련하겠어요. 좋은 반이라고 생각할 수 있어요. 실제로, 오늘날 많은 사람들이 생각하는 '정의'는 바로 이런 거예요. 눈앞의 폭력을 사라지게 하는 것. 북한 같은 나라를 지구상에서 퇴출시키면 좋겠다고 세상 사람들은 생각합니다. '북한이 왜 저럴까' 생각하는 사람은 별로 많지 않습니다. 눈에는 눈 이에는 이, 바로 이게 오늘날 세상의 일반적인 정의관입니다.

그럼 이번엔 2번, "좋은 반은 아니지만 현실적으로는 최선"이라고 생각하는 친구, 손들어 봅시다. 열한 명이네요. 그럼 한 친구가 발표해 볼까요? 죽어도 싫죠? (웃음) 혹시 여기 동래여중 인문학 교실에도 기표 같은 친구가 한 명 있어서, 발표했다가는 나중에 "메시껍게 굴지 마"라는 말과 함께 다굴을 당할 수도 있어요. (웃음) 그래도 한 명만 발표해 봅시다.

김다은 기표가 떠난 2학년 13반은 좋지는 않지만 현실적으로 최선인 반입니다. 바다에서 모든 배가 순풍을 맞아 올바른 길로 들어설 수 없듯이, 때로는 잘못된 선장과 의욕적이지 않은 배의 구성원들을 만나면 생각한 만큼 목적지를 향해 나아가는 일이 쉽지 않을 수도 있습니다. 하지만 2학년 13반은 그나마 좋은 선장과 의욕적인 구성원들을 만나 순항을 하고 있었던 것이 사실입니다. 이 배의 선장은 단 한 명의 구성원도 소중히 여길 줄 알았기 때문에 구성원들은 선장을 좋게 생각했습니다. 최기표(이하 기표)라는 배의 구성원은 다른 학생들을 두려움에 떨게 하는 존재였습니다. 유급을 당한데다 마음에 들지 않는 학생이 있으면 아무렇지 않게 폭력을 행사했기 때문입니다. 언제나 기표와 잘 지낼 것만 같았던 선장 임형우(이하 형우)의 노력을 기표가 값싼 동정으로 생각하기 전까지는 말입니다. 형우가 기표에게 당한 것이 형우에게는 아무렇지 않은 일일지도 모릅니다. 하지만 아무리 형우가 아무렇지 않은 척한다 하여도 그 반 학생들, 배의 구성원들은 기표라는 학생을 두려워할 수밖에 없습니다. 그러자 배의 구성원들은 점차 그의 주위에 있기를 꺼려 하고, 그 덕분에 배는 균형을 유지하지 못하고 이미 기울어져 있는 상태라고 할 수 있습니다. 반 학생들은 한 명 한 명이 모두 소중한 존재입니다. 그 학생들은 배의 구성원으로서 배가 언젠가는 목적지에 도착하게 하는 것이 최종 목표입니다. 아무리 훌륭하고 의욕이 넘치는 선장이라도 기표라는 구성원만 챙기면 안 된다고 생각합니다. 그 학생 한 명 때문에 망가지는 수업 분위기와, 두려워하며 학교를 다녀야 하는 다른 구성원들을 생각해야 합니다. 기표가 아무리 '순수한' 악마라고 해도, 그리고 사회 권력의 도마 위에 오른 사회적 약자라고 해도 악마는 악마이며 스스로 자신이 지은 죄를 책임져야 합니다. 배는 이미 기울어졌고, 선장인 반장과 배의 주인인 담임 선생님은 냉정한 결정을 해야 합니다. 한 명을 구제하기 위해 나머지 학생들의 학교생활을 무시할 수는 없습니다. 물론 한 명의 낙오자도 없이 모든 배의 구성원들과 함께 목적지에 도착하는 것이 가장 좋은 방법이지만, 배에 너무 부정적인 영향을 끼치는 구성원이 있다면 다른 구성원을 위해서라도 다른 배에 태우는 것이 옳습니다. 그러므로 기표가 없는 반은 이상적인 순항의 모습은 아니지만 최선의 선택이자 방법입니다. 이것은 짧은 제 생각이며 제가 2학년 13반 반장 형우라면 어떻게 할 것인가를 바탕으로 말씀드리는 것입니다. 우리 배의 한 학생을 다른 배에 태우는 것이 미안하기도 하고, 그 학생에게는 인생의 중요한 결정일 수도 있겠지만, 반장이라는 사람은 나무보다는 숲을 볼 줄 알아야 합니다. 의도하지 않게 배의 주인과 선장은 한 학생을 놓았지만, 그로써 배의 균형이 맞춰진 것은 사실입니다. 물론 기표가 사회 권력의 도마 위에서 무너진 것이 잘 되었다는 것은 아닙니다. 기표를 선의와 호의를 가장하여 동정의 대상으로 만든 담임과 형우의 행동도 나쁜 짓이지만, 기표의 악행도 짚고 넘어가야 하는 문제입니다. 때로는 소수가 다수를 위해 희생해야 하고, 책임을 져야 하는 지도자는 다른 사람의 속까지 봐야 하는 것이 자신의 위치에 대한 예의라고 믿습니다.

네, 훌륭합니다. 그런데 하나 물어보고 싶어요. 다은 친구는 형우의 입장에서 생각해 보았다고 했는데, 형우 같은 반장이 되고 싶어요?

김다은 제가 반장 형우라면……. 사실 2학년 때도 똑같은 상황이 교실에서 벌어졌어요. 〈우상의 눈물〉과 비슷한, 깜짝 놀랄 만큼 비슷한 상황이었거든요. 근데 저는 형우와 같은 선택을 했어요. 이 아이를 배에서 내리는 것이 옳다고 생각했고, 담임 선생님과 반 친구들의 의견을 모아서 저는 나름대로 잘했다고 생각합니다. 그래도 형우처럼 기표가 가진 마지막 자존심을 상하게 행동하는 것은 옳지 않다고 생각해요.

다은 친구의 발언은 '형평성'이라는 단어로 요약될 것 같아요. 기표 하나 때문에 우리 모두가 누려야 될 권리가 침해당해서는 안 된다는 거고, 그래서 우리 반의 정의를 위해서는 기표가 지은 죄에 대한 정당한 벌을 받아야 된다는 거죠. 합리적인 사고방식을 가진 친구라는 생각이 듭니다. 그러나 지적해야 할 다른 문제도 있습니다. 그 목적을 이루어 가는 방식이 옳지 않다면, 그것이 정당화될 수 있을까 하는 문제입니다.
자, 그러면 3번, 2학년 13반은 나쁜 반이라고 생각하는 친구, 손 한번 들어 주세요. 네, 역시 제일 많군요. 한 사람이 발표해 볼까요.

김다정 기표가 떠난 2학년 13반은 나쁜 반이라고 생각합니다. 형우와 '나'에게 기표가 한 행동은 명백한 학교폭력입니다. 그런데 가해자가 중간에 떨어져 나갔다고 해서 그 반이 좋은 반이 된 것은 아니라고 생각합니다. 기표가 마지막에 여동생에게 보낸 편지에서 "무섭다, 나는 무서워서 살 수가 없다"고 한 것은 담임과 형우가 기표에게 세상에 대한 공포를 주었기 때문입니다. 담임과 형우는 기표를 길들이기 위해서 기표에게 부정행위를 하도록 유도하고, 기표의 어려운 가정환경을 폭로하고, 반 아이들이 불우 이웃 돕기를 하게 하는 등 기표를 무력화시켰다고 생각합니다. 그들은 겉으로는 친절을 베풀며 기표를 도와주는 척했지만, 사실은 기표를 발가벗기기 위한 것이었습니다. 기표가 겉으로 보이는 폭력을 행사했다면 형우와 담임은 보이지 않는 폭력을 휘둘러 기표를 학교에서 떠나게 했기 때문에 저는 2학년 13반이 예전처럼 별로 달라진 것 없는 나쁜 반이라고 생각합니다.

방금 발표한 다정 친구는 도덕적인 가치를 중심에 놓은 것 같아요. '악을 악으로 징벌하는 세상은 좋은 세상일 수 없다. 더 큰 악일 수 있다' 이런 얘기겠죠. 이 소설은 교실에서 벌어지는 일이지만, 교실은 또 하나의 세상이지요. 세상을 교실에 빗댄 거예요. 사실 기표를 대하는 방식에서 1번하고 2번은 좀 비슷한 데가 있어요. 1번은, "악을 솎아 내는 그 자체가 좋은 것"이라는 것이고, 2번은 "악을 솎아 내는 것이 좋은 것이지만, 방법이 나쁘니 문제는 있다"는 거니까요. 어쨌든, 현실로 드러난 피해를 중심으로 생각하는 거죠. 3번은 그런 현실론보다는 이 '악'이 어디서 왔나, 그 너머의 진실을 생각해 보려는 것 같아요. 그러면 한번 물어볼게요. 이 세상은 1번, 2번, 3번 중에서 어느 논리가 지배하고 있는 것 같아요? (학생들 : 1번~!) 네. 아까 말한 대로 1번입니다. 그리고 조금 진보했다는 데서는 2번을 선택할 정도의 '여유'를 보여 줍니다. 그런데 제가 학교에 있으면서 수업을 해 보아도 그렇고, 여기도 그렇고 이상하게 3번을 선택하는 친구가 많이 나와요. 그런데 막상 자기가 2학년 13반의 일원이라면 쉽게 그러진 못했을 거예요. 남의 일이라서 그런 걸까요?

이하림 (소설 속) '나'의 시선을 통해, 담임 선생님이나 형우의 말 속에 숨겨져 있는 이면을 우리가 볼 수 있어서요.

동래여중 친구들 정말 똑똑하네요. (웃음) 그래요, 우리는 이 상황을 관조觀照할 수 있어요. 그렇기 때문에 기표를 오히려 동정할 수도 있고, 아주 유능하고 좋은 지도자처럼 보이는 담임과 형우를 비판할 수도 있어요. 관조, 영어로는 'contemplation'이라고 합니다. 아리스토텔레스라는 철학자가 있어요. 이름만 들어도 머리가 아픈 사람이죠. (웃음) 아리스토텔레스에게 "좋은 삶이 뭐냐?"라고 물으니까, 딱 한마디로 "행복이다"라고 답했어요. 그러면 "최고의 행복은 뭐냐?"고 물으니까, 많이 즐기고 누리는 향락도 아니고, 남들이 알아주는 명예도 아니고 바로 "관조하는 삶이다", 이렇게 얘기했어요.

여러분들은 등산 좋아하세요? 별로 안 좋아할 거예요. 저도 그랬어요. 그런데 지금은 등산을 좋아해요. 산에서 막걸리 마시는 것도 좋지만, (웃음) 산에 올라가서 우리가 살던 곳을 내려다보면 갑자기 내가 넓어지는 것 같아요. 저 밑에서 복닥거리던 이 일상이라고 하는 것이 때로는 부끄럽기도 하고, 부질없기도 하고……. 산에 오르면 이러한 시선을 얻을 수가 있어요. 그래서 경건해지기도 하고, 차분해지기도 하거든요. 그것도 일종의 관조겠죠. 아까 하림 친구가 예리하게 지적한 것처럼, 이 소설에서 우리가 3번에 설 수 있었던 것은, 소설을 읽으면 기표라는 존재가 어떤 존재인지, 형우라는 사람이 어떤 사람인지를 다 볼 수 있기 때문이에요.

그런데 현실에서는요, 담임이나 형우 같은 사람은 굉장히 뛰어난 사람이에요. 피를 보지 않고 기표가 스스로 튕겨져 나가게끔 만들어 냈잖아요. 사실 말이지만, 저도 2학년 13반 담임이었다면, 2번에 가까이 가 있었을 가능성이 높아요. 아까 다은 양이 지적한 것처럼 다른 학급 구성원의 권리도 중요하기 때문에 기표를 처벌하거나 끝내 축출하려고 했을지도 모르겠어요.

어쨌든, 저는 '관조하는 사람'이 되어 있으니 주저 없이 3번을 택합니다. 하지만, 3번만 옳고 1번, 2번은 틀렸다고 말하고 싶은 생각은 조금도 없어요. 그리고, "3번 같은 생각을 하는 사람이 많은 세상이 좋은 세상인가?"라고 묻는다면, 그렇지도 않다고 생각해요. 저는 3번처럼 생각하는 사람이 넘쳐 나는 세상은 1번처럼 생각하는 사람이 넘쳐 나는 세상만큼이나 지옥일 거라고 생각해요. 내가 친구의 뺨을 찰싹 때렸을 때 "친구야, 고마워. 내 왼쪽 뺨도 때려 주지 않으련?" 하고 말하는 사람들만 있는 거잖아요. (웃음) 예수님의 말씀을 부정하는 것이 아니에요. 누군가로부터 뺨을 맞으면 화가 나고 분한 게 자연스러운 거예요. 예수님은 그런 분노와 화를 넘어서야 한다고 말씀하신 거지, 자연스러운 감정 자체가 없어야 하거나 옳지 않다고 말씀하신 게 아니거든요. 분노와 화가 있기 때문에 인간인 거예요. 눈에는 눈 이에는 이, 이런 논리가 세상을 지배해서도 안 되지만, 공동체의 안녕을 위해서는 어쩔 수 없다는 이유로 이런 기만적인 위선을 용인하는 것도 정의롭지 못하죠. 그래서 어려운 거예요. 우리가 공부를 하는 이유도 바로 이 어려운 '관조'를 위해서일 거예요.

3번처럼 관조하기 위해서는 두 가지 질문이 필요해요. 하나는, '저게 기표만의 책임이 아닐 것이다'라는 생각으로 기표의 악이 어디서 왔는지를 묻는 거예요. 판잣집에서 라면만 끓여 먹고 사는데, 아버지는 식물인간이고, 어머니는 심장병 환자고, 여동생은 술집에 나가려 하는 버스 안내원이라면 당연히 세상을 저주하게 되어 있어요. 또 하나, '그렇다면 저 기표의 악과 기표의 선은 얼마나 멀리 떨어져 있는가?'라는 질문이 필요해요. 그러니까 '선과 악의 거리'를 물어야 해요. 우리는 누구는 착하다, 누구는 나쁘다, 이런 판단은 참 잘하는데, 이 둘이 사실은 맞물려 있고 꽤 거리가 가깝다는 사실은 잘 생각하지 못하는 것 같아요.

우리는 날 때부터 선하고 이쁜 사람, 반대로 날 때부터 표독스럽고 못된 악당에 익숙해요. 그런데요, 그런 사람은 현실 속에서 만나기 참 어려워요. 세상에 100% 선, 100% 악, 이런 건 없어요. 우리는 대개 51%의 선함과 49%의 악 사이에서, 혹은 51%의 악과 49%의 선 사이에서 왔다 갔다 해요. 그러다 아주 운 좋게, 혹은 '끙~' 하고 힘들게 선 쪽으로 넘어가서 겨우 51%로 선의 편에 서거나, '에라 모르겠다' 하면서 51%의 악의 편에 서거나 하는 거죠.

아까 강의 시작 전에 동래여중 선생님께 듣기로는, 여러분들이 〈우상의 눈물〉을 다 읽고 나서 기표가 앞으로 어떻게 살아갔을지 궁금해했다고 하던데, 그게 문학의 본질이기도 하거든요. 저도 그게 궁금했어요. 그리고 어느 날 신문에서 한 기사를 봤는데 기표의 노년이 이렇지 않았을까 하는 생각이 딱 들더라고요. 그렇게 생각하니 괜히 눈물이 날라 그러더군요. 같이 한번 읽어 볼게요.

벌써 2년째다.

서울 후암동의 중복장애아 보육원인 '가브리엘의 집'과 탁아소 '빛나리 공부방'에 한 달에 두 번씩 과자 상자가 배달된 지가. 매월 15일과 30일 동네 슈퍼마켓 주인은 이 두 곳에 과자를 배달한다. 아이들의 이틀 주전부리 분량이다. 기부자는 '익명'이다. 슈퍼마켓 주인은 "누가 보내는지 밝히지 말아 달라고 부탁했다"고 했다. 보육원과 탁아소 운영자는 자신을 드러내지 않는 기부자에게 고맙다는 인사도 못했다. 아이들은 보름마다 과자 파티를 하며 즐거워한다.

기자는 수소문해 그 숨어 있던 기부자를 만날 수 있었다. 그는 기자를 만나는 것을 거부했다. 전화로 수차례 설득했다. 어렵사리 만난 그는 일흔을 눈앞에 둔 할아버지였다. 그리고, 놀랍게도 그는 나라에서 매달 생활비 37만 원을 받는 기초생활보장 대상자였다. 혼자 살고 있었다. 더구나 그는 5년 전 뇌출혈로 쓰러졌고, 지금도 어지럼증 같은 후유증에 시달리는 환자였다. 가족들은 할아버지가 병원에 입원한 뒤 그의 곁을 떠났다. 철저히 버림받았다. 그는 나이 먹어 일도 못하는데다 보살펴 줄 가족조차 없는 '불행한 노인'인 셈이다.

할아버지는 후암동 쪽방촌에 한 달 10만 원의 사글세를 내며 살고 있다. 두 평 남짓한 그의 방은 대각선으로 누워야 발을 뻗을 수 있을 정도로 좁다.

아침은 건너뛰고, 점심은 무료 급식으로 해결한다. 나라에서 받는 37만 원 가운데 보육원 아이들에게 줄 과자 값으로 12만 원을 지출하고, 10만 원을 방세로 내면 15만 원이 남는다. 그 돈으로 약값과 생활비를 쓴다. 교회에 헌금도 한다.

할아버지는 일찍부터 고아가 됐다. 어머니는 할아버지가 다섯 살 때 폐결핵으로 숨졌고, 아버지 역시 6.25전쟁 통에 숨졌다. 고아원에서 청소년기를 보낸 할아버지는 부산에서 밀수를 하는 '주먹'으로 거칠게 살았다. 경찰과 총격전까지 벌이며 도망다니다가 자수해 군대를 다녀와서는 남대문 시장에서 액세서리 장사를 했다. 그러나 뇌출혈로 쓰러지며 가족은 해체됐다. 부인은 "어떻게 대소변을 받아 내고 사느냐"며 가출해 버렸다. 아들은 병원에 아버지를 팽개친 채 소식을 끊었다.

세상이 원망스러웠다. 퇴원한 그는 심한 우울증에 시달렸다. '확' 불질러 버리고 자신도 죽겠다며 휘발유를 넣은 페트병을 목에 건 채 거리를 하루 종일 방황했다. 달리는 전동차에 뛰어들어 자살하려고 지하철 정류장을 서성이기도 했다.

죽을 '용기'가 모자랐던 할아버지는 빗물이 새는 쪽방에 누워서 곡기를 끊고 죽음을 기다렸다. 밤새 얼굴에 떨어지는 빗방울을 피하지 않은 채 모진 삶에 마침표를 찍으려 했다.

"과자를 왜 보육원에 보낼 생각을 했나요?" 순간 할아버지의 눈시울이 붉어진다. 어눌한 목소리가 떨린다. "어렸을 때 고아원에서 지는 해를 보면서 무척이나 배가 고팠어. 과자를 정말 먹고 싶었지. 쪽방에서 죽기를 기다리던 어느 날 동네 탁아소 아이들이 떠드는 소리가 들리는 거야. 그 소리가 마치 참새가 쫙쫙거리는 것 같았어. 너무 듣기 좋았지. 그리고 어린 시절 미치도록 먹고 싶었던 과자라도 그들에게 주고 죽어야겠다고 생각했어. 그래서 일어났지." 눈물이 흐르는 뺨을 훔치는 손에 경련이 인다. 할아버지는 기초생활보장 대상자 신청을 했고, 생존에 필요한 최소한의 생활비를 조각내 아이들에게 과자를 사 주기 시작했다. 김두환(69) 할아버지는 행복하다. 표정도 좋다. 그리고 이렇게 말씀하신다. "도와줄 수 있어서 너무 고마워!"[40]

---

40 이길우 기자, 〈쪽방에서 온 과자〉, 〈한겨레〉 2007년 4월 20일

제가 너무 낭만적으로 생각하는 걸까요. 그 누구도 기표가 감방을 들락날락하면서 남한테 사기나 쳐 먹고 해코지나 하면서 아주 개처럼 살다가 형편없이 죽을 것이라고, 혹은 암흑가 보스가 되어 떵떵거리며 온갖 나쁜 짓만 하다 죽을 것이라고 예단할 수 없어요. 어쩌면, 저런 악한惡漢도 선을 씨앗처럼 품고 있다가 언젠가 싹틔우며 아름답게 살 수 있을 것이라는 가능성을 생각하는 것이 인문학이라고 저는 생각해요. 인문학, 즉 Humanities란 기본적으로 인간을 옹호하는 것이니까요.

저는 오히려 담임과 형우 같은 사람을 더 경계해야 한다고 생각해요. 그리고 담임과 형우처럼 살지 않기 위해서 애써야 한다고 생각합니다. 담임과 형우가 그러했듯이 '누구누구를 위해서'라는 말이 입에 달린 사람들이 더 위험합니다.

부시 미국 전 대통령 알죠? 그이는 이라크를 침공하면서 바그다드를 불바다로 만들었어요. 그때 어마어마한 어린이들이 폭격에 찢겨서 죽고, 열화우라늄탄 때문에 암에 걸려 고통스럽게 죽었거든요. 그런데 그 부시가 이라크를 침공할 때에 뭐라고 얘기했냐면 "우리는 이라크 민중들을 후세인의 압제로부터 해방시켜 주기 위해서 이라크에 들어간다"고 그랬어요. 일반화하면 안 되지만, '누구누구를 위해서'라는 말이 입에 달려 있는 사람들을 기본적으로 안 믿는 게 좋겠다는 생각도 합니다.

불교에서는 '무주상보시無住相布施'라는 말을 써요. '베푼다'라는 의미의 보시布施라는 상相이 있는데, 이 상이 인간을 괴롭힌다고 합니다. 그러니까 '베푼다'라는 그 상에 머물지 말라는 거예요. 그 상에 머무는 순간부터 보시는 보시가 아니라는 거죠. 또 비슷한 말씀을 노자가 했어요. 노자는 공자와 반대되는 말을 많이 했는데 서로 통하는 부분도 많아요. 노자는 2,500년 전 춘추시대 사람이에요. 그때는 세상이 정말 개판이었어요. 윤리라는 게 없었어요. 전쟁으로 온 거리에 시체가 넘쳐 나고, 굶주림에 지친 자들은 심지어 인육을 먹기도 했대요. 그때 공자는 가까운 가족관계로부터 국가에 이르기까지 "윤리를 세워야 된다"고 했고, 노자는 "윤리가 없어서 이런 것이 아니라, 인간이 자연으로부터 멀어져서 그런 거니 억지로 뭘 하려 하지 마라"고 했어요. '무위자연無爲自然'이라는 말 들어 보셨죠? "있는 그대로 내버려 두라"는 거예요. 인간들이 크고 좋은 나라를 만들려고 하는 그 욕심 때문에 전쟁을 벌이고 그래서 이 세상이 개판이 된다고요. 그래서 노자는 '불감위천하선不敢爲天下先', 그러니까 "세상에서 앞장서는 사람이 되려고 하지 마라"고 했어요. 차라리 힘없고 약한 사람의 손을 잡으라는 거죠.

우리는 왜 공부를 할까요? '무감어수감어인無鑑於水鑑於人'이라는 말이 있습니다. '물에다 비추지 말고, 사람에 비춰 보라'는 말입니다. 예전엔 거울이 흔치 않았으니 물에다 자기 얼굴을 비추어 보았겠죠. 그런데 그건 진짜 얼굴이 아니라는 거예요. 다른 사람에 비친 제 얼굴이 진짜 얼굴이라는 거죠. 무서운 이야기입니다. 여러분이 배우는 수학, 과학, 이런 과목은 확실히 우리 삶의 정확한 거울입니다. 그러나, 사람 속에 비친 내 모습, 세상 속에 비추어진 내 얼굴은 어떤 형상인가, 나는 이 세상 속에서, 내가 맺고 있는 관계 속에서 조금씩 나누어진 채로 존재한다, 이런 인식이 바로 인문학의 시선입니다. 기표라는 거울 속에는, 운 좋게 피해 갈 수 있었던 나 자신의 모습도 있습니다. 그리고 담임과 형우라는 거울 속에는 오늘날 세계를 호령하는 정치 지도자들의 얼굴뿐 아니라, 기표를 내쫓는 방식에 기만과 허위가 있음을 알고 있으면서도 그게 나한테도 좋으니 담임과 형우를 떠받들어 준 내 얼굴도 서려 있다는 것을 알게 될 겁니다.

저는 오늘 강의의 제목을 '약한 자들의 인문학'이라고 달았습니다. "무서워서 살 수가 없어" 도망친 저 최기표가 정말 약한 사람입니다. 그리고 약한 사람의 편에 서는 것이 인문학입니다. 제 얘기는 여기서 그치고, 질문을 받으면서 좀 더 구체적인 이야기를 해 봅시다. 고맙습니다.

질의응답

노신애 인문학에 대해 이야기해 주셨는데, 인문학이 왜 필요한지 듣고 싶습니다. 우리는 왜 근본을 파헤쳐야 되고, 기원을 알아야 됩니까?

첫 질문부터 아주 세군요. (웃음) 중요한 질문입니다. 아까 이야기한 대로 하면 '관조'하기 위해서예요. 그렇지만 거기서 그칠 순 없어요. 산에 올라가면 자기가 살던 세상을 조망하면서 많은 생각들을 하지만, 중요한 건 다시 산을 내려와야 한다는 거예요.

이 세상을 제대로 관조한다면 금방 깨닫는 게 있어요. 길을 잘못 들었다는 사실입니다. '아냐, 난 길을 잘 들었어', '우린 잘 하고 있어', 이런 사람은 인문학을 공부할 필요가 없어요. 실제로 우리 사회에서도 인문학 열풍은 대학이 아니라 감옥에 있는 분들, 장애인들, 성매매 여성들, 이런 분들로부터 시작되었거든요. 삼성의 이건희 씨는 인문학의 필요를 별로 느끼지 못할 거예요. (웃음)

근본을 왜 파헤쳐야 할까요. 노숙인 이야기를 해 볼게요. 서울에 볼일이 있어서 올라갔다가 새벽 한두 시쯤 친구들하고 헤어지면, 저는 영등포역으로 갑니다. 거기에서 밀양 오는 첫차가 6시쯤 있거든요. 그럼 맥주 한 캔 사 가지고, 노숙인들이 코를 드르렁 드르렁 골면서 자는 곁에 저도 신문지 깔고 앉아서 까딱까딱 졸면서 함께 있어 봅니다.

미국의 대공황기에 그런 노숙인들에게 무료 식사를 대접하는 일을 평생토록 한 도로시 데이라는 가톨릭 성인이 있어요. 그분의 글에서 이런 구절을 봤어요. "그 노숙인들에게서 나는 냄새를 맡으면서 나는 분노한다. 무엇이 이 사람들로 하여금 악취를 배게 하였는지." 저는 '번쩍' 충격을 받았어요. 저는 이것이 가장 인문적인 태도, 가장 근본적인 태도라고 생각합니다.

이 세상은 앞으로 이런 노숙인 같은 존재들이 더 늘어날 가능성이 높아요. 경제가 안 좋아지니까요. 우리는 어쨌든 이런 노숙인들과 함께 살아야 하잖아요. 쫓아낸다고 이분들이 사라지는 게 아니잖아요. 눈앞에서 사라질 뿐이지, 어디 다른 행성으로 가는 게 아니잖아요.

이중에도 아마 주상복합건물에 사는 친구가 있을 텐데, 저는 주거 환경으로 제일 안 좋은 게 주상복합건물이란 생각이 들어요. 타워팰리스 같은 데 보면 그 안에 다 있죠. 독서실도 있고, 카페도 있고, 학원도 있고, 마트도 있고. 타워팰리스는 한 채에 10억에서 50억도 한다더군요. 지난 서울시장 보궐선거 때 타워팰리스에서는 투표소도 유치를 했다고 하더군요. 외부인이 거기를 방문할 때 그렇게 엄격하고 딱딱하대요. 다른 말로 하면 이 정도 돈을 낼 수 있는 사람들 이외의 사람들하고는 섞이지 않겠다는 뜻이잖아요. 좀 더 노골적으로 얘기하면, 여기 사는 사람들 외에는 다 잠재적인 도둑놈이나 혹은 우리를 해코지할지도 모르는 사람으로 간주한다는 거거든요. 이들이 타자를 두려워하는 것이라고 생각합니다. 그런데 노숙인들 곁에 있어 보면요, 차라리 마음이 편해요. 저 같은 낯선 사람한테도 아무 말 하지 않아요. 두려워하지 않거든요. 빼앗길 게 없는 사람들이니까요. 냄새가 좀 나는데, 금세 코가 마비되어 가지고 괜찮아요. (웃음)

인문학이 왜 필요한가? 지성과 교양을 위해서입니다. 지성과 교양은 '인간적인 품위'일 겁니다. 어떻게 사는 것이 인간적으로 사는 것일까, 이게 인간적인 품위에 대한 질문입니다. 지금처럼 형편없는 속물적 자본주의가 횡행하는 시대에 인간적인 품위를 고민하는 이들은 대개 '뭔가 근본적으로 잘못되어 있다'는 판단으로 이를 것입니다. 따라서 공부는 '근본'을 가리킬 수밖에 없을 거예요. 그리고 그 근본의 자리에서 가장 먼저 눈에 들어오는 존재는 바로 노숙인처럼 '약한 사람'들일 겁니다. 노숙인을 악취의 존재로 규정하기 전에, 무엇이 이 사람들에게 악취가 나도록 만들었는가를 생각하는 것. 우리 시대에도 수많은 '기표'들이 있겠죠. 이들을 기만적인 방식으로 내쫓는 것이 아니라 어떻게 함께 살 수 있을 것인가를 찾기 위해서 우리는 공부를 하는 것이라 생각합니다.

김다은 저는 아무리 열심히 공부를 해도 국어 성적이 잘 나오지 않는데, 국어 공부를 잘할 수 있으려면 어떻게 해야 하나요? 죄송한 말씀이지만 "책을 많이 읽어라"라는 답변은 안 하셨으면 좋겠습니다. (웃음)

저도 그렇게 답변할 생각 없어요. (웃음) 저는 친구의 질문을 빌미로 저 자신의 공부에 대한 생각을 말하고 싶어요.

지금부터 한 달 전쯤 일인데, 2월 말쯤에 저희 집에 한 제자가 찾아왔어요. 밀양에 내려온 첫해에 가르친 졸업생인데, 서울에 있는 어느 명문 대학을 졸업한 친구예요. 어머니, 아버지께서 밀양에서 식당을 하시는데, 일을 도와드리다가 밤 9시에 저를 찾아와서 12시까지 있다가 갔어요. 이런저런 이야기를 하면서 같이 차를 마시는데, 얘가 울기 시작해요. 사법고시를 여러 차례 쳤는데, 안 됐어요. 그래서 취직을 하려고 하는데, 그동안 고시 공부하느라 다른 준비를 전혀 못한 거예요. 나이도 벌써 스물여섯을 넘어가니깐 취업 적령기를 지나 버렸죠. 토익 점수 따고, 자격증 따고 하려면 최소 2년은 걸리는데, 그 시간이 지나면 금세 서른이 가까워 오거든요. 그러니, '로스쿨'을 가고 싶어 해요. 사립대학의 경우에는 등록금에다 생활비까지 하면 졸업할 때까지 거의 1억 가까이 들어요. 그런데 그 친구 집안 형편이 그렇게 안 돼요. 아버지가 어느 날 약주를 한잔 드시고 그냥 지나가는 말로 "우리 딸한테 처음으로 실망했다"고 하신 거예요. 이 말이 가슴에 콕 박힌 거죠. 이 친구가 그 얘기를 하면서 막 통곡을 했어요. 공부를 정말 잘했고, 똑똑하고, 의식 있는 친구였어요. 저희 학교에서는 최상위권이었어요. 그리고, 그 친구가 고등학교 3년뿐만 아니라 그 후에 6~7년을 얼마나 치열하게 공부했겠어요. 그런데도 지금 그 좌절을 겪고 있어요. 우리가 이렇게 어린 나이부터 '빡세게' 공부를 하는 이유는 어쨌든 좋은 학벌이라는 한 날개와 물질적으로 안락한 삶, 이 두 날개를 얻기 위한 건데, 오늘날 한쪽 날개가 완전히 꺾였어요. 전 그래서 방금 질문한 친구에게 조금 편하게 생각했으면 좋겠다는 얘기를 하고 싶어요. 이제는 아주 공부를 잘한다고 하더라도 그 공부를 통해 얻을 수 있는 게 별로 없다, 그래서 자유롭게, 넉넉하게 생각하라고 말하고 싶어요.

이건 세계 자본주의가 계속 내리막길을 걷고 있는 현실의 정확한 반영이에요. 일자리가 줄어들고, 일자리를 둘러싼 경쟁이 너무 치열한 거예요. 당장 공황 상태로 떨어져도 이상하지 않을 정도예요. 하나만 예를 들어 볼게요. 2008년도에 서브 프라임 모기지론 사태 기억나시죠? 세계적인 투자회사들이 문을 닫았는데 당시 러시아의 주식시장에서 일주일 사이에 주식 시가 총액이 700억 달러나 떨어졌대요. 700억 달러면 우리 돈으로 8조 4천억 원입니다. 일주일 사이에 8조 4천억 원이라는 가치가 사라졌다는 거예요. 여러분 한번 생각해 보세요. 이 돈이 어디 있었던 거죠? 네, 원래 없었던 거예요. 주식 한 주에

5천 원 하던 것이 2만 원으로 높아져요. 그때 주식을 팔면 1만 5천 원을 벌겠죠. 그걸로 집도 사고, 차도 사고, 아이들 등록금도 대고 해요. 그런데, 그 돈이 졸지에 순식간에 사라지기도 하는 거예요. 결국, 금융경제라고 하는 것은 거품이에요. 아파트 값이 3억 5천 하다가 3억이 되면 5천만 원은 없어지는 거예요. 세계 경제는 우리가 열심히 노동을 해서 이루어진 영역, 이런 실물 부문이 지배하는 게 아니라 비실물 영역, 다른 말로 거품이 지배를 하고 있어요. 하루 동안 전 세계에서 거래되는 돈이 1조 달러쯤 된대요. 근데 그중에서 공산품, 농산품 이런 실물들이 차지하는 비중은 3%밖에 안 된답니다. 97%는 다 펀드, 주식, 이런 비실물 영역이에요. 텔레비전 광고 한번 보세요. 휴대폰 광고도 있지만, 보험, 은행, 무슨 금융지주회사, 또 돈 빌려 주겠다는 광고가 훨씬 많죠. 금융경제를 '카지노 자본주의'라고도 해요. 자본주의가 성장에 성장을 거듭하면서 이익을 창출할 수 있는 비실물 영역으로 넘어가는 겁니다. 그러니까 기업들이 물건을 만들어 팔아서 돈을 벌려고 하기보다, 할 수만 있다면 금융 부문으로 진출을 해서 그 쪽을 장악하려고 그래요. 미국 서브 프라임 사태에서도 봤지만, 아주 무지하게 복잡한 방식으로 돈을 돌리잖아요. 새끼에 새끼를 쳐서 돌리다가 한쪽에서 툭 끊어지니까 도미노처럼 와르르 무너지는 거예요.

여러분들이 살아갈 앞으로의 30여 년은, 지금 저희 세대가 살아왔던 이전의 30여 년과는 많이 다를 거예요. 제가 오늘 7시 44분 기차를 타고 밀양역에서 여기까지 왔어요. 아침에 일찍 나가니까, 장모님께서 부시시한 눈으로 나오시더니 서둘러 아침을 막 챙겨 주세요. 파프리카도 썰어서 주시고. 장모님은 좋은 분이에요. 백수 사위가 뭐가 이쁘다고. (웃음) 미역국 끓여 놓은 것을 데워 주셔서 허겁지겁 먹고 물을 마시려고 냉장고를 열어 보니까 파인애플이 있어요. 필리핀산일 거예요. 파프리카는 전라도 어디 파프리카 농장에서 왔겠죠. 미역은 통영에서 왔어요. 자, 제 아침 식탁에 오른 것들, 그리고 저를 여기까지 오게 한 거, 지금 제가 머리끝부터 발끝까지 입고 있는 모든 것, 다 생각해 보니까 뭐죠? 이게 다 석유입니다. 필리핀산 파인애플이 일주일씩 배를 타고 밀양까지 올 수 있는 것도 운송료가 싸기 때문이에요. 전라도산 파프리카, 그놈도 비닐하우스에서 키우거든요. 연탄 아니면 기름을 때요. 석유라는 마법의 물질이 오늘날 우리의 모든 물질생활의 기초를 이루고 있어요. 그런데 여러분, '피크 오일'이라는 얘기 들어 보셨죠. 석유 수요량은 자꾸 늘어납니다. 왜냐하면 지금 세계 인구의 1/3을 훨씬 넘는 중국, 인도 두 나라가 산업화를 왕성하게 이루어 가잖아요. 그런데 매장량이라는 게 한계가 있어요. 그래서 생산량의 정점을 지나면 수요량은 계속 늘어나더라도 생산량이 못 받쳐 주는 거예요. 그러면 석유 값은 계속 오르겠죠. 이건 굉장히 중요한 문제예요. 어떤 사람은 저 깊은 데까지 있는 석유를 다 계산해서 앞으로 "150년 남았다" 그리고 또 반대편에선 "아니다, 40년도 안 남았다" 이런 논쟁을 해요. 근데 IEA^{International Energy Agency}라는 국제에너지기구가 있는데요, 석유 자본들의 이해와 입장을 같이하는 기구라고 합니다. 거기에서 2010년도에 낸 보고서에서 피크 오일이 이미 지나갔다고 얘기했어요. 2006년도 어느 시점에 말입니다. 독립적인 경제학자들은 깊은 곳에 묻혀 있어서 캐는 비용이 더 많이 드는 석유 말고 경제성이 있는 석유는 35년 정도 남았다고 그래요. 아까 말했던 금융 부분의 거품이라든지, 피크 오일 문제라든지 이런 것들을 서로 연관 지어 생각해 보면 분명해지는 게 있어요. 풍요의 시대가 끝나 가고 있다는 사실입니다. 우리 부모님들이 누렸던 풍요만큼도 우리는 못 누릴 가능성이 높아요. 이런 사실은 우리에게 중요한 질문을 던집니다.

'왜, 무엇 때문에 공부를 해야 하고 어떤 공부를 해야 할까?' 그게 성찰입니다.

국어 공부의 방법을 물었던 친구의 질문에서 제가 너무 멀리 왔는데요, 실은 그래서 오늘날 교육 문제가 어려운 거예요. 그렇다면 친구의 질문을 단순히 국어 성적의 문제가 아니라, 어떻게 좋은 국어 생활을 할 수 있을까, 좋은 책을 읽을 수 있고 좋은 글을 쓸 수 있을까라는 문제로 바꿔 봤으면 좋겠습니다. 좋은 성적을 받아야겠다는 강박으로부터 자유로워져서 여러분이 살아갈 10년 뒤, 20년 뒤 세상은 어떤 모습일까, 그때 나는 어떻게 살까를 고민하는 게 진짜 공부가 아닐까요? 막연하죠? 그렇지만 저는 이렇게 이야기하고 싶어요. 일기를 쓰자, 세상의 소리를 잘 듣기 위해 귀를 쫑긋 세우자. 여러분, 일기를 많이 쓰세요. 제일 좋은 글이 일기예요. 일기는 다른 누구에게 보여 주기 위한 것도 아니고 오직 자기에게 바치는 글이잖아요. 저희 어머니는 초등학교밖에 못 나온 분이셨는데 일기를 평생 쓰셨어요. 그런데, 어머니가 돌아가시기 한 4~5년 전 어느 날 학교에서 조퇴를 하고 집에 들어가니까, 마당에서 그동안 써 놓은 일기장을 다 모아 놓고 불을 지르고 계시더라고요. 제가 어머니 돌아가시고 난 뒤에 어머니의 인생역정을 한번 글로 정리해 보겠다는 생각을 하고 있었는데, 결국 무산되고 말았습니다. 어쨌든, 저는 앞으로도 제 일기를 열심히 쓸 겁니다. 어머니처럼 불태울지도 모르지만요. (웃음)

그리고 저는 학교에서 아이들하고 모둠 일기장을 계속 써 왔어요. 우리 집 책꽂이 한 면이 다 아이들과 썼던 모둠 일기예요. 저한테는 평생 재산이죠. 아무거나 뽑아 가지고 보면 그해 우리 반 아이들이 그 안에 다 있어요. 시간은 지나가 버려요. 2003년의 일이라면 지금 벌써 9년이 지났으니 기억이 안 나지요. 그런데 그 일기장을 딱 뽑아서 촤르륵 펼쳐 보면, 그때 일들이 새록새록 다 기억나요. 때로는 막 가슴이 뭉클하기도 하고, '아! 이놈 뭐하고 있지?' 보고 싶기도 하고 그래요. 글로 남기지 않으면 그 시절은 없어져 버립니다. 그래서 저는 참으로 가치 있는 글은, 결국 자신에게 바치는 글이고, 기억을 붙잡아 두는 글이라고 생각합니다.

전소향 아까 도로시 데이의 글을 읽고 충격을 받았다고 하셨는데, 농민이나 장애인 같은 사람들은 자신이 원해서 가난하게 된 것이 아니지만 노숙자의 경우는 자신이 노력을 하지 않아서 그렇게 된 것 아닌가요? 어떤 나라에서는 노숙자에게 음식이나 돈을 주는 것이 금지되어 있다고 들었거든요. 근데 그런 노숙자들도 우리가 꼭 이해해야 되는 건가요?

노숙자들은 왜 노숙자가 됐을까요? (학생들 : 망해서!) 그럴 겁니다. 실제로 보면 사지육신이 멀쩡한 사람들 많잖아요. 멀쩡한 사람들이 왜 저럴까요. 의지가 약해서? 여러분들 중에도 의지가 약한 사람들이 많잖아요. 저도 사실은 아무것도 안 하고 한 1년 정도 빈둥빈둥 노숙인들처럼 동가식서가숙東家食西家宿하면서 놀고먹었으면 좋겠어요. 노숙인이 노숙인으로 사는 데에는 여러 가지 이유가 있겠죠. 하지만 한 사람의 '약함'에는 본인보다 타인의 책임이 더 크다고 생각합니다. '모든' 노숙인을 옹호할 순 없어요. 그렇지만 내가 직접 만난 '어떤' 노숙인을 이해할 수는 있어요. 그리고 그 어떤 노숙인을 두고는 '아, 이 사람 겪어 보니까 진짜 노숙인이 될 만해'라고 생각할 수도 있어요. 도로시 데이도 계속 그런 갈등 속에 있었어요. 회고록의 어느 대목에서는 "나는 늘 거기서 도망치고 싶었다"라고 말하기도 합니다.

그들의 무례함, 난폭함, 이런 것 때문에 지칠 때가 많이 있었겠지요.

저는 이렇게 생각합니다. 한 인간이 가지고 있는 약함, 과오처럼 이해할 수 없는 모습을 캐고 캐고 또 캐다 보면 결국은 그 마지막 자리에 바로 '내'가 있어요. 저 사람의 약함에, 추함에도 '내'가 있어요. 제 안에는 이명박도 있지만, 노숙인도 있어요. 그 작은 요소들의 총합이 바로 나예요. 다행히 그 요소들이 강하게 발현되지 않아서, 그런 요소들이 발현될 계기가 다행히 나를 피해 가게 되어서 그럭저럭 지금 모습으로 살고 있는 거예요. 약함을 무조건 동정하고 연민할 필요는 없어요. 그건 약한 자들에 대한 예의가 아닐 거예요. 그렇지만 그 약함을 이해하기 위해 겪어 보고 그들의 이야기를 경청하는 것은 정말 중요해요.

이하림 아까 선생님이 '무엇을 위해서'라고 이유를 다는 사람들을 경계해야 한다고 말씀하셨잖아요. 저도 그렇게 말하는 것이 자신의 욕심을 합리화하기 위해서라고 생각해요. 그래도 사람은 뭔가가 되려고 하고, 누군가를 위해서 살려고 하지 않나요. 그러면 선생님이 생각하는 이상적인 삶이란 무엇인지와 앞으로 선생님은 어떻게 살아가고 싶은지 궁금해요.

결국은 자기 자신을 위해서라고 생각합니다. 우리는 모두 서로 연결되어 있다는 것을 잘 알고 있죠. 그럼에도 불구하고 나의 '개체성'이라는 것이 있어요. 내가 죽을 때 우리 마누라는 절대로 저를 따라 안 죽을 거예요. 저도 물론 아내를 따라 죽지는 않을 겁니다. (웃음) 그러니까 내가 홀로 감당해야 될 영역이 있어요. 저는 부모님이 돌아가시는 모습을 보면서 참 많은 생각이 들었어요. 돌아가실 때 정말 힘들어하시거든요. 소설가 김정한 선생님이라는 분, 부산의 큰 어른이 었는데 그분이 돌아가시면서, 막 숨이 헐떡헐떡하실 무렵에도 최후의 유머를 보이셨어요. 제자들, 자식들이 곁에서 눈물짓고 슬퍼하니까, "얌마들아, 힘들어 죽겠다. 너거는 우짤래?" 이러셨대요. (웃음) '개체성'이라는 게 있어요. 나 혼자 감당해야 할, 누구도 대신해 줄 수 없는 어떤 게 있어요. 나는 우리이기도 하고, 너이기도 하고, 네가 나이기도 하지만, 결국 나는 또 나예요. 아까 말씀드렸던 노숙인들, 이명박 대통령, 다 마찬가지예요. 나 또한 그들의 모습을 조금씩 나눠 갖고 있지만, 결국 또 나는 나예요.

그래서 저는 이렇게 생각합니다. 궁극적으로는 내가 잘 살기 위한 거예요. 내가 좀 더 바르고 행복하게 살기 위해서, 인생을 허비하지 않기 위해서. 그 고통에서 숨이 헐떡헐떡 넘어가는 그 순간에 떠오르는 사랑하는 사람 하나 없다면, 불렀는데 와 주는 친구가 없다면, 더 들어 볼 만한 기억이 아무것도 없으면 어떡하죠? 아무것도 없으면 허무하고 공허해서, 그리고 그 이후에 어떻게 될지도 모를 죽음 이후의 세계를 생각하면 두려워서 어떡하지요? 숙제 하나 내 드릴게요. 톨스토이의 소설 〈이반 일리치의 죽음〉이라는 작품을 한번 읽어 보세요. 제가 지금 그 얘기를 하고 있는 거예요.

결국은 '누구누구를 위해서'라고 다른 사람 핑계를 대지 말자는 겁니다. 그냥 '내가 좀 잘 살기 위해서'라고 이야기하는 게 제일 정직하다고 생각합니다. 저 자신도 마찬가지예요. 제가 우리나라 교육을 위해서 학교를 그만두었을까요? 청소년과 미래 세대를 위해서? 전혀 아닙니다. 제 자신을 위해서, 제 인생을 위해서입니다.

〈우상의 눈물〉에서 담임과 형우가 기표를 구제해 주고 싶다, 이런 소리를 했잖아요. 인간은 절대로 타인을 구제할 수 없어요. 자기는 자신만이 구원할 수 있어요. 노숙인들 스스로 일어설 수 있도록 우리가 도와주는 거죠. 마음으로 기도해 주고 그들의 이야기를 들어 주고 공감해 주고, 행동으로 함께할 수 있는 게 있으면 함께 행동하고 그러는 거죠. 우리가 어떻게 그분들을 구원할 수 있어요? 구원은 그분 자신이 하는 겁니다. 그리고 하느님만이 할 수 있는 거지요. 이야기가 길었네요. 여러분, 건강하고 행복하세요.

3부
세상 속으로

혼란을 위한 메모

 새 학년이 시작된다. 시간은 강물처럼 흘러가는데, 인간은 중간중간에 깃대를 꽂아 앞과 뒤를 구획한다. 언제나 그러했지만, 지난 한 해도 쉽지 않은 나날들의 연속이었다. 내가 내 인생을 사랑하는 만큼, 세상의 아름다움에 감동하는 만큼, 이 세상을 둘러싼 묵시록적인 어둠이 깊어져 가는 것을 느끼는 나날들이었다.

 시간이 한 분기점을 향해 치달아 갈 때, 거기에 잇닿은 고통의 기억들은 소리 없이 바스러지려 한다. 그리고 새로운 분기점으로부터 모든 것이 달라지기를 바라는 가멸은 그리움만이 꼿꼿하다. 그러나 나는 그것이 또한 의식의 기만임을 안다. 시간은 바늘 끝만큼의 오차도 없이 이어져 있고, 우리는 이 끝없는 인과因果의 연쇄 어느 한 지점에 자리 잡고 앉아 함께 흘러가고 있을 따름이다.

새천년이 시작되었지만, 2001년 이후의 세상이 조금도 새로워지지 않았듯이, 이 시간대 위에 펼쳐진 그대와 나의 삶은, 이 세상은, 지겹도록 '여전할' 것이다. 오직, 시간만이 자신의 보폭으로 일정하게 전진하고 있을 뿐이다.

이 글을 쓰고 있는 시점은 2007년 2월이지만, 내 기억의 회로는 2007년 1월 1일이 아니라 2006년 12월 어느 날에 잇닿아 있다. '1월 1일'이라는 분기점이 무슨 의미가 있나. 나는 다만 '기억의 분기점'을 푯대 삼아 살아간다. 그날은 몹시 추웠고, 지역에서 몇몇 분들과 '한미 FTA 저지 실천단'을 꾸려서 매주 하루씩 해오던 시내 선전전을 하는 날이었다. 그날 선전전을 하기로 한 시외버스터미널은 나이 든 할머니들이 풋고추, 버섯, 나물 소쿠리들을 내놓고 앉아 종일 해동무 하는 작은 장터이다. 입구에는 허름한 분식집들이 처마를 맞대고 떡볶이며 튀김, 어묵, 순대 따위를 팔고 있다. 동영상 액정 화면을 틀기 위해 전기를 끌어 쓰려고 한 가게에 부탁을 하니 흔쾌히 허락해 준다. 옆 가게 여기저기서 "우리 꺼 쓰이소" 하면서 자기들끼리 한바탕 웃는다. 그 웃음들이 참 선하고 밝다. 우리가 나눠 준 유인물도 열심히 읽고, 서명도 먼저 해 주고, 동영상도 같이 구경해 준다. 그런데 그 앞에 서서 유인물을 나눠 주면서 유심히 보니, 역시나, 손님이 없다. 요새 세상에 누가 그런 '후진' 가게에서 한 끼 밥을 먹으려 할까, 손님이 있을 리 없다. 어묵 솥 김은 설설 끓는데, 떡볶이와 순대는 점점 말라 가고 쪼그라드는 것 같다. 한 시간 넘어 지켜보았지만, 그 가게들에 드나든 손님은 손에 꼽을 정도다.

선전전을 끝내고, 야간 자율학습을 하는 우리 반 아이들 생각도 나고 해서 떡볶이와 순대, 튀김을 싸들고 자전거를 타고 학교로 간다. 우열반 제도 아래서 우수반 아닌 '평반'인 우리 반 아이들은 환한 불빛 아래 멍하니 앉아 있다. 수능까지 갈 것도 없이 대부분 수시모집으로 내신만 반영하는 대학에 가게 될 아이들이 기말고사가 끝난 지금 무슨 공부 의욕이 있을까. 아이들은 만화책을 보거나, 졸거나, 휴대폰을 만지작거리며 시간을 죽인다. 이 아이들은 대부분 이름조차 낯선 인근 사립대학의 긴 이름을 가진 학과로 진학할 것이다. 그렇게 4년을 다니고 대학을 졸업하면 그때는 또 어떻게 될까. 지금도 '전쟁'인데, 앞으로도 '전쟁'이다. 야자가 끝나면 다시 학원 봉고차를 타고 학원엘 가서 열두 시까지 수업을 들어야 하겠지. 녀석들의 부모들은 아까 그 분식집처럼 하루 매상 얼마 되지 않는 가게를 겨우 꾸려 가거나, 혹은 하루 품삯을 모아 살림을 살거나, 빚으로 겨우 버텨 나가는 농사를 짓는 분들이다. 이 녀석들 수업료며 휴대폰 요금이며 학원비 대는 일이 얼마나 힘겨울지는 짐작하지 않아도 충분히 알 수 있다. 내가 봉지를 풀어 놓으니 아이들은 환호성 울리며 환장을 하며 먹어 젖힌다. 버얼건 떡볶이 국물 묻혀 가며 한입 가득 오물거리는 아이들, "쌤, 알라뷰" 하며 기어오르는 아이들 앞에서 나는 "짜슥들……" 하며 객적은 웃음만 지을 따름…….

  밤 열 시가 되었다. 야자가 끝나고, 아이들은 썰물처럼 빠져나간다. 주번 아이와 교실을 치우고, 교무실 내 자리로 와서 잠시 앉아 있었다. 목전에 닥친 한미 FTA와 이 지역 가난한 이들의 삶을, 고등학교 공부를 잘 못 따라가는 우리 반 아이들, 그 촌놈들의 삶과 슬픔을 잠시 생각한다. 이제 나도 퇴근해야 한다. 집으로 돌아가려면 아까 선전전을 했던 시외버스터미널을 다시 지나야 한다. 갑자기 닥친 한파에 거리는 인적이 없고 찬바람만 몰아친다. 장갑을 끼고, 중무장을 하고, 이어폰을 꽂고 천천히 자전거를 몬다. 찬바람이 답답한 마음을 잠시나마 틔워 주는 느낌이다.

시외버스터미널 근처에 이르러 그 가게들은 어떻게 됐을까 싶어 자전거를 세우고 고개를 뽑아 보니, 그 가게들만 아직 환한 불빛을 밝히고 있다. 몹시 추운 이 시간, 거리에는 아무도 없는데, 아아, 그 아주머니들은 열한 시가 넘은 지금에서야 마무리를 한다. 커다란 국솥에 남은 걸 따라 붓고, 수세미로 북북 문댄다. 뜨거운 김이 뭉게뭉게 피어오른다. 몇 시부터 이 가게 일을 시작했을까, 아홉 시에 문을 여니 열네 시간은 넘었을 것이다. 오늘 매상은 얼마일까, 몇만 원 되지 않을 것이다. 팔다가 남은 것들은 다 어떻게 할까. 한참을 바라보는데 눈물이 그렁그렁해진다.

집으로 돌아오는 길에 자전거 페달을 세차게 밟았다. 이어폰 속으로 한영애의 노래가 흐른다. "잠자는 하늘님이여 이제 그만 일어나요. 그 옛날 하늘빛처럼 조율 한번 해 주세요." 한영애의 컬컬한 목소리는 신의 제단 앞에 선 여사제의 주문처럼 내 가슴을 웅얼거리며 훑어 내린다. 나도 그 사제의 뒤에 엎드려 하늘님 앞에 엉엉 울면서 따지고 싶은 격정이 치받아 오른다. 눈물이 흐른다. 세상이 왜 이런가. 왜 이 세상은 정직하고 착한 이들의 슬픔으로 넘쳐 나는가. 저 모리배들이 제멋대로 민중의 고통과 슬픔을 농단하는 동안, 저들은 왜 이렇게 추운 날 국솥을 씻으며 열몇 시간 동안 손님 없는 가게를 지키면서 살아야 하는가…….

그날의 기억이 아직도 남아 내 의식의 분기점이 되어 있다. 눈물이란 대개 자기 연민이나 자기도취 둘 중 하나이기가 쉽다. 그러므로 눈물을 믿어서는 안 되는 것이다. 다만, 나는 그날의 눈물로써 오랜 세월 뒤척여 온 내 번민들과 악수할 수 있었다. 슬픔도 때로 힘이 된다. 나는 채식처럼 담담한 슬픔에 기대어 이 글을 쓴다. 나는 내 친구들을 하나씩 둘씩 사색의 화톳불가로 불러 모으고 싶다. 내가 사는 곳은 변방이지만, 어디서건, 사색이 길어 올린 '행동'은 우리를 언제나 '생의 한가운데'에 있게 한다. 그리고 이 묵시록적인 어두움 속에서 어떻게든 행동하지 않으면 안 될 시간들이 점점 다가오고 있다.

나는 세상이 점점 나아질 것이라는 '헛된 믿음'에 대해 말하려 한다. 이 글을 읽는 분들은 세상이 어떻게 되건 자신과 별 상관없다고 생각하지는 않을 것이다. 그런데 희한한 역설이 있다. 세상이 나빠질수록 '무슨 상관이야'라며 마음속에서 세상을 패대기치는 사람들이 늘어난다는 것. 그러나 우리는 이 세상과 갈수록 더 세차게 부대끼며 살아야 할 것 같다. 모든 지표들이 그것을 예견하고 있다.

언젠가 〈한겨레〉를 보다가 좀 서글퍼진 적이 있다. 박종운이라는 사람이 쓴 글 때문이다. 그는 1987년 6월항쟁의 기폭제가 되었던 박종철 열사의 대학 선배이다. 박종철 열사는 당시 수배 중이던 박종운의 행적과 관련하여 강제 연행되어 고문을 받았고, 결국 죽고 말았다. 그래서 그 또한 '살아남은 386세대'의 한 상징으로 자주 언급되던 사람이다. 그가 정치계에 입문하여 한나라당에서 밥을 먹는 '떨거지 정객'의 하나가 돼 있다는 것은 대략 알고 있었는데, 그가 이러저러한 계기로 〈왜냐면〉 지면을 통해 밝힌 저 6월항쟁의 정신, 혹은 — 자신이 그 적자嫡子임을 자처하는 — '종철이의 인간 존중 정신'은 좀 아찔했다.

맛없는 음식점에 가지 않으면 결국엔 그 음식점이 문을 닫게 되듯이, 휴대폰을 우리가 사 주기 때문에 이건희가 부자가 되듯이, 시장경제는 정성이 부족한 자는 외면하고 충성심이 투철한 자에게 보상을 내릴 뿐이다.

박종운은 내가 만난 그 분식집 아주머니에게 이렇게 말한다. "아주머니, 그리 정성이 부족해서 어떻게 장사를 하겠어요? 그러니까 망하는 거야." 그래, 정성 넘치는 당신이나 잘 살게나……. 또 한 사람 있다. "혀를 깨물고 죽는 한이 있어도 물러서지 않을" 테니 "돌아오지 않는 화살이 되어 결전의 전장으로" 달려가자던 우리의 전대협 의장, 하이틴 잡지에서 주윤발을 제치고 인기투표 1등을 먹었던 왕년의 그 '임길동 오빠'가 있다. 그가 국회의원이 되어 한미 FTA도, 이라크 파병에도 꼬박꼬박 찬성표를 던지더니 지금은 언론 말고는 아무도 관심 없는 정계 개편에 한몫 열심히 거들고 있다. 그가 눈에 힘 잔뜩 주고 카메라 앞에 서 있는 걸 보면 왜 그리 웃음이 나는지……. 이른바 386 명망가들에만 해당되는 이야기는 아니다. 지금 제 아이들을 유치원에서부터 십몇 년간 극렬한 경쟁의 노예로 내몰며, 자신의 계층 상승 욕망을 제 자식에게 덮어씌우는 데 집요하고도 탁월한 역량을 발휘하면서도, 입만 열면 교육 문제를 걱정하는 학부모들이 또한 386세대라는 사실을 기억해야 한다. 그러니까 이런 이야기다. 6월항쟁을 겪으며 세상을 바꾸려 애쓰는 사람들의 숫자가 조금 더 많아졌을 뿐이다. '민주화'라는 사이비 언술에 취해 세상은 '저절로, 당연히' 좋아질 거라 믿고 있는 동안 인간다운 삶의 근거는 조금씩 때로 세차게 허물어져 왔다. 그리고 지금 우리 앞에는 '전체주의'의 그림자가 어른거리고 있다.

1987년 이후 무엇이 바뀌었을까. 지배의 양식이 바뀌었을 따름이다. 폭력을 통한 지배로부터 절차를 통한 지배로, 군인의 지배로부터 부자와 엘리트의 지배로 변했을 따름이다. 지배는 더욱 공고해졌다. 실감이 나지 않는다면 죽음의 시궁창이 되어 버린 새만금 갯벌에, 폐허의 대추분교에, 아니면 술 취한 농민들이 허수아비처럼 춤추는 FTA 반대 시위 현장에 한번 가 볼 일이다. 세상이 나아지고 있다는 믿음이 얼마나 가련한 기대인지 느낄 일이다.

이제 한국 사회는 기업이 지배한다. 몇 가지 의미심장한 사례가 있다. 대한상공회의소 회장이 동국대 강정구 교수 사건 당시 "강정구 교수의 강의를 들은 학생은 취업할 때 불이익을 주겠다"고 나선 적이 있다. 요즘 사람들, 불의를 보면 (무조건) 참아도 불이익을 보면 못 참는데, 취업시 불이익이라니……. 전경련은 경제 교과서가 반시장-반기업 정서를 부추긴다며 경제 교과서 446군데를 수정하라고 요구한다. 그리고 삼성 이건희가 고대에서 봉변을 당했을 때 고대 학생들은 거기에 가담한 동료 학생들을 사납게 공격했다. 이건희를 존경하는 거야 자기네 자유지만, 그래도, 친구 아닌가. "고대생들은 이제 삼성에 취업하기 힘들겠네, 약 오르지롱" 하는 누군가의 선동에 공포를 느꼈음에 틀림없다. 누가 이들을 소심하다 질책할 것인가. 이미 이 사회는 기업의 식민지가 돼 있다.

그러나 가장 두려운 일은 '실체의 괴멸'이다. 나는 아파트에 대해 주변 사람들이 이야기하는 것을 들을 때마다 슬프다. 아파트는 자신의 내면과 이웃으로부터 격절될수록, 혹은 자연 세계와의 육체적 교섭이 거세될수록, 요컨대 '집'의 실체로부터 멀어질수록

'비싸다'. 욕망이 부풀린 허상만이 남아 실체의 자리를 꿰차고 앉아 있다. 거기에는 '집'이 가진 영혼의 가치는 없고, 오직 보육의 안락함, 브랜드 가치, 경제적 과시 욕망, 학군, 거래의 편의성 따위만 남아 있다 — '힐 스테이트' 위에 '캐슬' 있고 그 위에 '타워팰리스'가 있어요. 거기서 본 하늘은 참 '푸르지오'. 'e-(얼마나) 편한 세상'인가.

이 시대 경제는 '노동'이라는 땀의 실체가 아니라 '자본의 유동'이라는 허상이 지배한다. 돈이 돈을 만든다. 이를테면 환율, 이자율, 주식, 부동산 시세와 같은 공허함의 상징 기제 말이다. 노동을 해서는 돈을 벌 수 없으니 사람들은 부동산을 사거나, 주식을 사거나, 펀드에 투자하거나, 그것도 안 되면 로또를 하거나, 그러다가 막다른 곳으로 몰리면 결국 가족의 명운을 걸고 '바다이야기' 속에 풍덩 빠지고 만다. 2002년 우리나라의 부동산 가격이 3,500조 원이었는데, 4년 사이에 6,000조 원으로 늘었다고 한다. 4년 만에 국민들의 부동자산 70%가 증가했지만, 이것은 '거품'이다. 순식간에 사라지기도 하는. 그렇게 가상으로 상승한 자산을 담보로 은행에서 돈을 빌려 새 집을 사거나, 자동차를 사거나, 자식들을 대학에 보낸다.

이 허상의 지배는 사회 모든 영역에 전이된다. 논술 열풍만 놓고 봐도, 이것은 진정한 의미에서 '교육'이라고 할 수 없다. 왜냐하면 논술은 실체 — 교육적 가치 — 를 위해서가 아니라, 오직 학벌이라는 상징 기제 — 허상 — 를 획득하기 위한 수단일 뿐이기 때문이다. 논술조차 변별력이 없어 가위바위보로 신입생을 뽑는다면, 논술 학원 자리에 가위바위보 학원이 들어설 것이다.

'허상의 지배'는 허상을 향한 경쟁에서 탈락한 존재들을 난민으로 풀어 놓는다. 이 난민들의 이름은 신용 불량자, 이주노동자, 비정규직 노동자, 농민, 도시 빈민, 청년 실업자이다.

부모들이 죽도록 공부를 시키고 아이들이 죽도록 공부하는 것은 무엇 때문인가. 난민이 되지 않기 위해서다. 그러나 이 체제는 난민을 지속적으로 만들어 내야만 유지된다. 서로 난민이 되지 않기 위해 줄달음치는 사회에서 믿고 기댈 곳은 '가족'밖에 없다. 우리 사회의 가족주의는 갈수록 강화될 것이다. 그리고 '아픔'에 대한 감수성은 현저히 퇴화할 것이다. 김선일, 전용철, 홍덕표, 하중근의 죽음 때 시민사회의 동향을 떠올려 봐도 충분히 알 수 있다.

대중들의 감성은 결국 '내던져짐'으로 몰려간다. 몸도 마음도 자아를 상실한 무리들, 초조에 내몰린 외톨이, 부정적 정서가 가득한 자, 사회적 결합 없는, 그래서 잠시 잠깐의 불이익이 떨어지더라도 폭발적으로 분출하기를 기다리는 대중으로 조직된 사회가 된다. 신뢰할 집단도 신뢰할 가치도 없다. 이러한 무사회 상황에서 방향감각을 잃은 대중들이 '내던져짐'의 반작용인 충동적 열광으로 분출할 곳을 찾을 것이다. 허상이 한껏 부풀려 놓은 거품이 붕괴하고, 실체의 괴멸이 물리적인 압박으로 우리 삶을 옥죄어 올 때, 이 사회는 결국 20세기 전반기처럼, 파시스트에게 수습을 내맡길 것이다.

이제 새로운 페다고지가 만들어져야 한다. 여기에 교사의 몫이 있다. 교사의 물적 기반 — 봉급 — 은 새삼스럽지만 교육부 장관이 주는 것이 아니고, 교육감이 주는 것도 아니다. 우리들의 봉급은 민중의 세금이다. 교사는 공공성에 복무할 의무가 있다.

우리는 스스로를 현실주의자라 믿는다. 그러나 그 현실감이란 대개 나날의 삶의 시야에 갇혀 자신이 속한 집단의 타성이 닦아 놓은 길을 미끄러져 가면서 얻은 윤활감이며, 눈앞의 이해관계에 갇힌 단견이기 쉽다. 현실은 그런 것이 아니리라.

인간의 최후의 건강함을 지키기 위해 필요한 것은 '구체적 대상성'이다. 인간이 사회적 존재인 한, 우리에게는 구체적인 대상과 맺고 있는 구체적인 관계가 있다. 자동차를 타지 않고 걷거나 자전거를 타고서 오고 가는 사람들을 만날 수 있다면, 그 걸음걸이로써 이 대지와 새롭게 연결될 수 있다면, 교단에서 아이들을 '바라보지' 않고, 아이들의 땀과 숨결로 직접 맺어질 수 있다면, 인터넷을 끄고 직접 거리로 나와 행동할 수 있다면, 저 미친 아파트 광풍으로부터 제 영혼의 '집'을 지킬 수 있다면, 먹을거리 중에 극히 작은 일부라도 제 손으로 거두어 먹을 수 있다면, 침묵과 타율이 일상화된 교무실에서 저 옛날의 '벌떡 교사'가 지치지 않고 분연히 자리에서 '벌떡' 일어나 준다면, 저 악마 같은 신자유주의 세계화로부터 연대와 보살핌의 영토를 향해 한걸음이라도 내디딜 수 있다면, 세상은 희망이 있다.

그러므로 나는 차라리 '혼란'이 필요하다고 생각한다. 새로운 길을 찾기 위해선 기존의 길을 끊고 헤매는 시간이 필요하다. 방황은 언제나 환영받아야 한다. 그러므로 나는 이곳저곳에서 제 방식으로 분출하는 '세상의 꼴통들'을 사랑하고, 또한 존경한다. 얼마 되지 않아 닥쳐올 '미증유의 혼란'을 향해 착실히 나아가는 이 침묵과 안정을 차라리 두려워해야 한다. 조금씩 전체주의가 준동하고 있다. 속수무책으로 당할 수는 없지 않은가. 시인 김수영은 '혼란'을 이렇게 그리워했다.

그러고 보면 〈혼란〉이 없는 시멘트 회사나 발전소의 건설은, 시멘트 회사나 발전소가 없는 혼란보다 조금도 나을 게 없는 것 같은 생각이 든다. 이러한 자유와 사랑의 동의어로서의 〈혼란〉의 향수가 문화의 세계에서 싹트고 있다는 것은, 그것이 아무리 미미한 징조에 불과한 것이라 하더라도 지극히 중대한 일이다.

— 김수영, 〈시여, 침을 뱉어라〉 중에서

2007년 6월의 단상들

한반도 대운하, 청계천

'한반도 대운하'라던가, 상식이 있는 사람이라면 정신 나간 짓으로밖에 보이지 않을 일을 두고 벌이는 갑론을박을 바라보고 있다. 사람들은 거개가 '설마~' 그런다. 사실 나도 무시해 버리고 싶지만, 이미 새만금 '학습 효과'라는 게 있어서 그런지 긴장되기도 한다. 무엇보다 이를 내건 이 아무개가 대통령이 된다면 현실화될지도 모른다는 걱정이 든다. 4년 전, 새만금 갯벌에 갔을 때 거기서부터 군산까지 그 어마어마한 바닷길을 몇 개의 섬을 꼭짓점 삼아 이어 붙여서는 메워 버리겠다는 발상에 경악했던 기억이 있다. 그런데 이런 게 현실이 되어 버리기도 한다. 대한민국은 그런 나라다.

서울 간 길에 두어 번 청계천을 본 적이 있다. 사람들은 도시 한가운데에서 이런 물길을 볼 수 있는 게 어디냐며 감탄했다. 하긴, 예전 청계천을 기억하는 사람이라면, 그 엄청난 고가도로와 복닥거리던 상가를 다 걷어 내고, 거기에 물길을 틔운 이 아무개의 추진력에 기가 질리지 않을 수 없을 것이다. 그러나 나는 마음이 좋지 않았다. 의식이 삐뚜름해서인지도 모르지만, 나는 그 시원한 물길을 보면서 예전 그 상가에서 밥을 벌던 그 많은 이들은 다들 어디로 갔을까를 생각했다. 이 산뜻한 공원과 악다구니로 넘쳐 나던 예전의 상가, 둘 중에서 어떤 것이 진실에 가까운 것인지를 생각해 보았다. 복닥댐과 구질구질함, 그것이 이 거대 도시가 필연적으로 만들어 낼 수밖에 없는 도회적 일상의 한 부분이라면, 그들과 어떻게든 공존해야 하는 것이 진실이 아닌가. 지금 청계천은 예전 물길을 되살린 것도 아니고 그저 콘크리트로 틀어막고 거기다 한강 물을 끌어 댄 인공 수로 아닌가. 그래서 큰 비만 오면 틀어막았던 하수도 물이 유입돼 죽은 물고기가 둥둥 떠오른다는……. 구질구질한 것 다 쫓아내고, 더러운 것 다 틀어막고 틔워 낸 이 허위의 물길 위에서 만끽하는 휴식의 정체란 대체 뭘까……. 가련한 일이다.

그런데 거기서 재미를 톡톡히 본 이 아무개가 이제는 한반도 대운하를 떠들고 있다. 단군 이래 최대의 토목공사도 보았고, 단군 이래 최대의 사기꾼(황우석)도 보았다. 그런데 이제는 한반도 탄생 이래 한반도 생태계에 대한 사상 최대의 테러 행위를 지켜봐야 할 참이다. 수억 년 세월 동안 진화해 온 자연의 흔적은, 그 물길에 깃들어 사는 억조의 생명들은 어떻게 될 것인지…….

이 아무개가 되건, 박 아무개가 되건, 아니면 다른 누가 되건 이제는 극우의 집권을 각오해야 할 듯하다. 민주화 세력이 집권했다는 지난 10년도 참 힘들었는데, 이제는 더 막 나갈 조짐이다. 한반도 대운하니 747이니 한중페리열차니, 여하튼 그들의 발상은 규모가 엄청 거대하고 또 황당하다. 이처럼 경제에 관한 한 그들은 개발 독재 시리즈의 끝장을 볼 태세다. 어떤 일이 생길까. 지금은 그저 숨죽이며 지켜보는 수밖에…….

자전거

내가 세상을 향해 꼼지락거리는 일에는 글쓰기도 있고, 전교조 하면서 지역 일에 한몫 거드는 것도 있지만, 가장 떳떳한 건 자전거를 타고 다니는 일이다.

〈칠레 전투〉라는 아주 긴 다큐멘터리가 있다. 거기에는 선거를 통해 사회주의 혁명을 이루어 낸 역사상 유일한 사회주의자 살바도르 아옌데가 자주 등장한다. 그 영화를 보노라면, 아옌데와 그를 지지한 칠레 민중들의 진지함과 열정에 감동하지 않을 수가 없다. 그리고 아옌데는 미국 CIA와 부르주아들의 집요한 공작 속에서 결국 파시스트들의 쿠데타로 몰락한다. 민중의 정의는 부자의 집요함을 끝내 이기지 못한다. 이를테면, 운수 관련 자본가들이 CIA의 조종 아래 파업을 한다(부르주아들의 보이콧은 참 지독했다). 그래서 교통망이 마비되자, 칠레 민중들은 온갖 수단을 다 동원해 이를 복구한다. 그러나 나는 이 대목에서 자전거를 떠올리지 않을 수 없었다. 그리고 영화를 다 본 후 나는 사상가 이반 일리치와 아옌데가 나눈 대화를 떠올렸다. 이반 일리치는 아옌데생전에 그에게 자전거로 상징되는, 산업기술문명으로부터 빠져 나오기 위한 '근본의 혁명'을 주문한 바 있다.

"내가 아옌데의 죽음을 알리는 뉴스를 들었을 때 나는 내가 그를 마지막으로 만났을 때 우리가 서로 논쟁을 하고 있었던 것이 생각났습니다. 나는 아옌데에게 자전거를 타고 출근해야 한다고 하였고, 그는 한 나라의 대통령이 그와 같은 일을 할 수는 없으며, 뿐만 아니라 자전거를 타는 것은 너무 위험한 일이라고 말하였습니다. 그래서 나는 '당신의 집무실에서 살해되는 것보다 자전거에서 살해되는 게 더 낫지 않을까요?' 하고 대답했지요." 일리치가 그 신발을 샀던 날, 민주적으로 선출된 사회주의자 대통령으로서의 아옌데의 임기는 종식되었다. 아옌데는 대통령 집무실에서 머리에 총을 맞았던 것이다.

— 마릴린 스넬, 〈이반 일리치 – 상투성과 기계에 맞서는 현인〉, 《녹색평론》 37호, 1997년 11–12월

아옌데는 이러나저러나 결국 총을 맞고 죽을 수밖에 없는 운명이었을까. 아옌데는 인간의 선함을 믿는 열정적인 휴머니스트였고, 신실한 사회주의자였다. 이 예화는 아옌데의 불행한 운명에 대해 말하고 있지만, 또한 '자전거의 의미'를 이보다 더 명징하게 드러내는 것도 없을 것 같다.

어느 순간부터 내게 이 세상은 '자동차 문명'으로 다가왔다. 그리고 자동차로부터 벗어나야만 세상에 평화가 올 것이라고 굳게 믿게 되었다. 그래서 나는 십수 년째 자전거를 타고 다닌다. 나에게 자전거 타기는 이동 수단이자 이웃과 구체적으로 만나는 매개이기도 하지만, 멸망을 향해 질주하는 이 자동차 문명에 대한 '시

위'이기도 하다.

나는 요즈음 자전거 타기가 때로 목숨을 건 곡예라는 것을 느낀다. 자전거는 늘 위태롭고, 사람들은 자전거를 상상하지 않으며, 그래서 자전거가 점유하는 공간은 늘어나지 않는다. 기름 값이 아무리 올라도, 이미 체첸 유전 인근의 코소보에서, 중앙아시아 석유파이프가 관통하는 아프간에서, 그리고 지금 나이지리아에서, 이라크에서 석유를 둘러싼 처절한 살인과 약탈이 조금도 수그러질 조짐이 보이지 않아도, 피크 오일이 코앞으로 닥쳐와도, 지구온난화의 대재앙이 현실로 다가와도, 자동차 문명에 대한 반성은 일어나지 않는다. 물론, 자동차 문명을 비판하는 사람들은 많이 늘었다. 그러나 그들도 자신이 타고 다니는 자동차만은 예외인 듯 늘 편안하다. 결국 자전거 타기는 일생토록 내 고독한 저항이 될 가능성이 높다.

지난 2007년 5월, 선한 웃음을 가진 전교조 밀양지회 조합원 배한숙 선생님이 자전거를 타고 가다 교통사고로 돌아가셨다. 이 자리를 빌려 선생님의 명복을 빈다.

'말'들의 집권

최근, 앨빈 토플러라는 보따리장수가 한국에 와서《부의 미래》라는 보따리를 풀어 놓고 한국 아이들에게 썰을 푼 모양이다. 피터 드러커라는 이가 '지식기반사회'로 한동안 재미를 보고 떠났는데, 잊을 만하니 이번에는 앨빈 토플러다. 이 작자, 왜 또 왔나 싶다.

사람을 살리는 '말'도 있고, 사람을 죽이는 '말'도 있다. '말'을 살피면 세상의 얼개가 보인다. 나는 삼성 총수 이건희가 이 땅의 사제司祭라는 생각이 든다. 언젠가, 전교조 일로 지역 교육장과 면담을 하는데, 교육장이 "인재 한 명이 십만 명을 먹여 살린다"는 이건희 말을 제 신념처럼 토로하는 것을 들은 적이 있다. 그런데 최근에는 이건희가 "우리 교육은 샌드위치가 돼 있다"며 경쟁력 있는 교육을 주문했다. 그가 교육에 대해 뭐라 주절거리면 교육 관료들이 바짝 '쫀다'. 아니나 다를까, 곧이어 서울시교육청이 국제고를 추진한다는 기사가 나왔다. 까마귀 날자 배 떨어지는 격이지만, 그 연관관계가 예사롭지는 않다.

아무리 진보적인 사람이라도 '경쟁력'이라는 말 앞에서는 멈칫하고, '일류'라는 말에 별다른 심리적 저항감을 느끼지 않는다. 이제는 고등학생들도 '경쟁력'을 자연스럽게 입에 올린다.

그러나 그 '말'들은 사람을 '죽이는' 말이다. 그리고 논리적으로 성립 불가능한 허위이며, 그러므로 허상이다. 이건희는 "10년 뒤 우리가 무얼 먹고 살지를 생각하면 밤에 잠이 오지 않는다"고 주절거린다. 그건 그에겐 엄살이 아닐 것이다. 그러나 그건 영원히, 죽도록 경쟁력의 노예로 살라는 착취의 채찍질이다. 일할 때는 기계가 되고, 쉴 때 인간으로 돌아오면 되지 않느냐고? 이건희가 언젠가 프랑스에서 스키장 한 곳을 통째로 빌려 놓고 혼자 스키를 탔다는 이야기를 들어 본 적이 있으신지. 아니면, 한동안 우리를 슬프게 했던 김승연의 심야 활극 — 가죽 장갑, 쇠파이프, 조폭, 눈에는 눈, 이에는 이 — 을 떠올려 보자. 그들은 정말 열심히 사는 사람들이다. 그래서 그들은 경쟁력의 정점에 서 있다. 그러나 그들의 영혼은 이미 파탄에 이르러 있다.

삼성은 한때 '초일류'를 내세웠다. 일류가 일류이기 위해서는 당연하게도 일류 밑에서 이류, 삼류로 버텨 주는 것이 있어야 한다. 모두가 일류가 된다면 그때 일류는 일류가 아니라 범용한 보편재이며, 후딱 폐기처분해야 할 쓰레기가 된다. 그런데 '초일류'는 또 뭔가. 일류 위에 어떻게 또 일류가 있을 수 있는가. 어느 아파트 광고는 "상류사회 그 위의 상류사회를 추구한다"고 떠든다. 초일류도 좋고, 상류 위의 상류도 좋다. 한번 끝까지 올라가 보자. 뭐가 있을까. 그 위에는 하늘밖에 없다.

결국 이 '말'들은 모두 착취의 채찍질이며, 쫓아가 봤자 아무것도 남는 것 없는 허상이다. 그런데 지금 세상은 이 '말'들이 집권하고 있다.

〈우리학교〉

내가 일하는 전교조 밀양지회에서 6.15남북공동선언 7주년 기념행사로 독립 다큐멘터리 영화 〈우리학교〉를 상영했다. 지회 일꾼들이 애를 많이 썼고, 덕택에 200명이 넘는 교사, 학생이 교육청 강당을 가득 채웠다. 영화를 보면서 '세상 참 많이 좋아졌구나' 싶은 생각이 들기도 했다. 조총련계 민족학교 이야기를, 급우를 '동무'라 부르고 이북에 수학여행 갔다가 그곳 사람들과 헤어지기가 싫어 배 위에서 울부짖는 그야말로 노골적인 친북 영화를 이제는 교육청 강당에서 보게 되다니……. 1990년대 초반 대학가에서 〈파업전야〉라는 퍽 온건한 영화를 상영하다가 경찰의 침탈로 온 학교가 전쟁터가 됐던 걸 생각하면 격세지감이 느껴지지 않을 수 없었다.

어쨌건 〈우리학교〉를 보는 시간은 순수한 기쁨의 시간이었다. 그 영화가 민족학교와 아이들을 너무 이상적으로 그렸다는 비판도 있는 모양이다. 듣고 나니 그런 것 같기도 했지만, 난 지금도 그런 생각이 별로 들지 않는다. 난 너무나도 좋았다. 그러니까 난 〈우리학교〉를 내 정신의 목마름을 달래 줄 거리로 여겼던 것인지도 모른다. 돈 몇 푼 쥔 것 말고는 도대체 아무것도 없으면서도 기고만장한 이 나라가 사무치게 싫었던 것이다. 사람의 온기를 느끼고 싶었고, 사람의 우정을 만나고 싶었던 것이다.

조선인 민족학교가 그토록 순수한 공동체가 될 수 있는 것도, 그곳 아이들이 이 땅 아이들과는 비교할 수 없을 만치 성숙한 존재로 자랄 수 있는 것도, 역설적으로 일본 사회가 그들에게 가하는 억압 때문일 거라고들 한다. 난 사실 거기에도 별로 동의하지 않지만, 그럴 수도 있을 것 같다. 뭐라고 해도 좋다. 다만 이 점만은 분명히 해 두고 싶다. 아이들에게 학교가 왜 필요한지, 교사는 어떻게 살아야 하는지, 아이들에게 '자기 정체성'이란 무슨 의미인지, 이런 질문에 대한 답을 지금 한국 교육에서는 절대로 찾을 수 없다는 것, 그런데 저 일본 사회의 아웃사이더 중의 아웃사이더인 조선인 민족학교가 그 답을 찾기 위해 지금도 눈물겹게 분투하고 있다는 사실이다. 그러니까 거기가 바로 '학교'인 것이다.

난 지금도 흥얼거린다. 홋카이도 민족학교 초급반 아이들이 부르는, 운동회 장면에서 나왔던 〈버스를 타고 전차를 타고〉라는 노래를.

> 버스를 타고 전차를 타고 우리는 학교로 가요. 통학길이 멀다고 어머니는 걱정하지만, 괜찮아요 괜찮아요, 우리는 조선 사람, 우리의 학교가 기다립니다 기다립니다.

애국자가 없는 세상

언제부터인지는 정확치 않지만, 아마 군 제대 뒤로부터 나는 국기에 대한 경례를 하지 않게 되었다. 참 역설적인데, 군대에 있으면서 '양심'이란 것에 대한 자의식이 생긴 것이다. 그리고 교직에 들어서고 나서도 다른 일은 어찌어찌해서 참고 넘겼지만 국기 경례만큼은 한 번도 하지 않았다. 그리고 김선일이라는 젊은이가 참혹한 죽음을 당하고, 전용철, 홍덕표 농민, 건설 플랜트 노동자였던 하중근 씨가 백주대낮에 우리가 낸 세금으로 옷과 장비와 도시락을 대 준 바로 그 공권력에 의해 맞아 죽은 뒤로부터는 납세 자체를 거부할 수는 없겠지만, 국기 경례만큼은 절대 하지 않겠다고 굳게 다짐하게 되었다. 내가 부리는 이런 옹고집을, 그러니까 한 용렬한 소시민의 '마지막 자존심'이라 해도 될 것이다.

만약, 어떤 의식 들머리에 국기 경례가 아니라, 내가 존경하는 권정생 선생이나 이반 일리치나 그 누구의 초상화를 걸어 놓고서 가슴에 손을 얹고 무슨 무슨 맹세의 다짐을 하게 한다 해도 나는 하지 않을 것이다. 그분들께 내가 바치는 존경은 극히 내밀한 양심의 영역이다. 누구도 내게 그걸 공중이 모인 자리에서 공식화된 표준을 들이대며 의식의 한 일부로 제도화하여 강요할 권리는 없는 것이다.

교육을 통해 가르쳐야 할 가장 중요한 가치는 결국 '자기 자신에 대한 사랑'이라고 생각한다. 자신을 사랑하지 않는다면, 그 무엇도 사랑할 수 없다. 한 존재에게 중요한 것은 자기 존재의 위엄에 대한 감각이다. 자신이 존엄하다고 믿을 때, 자신보다 더 크고 높은 것에 대한 감각이 생겨날 수 있다.

그러나 인간 세상이 그렇지 못하다. 어릴 때부터 죽을 때까지 잘 모르거나, 확신하지 않는 일에 대해, 혹은 심지어 자기 양심에 반하는 일에 대해서까지도 수없는 맹세와 충성을 강요당한다 — 사실 이런 의미에서 어린 나이에 부모가 시키는 종교 교육도 온당하지 못하다고 생각한다.

학교교육 속에서 아동은 끊임없이 무언가에 대해 반성(하는 것처럼) 해야 하고, 무언가를 사랑(하는 것처럼) 해야 하고 연민(하는 것처럼) 해야 한다. 그리고 이 반성과 사랑과 연민을 '언어'로써 표현해야 한다. 학교교육이 아이들의 삶에 끼치는 근원적인 해악이라면, 바로 이런 부분이다. 그러나 여기까지도 봐줄 만하다. 실은 인간의 교육 자체에 이런 폭력적인 요소가 내재해 있었기 때문이다. 문제는 국가라는, '민주공화국'이라는 헌법상의 이념과는 아무 상관없이 친일의 주구들과 그 자식들이 만들고 이끌어 온,

이 알 수 없는 존재에 대한 충성을 아주 이른 나이부터 어른이 될 때까지 끊임없이 강요받아야 한다는 것이다.

나는 인간이 충성을 바칠 한 대상으로 국가도 포함될 수 있다는 것을 부정하지 않는다. 물론 나는 국가에 대한 충성을 부정하지만 — 이건 내 양심의 영역이니 그 이유를 대라고 강요하진 말기를 바란다 — 모두가 나와 같을 수 없기 때문에 — 세상 사람 모두가 나 같다면 그곳은 이미 지옥일 것이다 — 그럴 수도 있다고 인정하는 것이다. 그러나 어찌 됐건 국가에 대한 충성은 훈련되거나 강요되는 것이 아니라 철저히 자신의 삶의 경험을 통해 귀납되어야 한다. 아이들은 국가의 실체에 대해 스스로 판단할 여지를 충분히 제공받아야 한다. 거기에는 자신이 속한 국가의 부끄러운 과거까지, 현재 범하고 있는 혼란과 과오까지 포함된다.

한 개인이 교섭하는 가장 큰 삶의 테두리인 국가에 대한 자기 판단은 그 공동체의 존립과 건강에 매우 중요한 부분이다. 그러나 우리나라 대한민국은 전혀 그렇지 못했다. 국기 경례와 국기에 대한 맹세의 역사가 상징적으로 드러내듯 그것은 맹목적인 충성과 단결의 의식 뒤에 자신들의 피 묻은 손을 감추어야 했던 지배자의 저급한 책략, 그 이상도 이하도 아니었다.

요즘 젊은 애들이 애국심이 없다고, 너무 '자기'밖에 몰라서 큰일이라고 개탄하는 어른들이 적지 않을 줄 안다. 그러나 나는 이 나라에 애국자가 모자라서가 아니라 애국자가 너무 많아서 문제라고 생각한다. 사실, 그분들이 말하는 애국심의 정체도 무척 궁금하다. 진정한 애국자라면, 이를테면 이라크 파병이 있을 때 국익이니 어쩌니 하면서 파병을 떠들 게 아니라, 그렇게 파병을 해서라도 국익을 수호하고 싶으면 자신이 직접 파병되든지, 혹은

(자신의 일부라고 믿고 있는) 제 자식을 보내면 될 일이다. 말보다 실천이 중요하다고 늘상 말하는 분들이 아니던가. 또, 실제로 역사 속 수많은 이들이 그런 방식으로 국가에 대한 자신의 충성심을 표현하지 않았던가.

나는 아이들이 자기가 존엄한 존재임을 알고, 양심의 소중함을 아는 존재로 자라났을 때 그 공동체가 살 만한 곳이 되리라 생각한다. 그러니 제발일랑 애국심을 강요하지 말라. 유치원 꼬맹이 시절부터 애국심을 드러내서 표현하고 맹세하게끔 이끌지 말아 달라. 이런 분들께 읽어 드리라고 권정생 선생이 생전에 남긴 아름다운 시가 있다. 이 시를 같이 음미하면서 두서없는 글을 마칠까 한다.

이 세상 그 어느 나라에도
애국 애족자가 없다면
세상은 평화로울 것이다

젊은이들은 나라를 위해
동족을 위해
총을 메고 전쟁터로 가지 않을 테고
대포도 안 만들 테고
탱크도 안 만들 테고
핵무기도 안 만들 테고

국방의 의무란 것도
군대훈련소 같은 데도 없을 테고

그래서

어머니들은 자식을 전쟁으로

잃지 않아도 될 테고

젊은이들은

꽃을 사랑하고

연인을 사랑하고

자연을 사랑하고

무지개를 사랑하고

이 세상 모든 젊은이들이

결코 애국자가 안 되면

더 많은 것을 아끼고

사랑하며 살 것이고

세상은 아름답고

따사로워질 것이다

— 권정생, 〈애국자가 없는 세상〉

젊은 교사들에게 보내는 편지

　고등학교 3학년 담임을 맡고 있는 나는 요즘 9월 8일부터 시작되는 2학기 수시모집 때문에 아이들과 상담하는 일로 대부분의 시간을 보낸다. 거기다 국어 선생이라는 이유로 대학에 보낼 추천서를 작성하거나, 아이들이 쓴 자기소개서를 검토하는 일까지 더해져 몹시 바쁘다. 사실, 내가 하는 진학지도란 아이들이 3년간 얻은 내신 등급과 모의고사 성적, 그리고 입시 관련 회사에서 만든 배치 자료를 보고 아이들을 적당한 위치에 '꽂아 주는' 일이 전부다.
　이번에 아이들을 면담하면서 내가 새삼 깨달은 것은, 이 아이들을 입학할 때부터 가르쳐 왔지만, 두드러진 일부 아이들을 제외하고는 대다수 아이들이 갖고 있는 재능에 대해서 잘 모르고 있다는 사실이었다. 말없이 조용하게 지내던 한 아이가 애완동물에 관한 한 굉장한 마니아라는 것도 이번에 알았고, 시내에서 한 시간 남짓 들어가야 하는 시골에서 다니는 한 녀석이 남몰래 방송연예과를 꿈꾸어 왔다는 사실도 이번에 알게 되었다.

좀 끔찍한 일인데, 이게 낯설지가 않다. 아이들을 몰라도 진학 지도하는 데 별 지장이 없다. 대개 아이들은 제가 뭘 하고 싶어 하는지, 뭘 잘하는지 그 자체를 잘 모른다. 그래서 아이들이 진학을 앞두고 교사에게 하는 질문이란 대개 "제 점수에 갈 만한 대학이 어디 있을까요?"라는 식이다. 그런데 꼭 그런 건 아니다. 최근에는 새로운 질문들, 이를테면 "이 과 나오면 정규직으로 취업할 수 있어요?"라는 식의 질문을 종종 받게 된다. 12년 동안 공교육과 사교육을 넘나들며 부모님 등골이 휘도록 투자하고 공들인 작업의 마지막 순간치고는 허망할 정도로 단순하다.

면담하는 틈틈이 미국의 저명한 교육자인 조너선 코졸이 쓴 《젊은 교사에게 보내는 편지》를 읽는다. 처음 접했을 때는 제목도 심심했고, 글쓴이의 약력도 좀 판에 박힌 듯 드라마틱해 보였다. 하버드를 우등으로 졸업하고, 옥스퍼드에서 수학했던 전도유망한 백인 청년이 스스로 보스턴의 흑인 거주 지역의 형편없는 초등학교 교사를 자원하고, 이로부터 40여 년간의 풍부한 현장 경험을 바탕으로 여러 권의 책을 써서 저명한 문필가가 됐고, 지금은 진보적인 교육운동가로서 노엄 촘스키만큼의 명성을 얻고 있다는 둥.

그런데 그게 아니었다. 이 책을 읽으면서 한국 교육이 잊고 흘려보내는 숱한 근본적인 질문들에 대한 생생하고도 감동적인 답들을 곳곳에서 찾을 수 있었고, 그래서 좀처럼 책장을 덮을 수가 없었다.

조너선 코졸에게 배운다

　조너선 코졸은 프란체스카라는 초임 여교사에게 보내는 편지 형식으로 젊은 교사들에게 자신의 교사 체험과 인생에 대한 조언을 전하고, 현재 미국 교육에 대한 생각을 펼쳐 놓는다.
　이 책에서 읽은 인상적인 한 장면이 있다. 조너선 코졸은 자신의 책을 읽은 아이들의 초대로 사우스브롱크스에 있는 한 초등학교 교실에서 토의 수업을 하게 된다. 아이들은 당연하게도(!) 금세 통제 불능의 상태가 된다. 낯선 손님을 초대해 놓고 엉망으로 망가지는 아이들을 그 학급의 새파란 신참 교사 애프릴 갬블은 어떻게 진정시켰을까?

　　그녀는 자리에서 일어나 한 손의 손가락들을 약간 구부린 채 입 바로 아래쪽에 붙이고 다른 한 손도 같은 방식으로 구부려 오른편 30센티미터쯤 되는 지점으로 뻗었습니다. 저는 그 학급이 제가 초래한 어수선한 상태에서 벗어나 차분해지는 것을 홀린 듯 지켜보았습니다. 아이들도 자리에서 일어나 갬블 선생님이 하는 것과 똑같이 했습니다. 모든 아이들이 한 손을 입 아래쪽에 붙이고 다른 한 손은 옆으로 뻗어 선생님을 똑바로 쳐다보았습니다.
　　그러자 그 선생님은 나직하게 흥얼거리기 시작했습니다. 이어서 그녀는 그녀의 소프라노 음성으로 멜로디를 노래했고 몇몇 아이들도 자신의 음성으로 노래하기 시작했습니다. 그제야 비로소 이해가 되었습니다. 그것은 오케스트라였고 그들은 플루트를 연주하는 파트였던 것이지요. 아이들은 작은 손가락을 움직이며 플루트를 연주했습니다. …… 음악이 끝나자 선생님은 플루트를 세련되고 매끈한 동작으로 손에서 빼냈고 아이들도 선생님을 따라 했습니다. 그리고 나서 우리는 다시 토의 수업을 시작했습니다.

만약 내가 이 상황에 놓였다면 어떻게 했을까 생각해 보았다. 손님을 초대해 와서는 통제 불능으로 망가지는 아이들이 순간 '웬수'로 보였을 것 같다. 회초리로 교탁을 탁탁 치면서 고함을 치거나, '손님 가시면 보자'는 무섭고 살벌한 눈빛으로 제압하려 들었을 것이다. 그리고 손님이 가시고 난 뒤에 '한 따까리' 하고 나서는 '너희들에게 실망했다'는 투로 그럴듯한 연설을 했겠지.

이참에 한번 생각해 본다. 교사는 일생토록 떠드는 아이들과 싸우다가 교직 생활을 마감할 업보를 타고났다. 그런데 아이들이 떠드는 것은 죄일까? 사실 말이지만, 초등 1학년이건 고3이건, 아이들은 언제나 떠든다. 그것은 새가 노래하듯이, 시냇물이 흐르듯이 자연스러운 것이다. 그리고 토론에서의 통제 불능 상황은 인간 사회 어느 곳에서나 일어난다. 그러므로 저 애프릴 갬블 선생의 침착하고 품위 있는 대응은 몹시 아름답지만, 또한 교육적으로는 상식적인 해결이다.

그러나 대개 민주주의를 가르치는 과정에서 생기는 혼란은 극히 안일한 방식으로 수습되고 따라서 혼란을 야기할 가능성이 있는 수업들은 점점 시도조차 되지 않는다. 혼란은 민주주의를 향해 가는 필연적인 과정이지만, 이것을 이렇게 단순하고 폭력적인 방식으로 다룬다면 아이들은 조금씩 민주주의를 귀찮게 여기게 되고, 구질구질한 민주주의보다 강력한 카리스마에 의해 일사불란하게 처리되는 것을 기다리게 될 것이다. 그것은 파시즘의 정서적 기반이 된다.

교육에는 교육적 기술이 필요하다. 떠드는 아이를 진정시키면서도 명랑한 수업 분위기를 유지하는 일, 곤경에 빠진 급우를 수치심 느끼지 않도록 잘 돕는 일, 상습적으로 조는 아이를 수업에 참여시키는 일, 반항적인 태도를 보이는 아이의 내면에 도사리고 있는 근원을 파악하고 적절하게 지도하는 일, 적절치 않은 연애 관계에 빠져든 아이를 스스로 빠져나오게 만드는 일, 이런 일들은 헤아릴 수 없이 많다. 그러나 우리 교육 현장에서 이러한 교육적 상황에 대한 대응은 너무나 타성적이다. '외면하거나 내리누르기', 이 양 극단 사이를 오갈 뿐이다. 그렇게 해도 되는 이유가 있다. 한국의 교사에게 요구되는 자질은 딴 데 있기 때문이다. 교육 관료들과 학부모들은 아이들을 잘 통제하고, 말썽 없이 상급학교에 진학시키고, 덤으로 사교육에 맡기지 않아도 될 정도의 미더운 교수-학습 능력만 갖춘 교사를 선호한다. 이것이 오늘날 한국 교사에게 기대되는 역할의 공공적 표준이다.

가난과 교육

조너선 코졸을 초대했던 아이들은 쓰레기 소각장 인근에 살아서 1/3이 천식을 앓아야 했던 가난한 초등학생들이었다. 조너선 코졸은 책 곳곳에서 가난한 자들에 대한 분리와 노골적인 차별을 고발하고 있다. 그에게 교육적 이상은 '섞이는' 것이다. 부유층과 빈곤층이, 흑인과 히스패닉과 아시아계와 백인이, 장애아와 비장애아가, 고학년과 저학년이 서로 섞여야 한다고 굳게 믿고 있다. 그래서 그는 중등 저학년을 초등 고학년으로 편입시켜 저학년들의 학습을 돕는 교육과정을 제안한다. 그러나 자기네들끼리만 '따로 놀려는' 백인들의 의지는 그야말로 노골적이다. 마틴 루터 킹을 기념하는 마틴 루터 킹 고등학교는 맨해튼의 유복한 백인 거주 지역 한가운데 자리 잡고 있는 유서 깊은 학교인데, 마틴 루터 킹의 이상과는 전혀 다르게 흑인과 백인이 조금도 섞이지 않은 채 재학생의 96%가 흑인과 히스패닉으로 채워지는 악명 높은 인종 분리 학교가 되어 있다. 미국 공립학교의 인종 분리가 위헌이라는 판결을 이끌어 낸 흑인 법조인의 이름을 따서 설립된 서굿 마셜 학교 또한 흑인들만의 학교가 돼 있다. 그래서 이 학교의 교장은 아이들에게 서굿 마셜을 아예 모범적인 기업의 중견 간부 쯤으로 바꿔서 소개한다. 그러고는 서굿 마셜의 맹세라면서 "나는 주의를 기울여 듣고 지시에 잘 따를 것입니다. 모든 일은 나한테 달렸습니다"라는 다짐(물론 날조된 것이다)을 아침 조회 때 30번씩 외치도록 가르친다.

 미국에는 바우처 제도라는 게 있어서 한 사람 몫의 교육비를 받아서 제가 원하는 학교로 이동해 갈 자유를 허용한다. 물론 이 자유는 학교 정보에 정통하고 교육열이 드높은 백인들이 흑인, 유색인종들의 학교를 벗어나 백인들만의 '작고 우아한' 학교로 옮겨 가는 데 널리 이용된다. 흑인 밀집 지역의 학교는 교실이 모자라 트레일러에서 수업을 하고, 구내식당은 20분이나 줄을 서서 기다려야 겨우 진입이 가능하다. 사우스브롱크스의 가난한 꼬마 파인애플에게는 11,500달러의 교육 보조금이 지급되었는데, 바로 옆 백인 거주지 자녀에게는 19,000달러, 더 부유한 교외 지역 아이들에게는 22,000달러가 지원된다.

 조너선 코졸은 이 노골적인 차별을 집행하는 정치인들, 이를 거드는 우파 학자들과 일생토록 싸우고 있다. 그러나 그는 지치지 않고 명랑하다. 그 이유는 종잡을 수 없도록 유쾌하고 턱없이 낙천적이고 엉뚱한 꼬마들, 그들의 부모, 조부모들과의 우정 때문이다. 말하자면 그는 풀뿌리 지식인이다.

프란체스카 선생님, 이 아이들과의 지속적인 우정은 저를 지탱해주는 힘이 되었어요. 그 지역에 너무나 흔한 육체적 질병인 소아 천식과 유행병 수준인 어머니에게서 받은 HIV는 물론이고 주위에 성행하는 마약 거래 등 무시무시할 정도로 열악한 환경에 살면서도 그것을 극복하고 밝고 명랑하게 살아가는 아이들의 능력과 주위에 그렇게 많은 죽음과 고통이 널려 있어도 삶과 희망의 가능성을 확언하는 그들을 대할 때면 가끔 자기 연민에 빠지는 저 자신이 창피해지고 제정신에서 우울과 어둠이 저절로 가신답니다.

내가 보기에 오늘날 한국 교육 현장에서 가장 강력한 담론이 되어야 하는 것은 바로 '빈곤', '비정규직 문제'와 같은 것들이다. 그러나 안타깝게도 이 문제에 대한 우리 교육 주체들의 대응은 거의 절망적이다. 우선 교원들 스스로가 계층화되어 있다. 교사들의 경우 그 험난한 경쟁에서 승리한 정규직으로서의 자부심이 있다. 그리고 대개의 (젊은) 교사들은 그들 자신이 학창 시절 더없는 모범생들이었기 때문에 빈곤층 아이들이 흔히 내보이는 적대감, 무기력, 일탈 행동을 이해하지 못한다. 학부모들, 특히 교육 문제를 고민하는 중산층 이상의 '배운 부모'들은 제 자식의 진학과 입시 문제 외에는 별다른 관심이 없다. 저 아이들이 결국 비정규직으로 취업할 수밖에 없다는 사실을, 바로 지금 빈곤으로 삶

자체가 망가져 있는 아이들의 절망에 대해서는 거의 사색하지 않는다.

공정택 서울시 교육감이 목을 매고 있는 국제중학교 문제, 이 책에서 조너선 코졸이 목 놓아 비판하는 '고부담 시험 high stakes testing'의 한국적 변용이 될 일제고사, '전통의 이슈' 교원평가제 등이 줄줄이 대기하고 있다. 국제중학교는 아이들에게서 유년 시절을 빼앗아 갈 것이다. 일제고사는 더 끔찍한 재앙이 될 것이다. 시험 결과에 따라 학교를 일렬로 줄 세우겠다는 것은 그야말로 악마적인 발상이다. 몇 시간 동안 치르는 오지선다 시험으로 평가할 수 있는 것은 그 아이의 인간적 역량의, 그 학교의 교육적 역량의 극히 편협한 일부일 뿐이지만, 그로 인해 그 아이와 학교 전체의 교육과정, 교사들의 역량, 재정 지원, 사회적 위상, 그리고 그 학교가 속한 주거지의 등급까지 송두리째 규정될 것이다.

이 책에는 《배고픈 애벌레》라는 그림책을 읽어 주다 진짜로 애벌레를 학교에 갖고 오는 어느 선생님에 대한 이야기가 나온다. 그 아름다운 애벌레에 아이들은 넋을 잃었다. 아이들은 애벌레를 쓰다듬었고, 애벌레가 스스로 실을 내어 지은 회색 고치 안으로 숨어 버린 일은 아이들에게 그야말로 잊을 수 없는 경이이자 '특별한 상실의 경험'이었다. 이 애벌레가 드디어 아주 화려한 불나방이 되어 고치 바깥으로 나왔을 때 선생님은 창문을 열어 그것을 4월의 하늘로 날려 보냈다. 이것은 그 선생님의 순수한 교육적 선의에서 나온 것이며, 이런 행동을 평가할 수 있는 도구는 사실상 없다. 아이들의 감각 속에 잊을 수 없는 기억으로 저장될 따름이다. 이미 있어 왔던 학교 관리자들의 근무평정에 더해 얹혀지는 교원평가는 저러한 창조적인 교육열을 갖춘 선생님의 자리를 갈수록 위축시킬 것이다.

그렇다면 조너선 코졸의 결론은 무엇일까? 그의 결론은 아주 단순하다. 그는 싸워야 한다고 말한다.

> 그러나 아이들의 사랑을 받는 교사들은 교직에 들어서기 전에는 예기치 못했던 책임을 떠안아야 합니다. 이 책임들 가운데 하나는, 제 생각입니다만, 필요한 순간이 왔을 때 '교사로서의 직업 윤리'로 간주되는 것들을 기꺼이 버리고, 아무리 수줍고 자기 주장에 서투르더라도, 정의를 위해 소리 내어 말할 수 있는 투사로서 행동하는 것입니다. …… 교육의 영혼을 지키려는 싸움은 시작되었고, 이들은 마지막까지 그것을 지켜 내야 할 중요한 사람들입니다. …… 젊은 교사들이나 교직을 생각하는 이들에게 꼭 전하고 싶은 말을 한마디만 하라고 한다면 그것은 교사로서 아이들과 함께하는 하루하루, 한 시간 한 시간을 즐겁게 채울 수 있는 권리를 지켜 내려고 싸워야 한다는 것입니다.

나는 많은 교사들이 이 책을 읽었으면 좋겠다. 나는 전교조 활동가로 지금껏 지내 왔지만, 최근 몇 년 동안 지회 활동을 하기 위해 제 발로 걸어 들어오는 내 후배뻘 되는 젊은 교사를 아직 만나지 못했다. 이런 무기력이 10년 정도 이어진다면 우리 교육 현장은 저들이 하고 싶은 대로 질주하는 고속도로가 되고 말 것이고, 그래서 지금 몹시 두렵다.

아이들은 촛불시위를 통해 이 미친 교육에 대해 제 할 말을 이미 다 했는데, 어른들의 미망은 채 걷히지 않고 있다. 조너선 코졸의 이 책이 미망에서 깨어나지 못한 우리 교사들, 그리고 학부모들에게 날카로운 죽비가 될 수 있기를 소망한다.

사유하는
교사

 이 글을 쓰기 얼마 전까지 나는 동료 일꾼들과 함께 전교조 밀양지회에서 주최한 '학생의 날 기념 청소년 축제'를 준비해서 치렀다. 공부에 특별한 재능을 가진 아이들이 혜택과 관심을 독점하는 지역 풍토에서 공부가 아닌 다른 장기를 가진 애들이 제 재능을 뽐내고 아이들이 거기에 열광하는 모습은 참 보기 흐뭇한 풍경이었다. 그리고 우리 전교조 교사들의 부채감이랄까, 이런 것도 약간이나마 깊어지는 기분이었다. 물론 화려한 공연에 밀려서 학생인권이나 다른 전시 마당들이 별다른 시선을 받지 못한 것은 아쉬운 대목이었다.
 아이들을 향한 기성세대의 규정들이 있다. 그것은 '서투름, 교양 없음, 자기중심성, 욕구와 충동의 덩어리'와 같은 것들이다. 그러나 그런 자리에서 아이들의 터질 것 같은 열정의 발산을 지켜보고 있노라면 그 약동하는 생명력에 감탄하지 않을 수 없고, 아이들을 향한 이 모든 규정들이 얼마나 고약한 것인가를 생각하게 된다. 그러한 열기 속에 행사는 끝났다. 섹시한 율동을 뽐내는 춤꾼으로, 래퍼로, 비보이로, 발라드 가수로 무대를 주름잡던 아이들도 결국 월요일이 되면 교복을 걸쳐 입고 '학생'으로 되돌아와 수업을 받는다. 그리고 나도 '사유하는 교사'라는 주제어를 붙잡고 지금 교무실 책상 앞에 앉아 있다.

나는 이 책 3부의 시작을 '혼란을 위한 메모'라는 제법 도전적인(?) 제목으로 출발했다. 처음에는 뭔가 쓸 말이 있을 거라 생각했는데, 그동안 나는 연필을 들고 백지 앞에 앉을 때마다 공포에 가까운 막막함을 느껴야 했다. 내가 쓸 말이 있다고 여겼던 것은 이런 것들이었다. 진정한 교육을 위한 근거지들이 끝없이 훼절되고 있지만, 정작 교사 집단만은 꿈쩍도 하지 않는 것처럼 보였다. 교사들이 느끼는 이 안정감 — 그것이 희망사항일지라도 — 의 정체란 대체 무엇인가, 나는 그것을 '전체주의'의 그림자라고 느낀 것이다. 전체주의는 1930년대 이후의 세계에서, 혹은 한국과 같은 제3세계 개발도상국들에서 수십 년간의 독재정권을 관통하고서는 무대 뒤편으로 사라진 역사적인 체제가 아니라, 바로 지금 우리 눈앞에 조성된 '현실적인' 체제라고 생각했다. 소비와 자기만족에 게걸든, 그래서 불의 앞에서는 무조건 침묵하되 불이익 앞에서는 폭발적으로 분출하는 세태가 또한 그것의 징표라고 생각했다. 그래서 나는 이 기묘한 안정감과 고요함을 향해 무언가 이야기를 걸고 싶었다. 그리고 그 속에서 내가 뿌리내린, 혹은 뿌리내리고자 애쓰는 것들에 대한 나의 충성심을 표현하고 싶었다.

나는 '혼란'을 부추기고 싶었고, 그 속에서 무언가 함께 행동할 수 있는 연대의 접점을 모색하고 싶었다. 그러나 돌이켜 보건대, 그것은 '언어'로 호소하고 표현할 수 있을 성질의 것은 아니었던 듯싶다. 나는 아이들과의 우정으로 이 절망적인 현실을 견디는 자로 스스로를 표현할 때도 있었지만, 그러나 사실 나는 날마다 학교 현장에서 아이들과 수시로 상처 입히고 상처받으며 하루하루 지쳐 가는, '현장 교사'이기도 했던 것이다. 그런데 내가 '사유하는 교사'라는 주제어로 그려 낼 사색의 궤적은 어떤 것이 될 것인가, 막막함은 다시 고개를 쳐든다.

여기가 로도스다, 여기에서 뛰어라

이솝우화에 나오는 이야기라고 한다. 한 그리스 사내가 여행길에서 고향으로 돌아와서는 자기가 갔던 로도스 섬에서는 하늘 높이 멋지게 뛰었다고 허풍을 치며 고향을 욕한다. 그러자 이를 듣던 한 사람이 "여기가 로도스다, 여기서 뛰어 봐라"고 되받아쳤다는 것이다. 이것은 한 허풍선이가 고향에서 창피당한 그저 그런 이야기이기도 하지만, 그 속에는 또한 만만치 않은 정신이 담겨 있는 것으로 보인다. 그것은 요컨대, '지금, 여기'를 응시하라는 것이다. 그것은 다른 말로 '지금, 여기'를 떠나서 그 어떤 현실도 존재할 수 없다는 단호한 리얼리즘의 정신인 것이다.

이 글을 읽는 이들의 대부분은 교사일 것이고, 대체로 정규직의 비율이 높을 것이다. '정규직 교사', 이것이 한국 사회에서 '남다른 규정'이 될 만치 IMF 체제가 10년이 흐른 뒤 우리 사회가 강파르게 변해 버렸다. 한국 사회에서 교직은 매월 안정적인 현금 수입이 있고, 고용 불안이 (아직은) 없으며, 경제 활동과 자아 실현을 일치시킬 수 있는 매우 희귀한 직종이 되어 버렸다. 그러나 유례없이 안정적인 물적 기반 위에서 또한 원천적으로 창조적인 교사의 교육 노동이 갈수록 관행과 타성으로 미끄러지는 것을 지켜보게 된다. 개별 학교에서부터 심지어 전교조를 위시한 교육 운동 진영에 이르기까지, 바닥에서 솟아오르는, 교육 현실의 핵심을 뚫고 나오는 '육성肉聲'을 듣기가 매우 힘들어졌다. 근대 학교교육이 근원적으로 배움 자체를 거세하는, 유구한 인간사에서 극히 예외적인 체제라는 것과, 거기에서 유별스런 개별자로 존재하는 한국 교육 전체를 조망하는 사유는 그렇다 치자. 지금 당장 학교 현장에 넘쳐 나는 어려움과 아이들의 고통에 대한 솔직한 육성조차 이제는 잘 들려오지 않는다.

우리 교육 현장을 지배하는 타성과 관행의 장력은 압도적이다. 그러나 지금 우리 교육은 아주 단순한, 그리고 자명한 질문 앞에서 스스로 파탄을 선언할 수밖에 없다고 본다. 예컨대, 이 글을 쓰고 있는 나 자신을 포함하여 우리들을 향하여 이런 질문을 던질 수 있다.

"지금과 같은 교육 체제 속에서 12년간 자라난 아이는 과연 어떤 존재가 되어 있을 것인가?" "지금 한국의 교사들이 가장 중요하게 여기는 덕목은 무엇인가?" 아니 솔직하게, "정규직 교사로서 중간층 이상의 소비 생활을 향유케 하는 물적 조건을 제외하고, 교사의 자존감을 지탱해 주는 그 무엇이 지금 우리들에게 남아 있는가?"라는 질문 말이다.

우리는 황폐한 답변을 내놓을 수밖에 없다. 그렇다면 우리의 사유는 어디서부터 출발할 것인가. 나는 지금, 여기, 나 자신과 한국 사회를 바라볼 수밖에 없다고 생각한다.

어느 집회 현장에서 느낀 실감

지난 2007년 11월 11일, 범국민 행동의 날을 떠올려 본다. 불법적인 그 어떤 행위도 준비되지 않았지만 공권력은 진작부터 '불법 집회'로 낙인찍었다. 그리고 우리 지역에서 각 단위의 활동가들이 온 힘을 다해 조직한 참가단들이 세 대의 전세 버스에 나누어 타고 서울로 올라가기 위해 집결했을 때, 공권력은 아예 버스의 앞뒤를 막아 놓고 출발 자체를 원천 봉쇄시켜 버렸다. 유례없는 일이었다. 결국 지리한 승강이 끝에 일부는 승용차에 나누어 타고 서울로 출발했다. 그리고 일부는 비밀 작전하듯 다른 전세 버스 한 대를 새로 수배해서, 고속도로 휴게소에 대기시켜 놓고, 그곳으로 승용차를 타고 이동해서 다시 버스로 갈아타고 서울로 올라갔다. 가면서 보니, 고속도로로 진입하는 어느 길목에서건 경찰과 집회 참가단을 태운 버스가 대치하고 있었다. 그렇게들 천신만고 끝에 서울로 갔다. 서울시청 앞 대로는 대부분 비정규직 노동자, 농민, 학생, 장애인과 같이 그야말로 사회적 약자들이 가득 채우고 있었다. 경찰 헬기는 도심 아주 낮은 상공에서 해산을 종용하는 선무 방송을 하면서 위협적으로 비행하고 있었다. 집회에 참여한 대오만으로 판단할 수 없는 것은 분명하지만, 최소한 그날 내가 겪었던 것만 놓고 보면, 이 체제 속에서 안정적인 삶을 영위하는 이들은 이제 저항을 거의 포기한 것으로 보였다.

지난 10년간, 누군가들은 '잃어버린 10년'이라며 이를 뿌득뿌득 갈았던 그 '좌파 개혁 정권'은 대체 무슨 일을 한 것일까. 이제 전체 국민의 70% 가까운 숫자가 극우 성향의 두 후보에게 기꺼이 표를 몰아줄 태세를 굳히고 있다. '88만원 세대'라는 언술이 어디서든 사용될 정도로 젊은 세대의 경제적 위축은 피할 수 없어 보인다. 지금 우리가 학교에서 만나는 아이들이 그 험한 관문을 어떻게 돌파한다 해도 결국 88만원 세대에 합류할 수밖에 없을 것이다. 아이들을 기다리고 있는 이 자명한 미래 앞에서 우리는 어떤 종류의 희망을 이야기해 줄 것인가. 아무리 생각해 봐도 그들에게 들려줄 희망적인 답은 없다.

농업을 해체시키고, 땅으로부터 스스로 유리된 근대 교육의 폐해가 이미 우리 교육에도 똬리 틀고 앉아 있다. 아이들은 자연을 닮지 않고, 제 어버이를 닮지 않으며, 오직 이 체제를 닮아 간다. 그들의 감수성은 자신들이 향유하는 기계 매체의 메커니즘을 체현하고 있다. '빈곤'은 이미 우리 교육 체제와 아이들을 깊이 병들게 하는 중요한 인자가 되어 있다. 《위기의 학교》에서 영국의 저널리스트 닉 데이비스가 날카롭게 묘파한 바와 같이, 교육 현장에 유입된 빈곤과 시장 논리가 조성한 영국 교육의 절망적인 현실은 또한 한국에서도 재현될 것이다.

결국 한국 사회는 앞으로 짧은 시간 안에 경제적으로든, 정치적으로든 급격한 해체의 과정을 밟게 될 것이다. 이것은 피할 수 없는 결과이다. 그렇다면 "차라리 망하는 게 더 낫겠다"고 주절거리기도 했던 것처럼 이것은 새로운 희망의 근거를 잉태할 단초가 될 수 있을 것인가. 그러나 그 가능성은 극히 비관적이다. 역사적 체제로서의 파시즘은 대공황과 같은 경제적 파탄을 겪은 이후의 격렬한 대중운동으로 형성되었다. 히틀러의 제3제국은 경제적 박탈감과 지도자에 대한 충성심으로 뭉친 열정적인 소시민들의 대중 독재이기도 했다. 다음 대통령으로 가장 많이 이야기되는 이명박 씨가 부동산 투기를 하고, 위장 전입을 하고, 자식을 유령 취업시켜 탈세를 하고, 주가 조작을 공모한 경제사범일지도 모른다는 의혹을 받고 있지만, 여전히 흔들림 없는 지위를 유지하고 있다. 그가 제시한 교육 공약이 결국 그나마 유지되어 온 공교육의 근간을 완전히 해체하는 것임에도 지지율은 좀체 꺾일 줄을 모른다. 결국 이런 얘기다. "다 필요 없다, 내 지갑만 채워다오." 이것은 정상적인 사회에서는 일어나기 어려운, 가공할 만한 상황이다.

태초에 '행동'이 있었다

한국 사회는 어디로 가고 있는 것일까. 우리 사회에는 이 잔인한 현실로부터 도피하고픈 심리만이 활개치고 있는 것으로 보인다. 도피도, 망상도 다수가 빠져들면 현실이 된다. 지금도 잊히지 않는 장면이 있다. 한 달 전, 아이들과 함께 제주도로 수학여행을 갔을 때, '퍼시픽 랜드'라는 곳에서 '돌고래 쇼'를 보았다. 여태껏 이런 동물 쇼를 한 번도 보지 못했기 때문에 그 장면이 남다르게 남았는지도 모르겠다. 원숭이 세 마리가 앙증맞은 애기 옷을 입고 와서 농구를 하고, 철봉 놀이를 하고, 어설픈 악단을 꾸며서는 〈학교종이 땡땡땡〉을 타악기와 실로폰으로 연주한다. 바다사자 세 마리가 공으로 재주를 넘고 관객을 향해 다가와서 일제히

윙크를 하고, 사람들처럼 도열해서 박수치는 흉내를 낸다. 객석을 가득 메운 관객들은 파안대소하고, 카메라 플래시는 연신 터져 나온다. 조련사들은 능란한 솜씨로 그들을 다루고 그들은 단 한 번의 실수도 없는 완벽한 쇼를 보여 준다. 나는 불현듯 견딜 수 없는 기분이 되어 슬그머니 자리에서 빠져나왔다. 길들여진 동물들이 사람 흉내를 내는 것이 신기하고 귀여워서 우리는 연신 즐거워한다. 그러나 실은 우리들 자신이 또한 그들과 같은 존재가 아닌가. 체제에 의해 길들여진 존재, 그래서 일탈도 방황도 저항도 없이, 그저 체제가 시키는 대로 재주넘고 그 결과에 따라 일희일비하고 다투고 화해하며 사는 그런 존재들이 아닌가. 우리들 자신이 이러하면서 또한 우리가 길들인 동물들의 재주넘기에 즐거워하는 것은 얼마나 아이러니컬한 일인가.

나는 앞으로 어떤 사회가 도래할지 예측할 능력이 없다. 나는 다만 '지금 여기'에서 우리들이 독립적인 한 '인간'임을 확인하고 싶을 따름이다. 그리고 그 어떤 것도 아닌, 오직 내가 믿는 바에 따라 내가 뿌리내린 것들에게 충성을 바치는 존재가 되고 싶을 따름이다.

나는 인권운동가 서준식 선생이 규정한 바와 같이, '태초에 행동이 있었다'고 믿는다. 그 행동의 시간과 공간은 지금, 여기, 어디서건 열려 있다. 다만 우리가 외면하고 있을 뿐이다.

나는 시인 김수영을 좋아한다. 그래서 글쓰기가 막힐 때면 나는 가끔 그가 남긴 시와 산문을 펼쳐 들고 아무 쪽이나 넘기며 되짚어 읽는다. 고집불통의 시인이자 도무지 자기검열을 모르는 직선의 산문가였던 그의 글들에서 나는 이 현실을 정면으로 응시하고, 꿰뚫어 보는 예언자적 지성의 울림을 느낀다.

우리의 행동과 사유는 어떤 시공간에서 어디를 향해야 할 것인가. 그의 예지 넘치는 시 한 편을 함께 읽는 것으로 사유와 행동을 향한 이 어설픈 장광설을 이제 그치고자 한다.

  우리들의 적은 늠름하지 않다
  우리들의 적은 커크 더글러스나 리처드 위드마크모양으로 사나웁지도 않다
  그들은 조금도 사나운 악한이 아니다
  그들은 선량하기까지도 하다
  그들은 민주주의자를 가장하고
  자기들이 양민이라고도 하고
  자기들이 선량이라고도 하고
  자기들이 회사원이라고도 하고
  전차를 타고 자동차를 타고
  요릿집엘 들어가고
  술을 마시고 웃고 잡담하고
  동정하고 진지한 얼굴을 하고
  바쁘다고 서두르면서 일도 하고
  원고도 쓰고 치부도 하고
  시골에도 있고 해변가에도 있고
  서울에도 있고 산보도 하고
  영화관에도 가고
  애교도 있다
  그들은 말하자면 우리들의 곁에 있다

우리들의 전선戰線은 눈에 보이지 않는다
그것이 우리들의 싸움을 이다지도 어려운 것으로 만든다
우리들의 전선은 됭케르크도 노르망디도 연희고지도 아니다
우리들의 전선은 지도책 속에는 없다
그것은 우리들의 집안 안인 경우도 있고
우리들의 직장인 경우도 있고
우리들의 동리인 경우도 있지만……
보이지는 않는다

……

우리들의 싸움은 하늘과 땅 사이에 가득 차 있다
민주주의의 싸움이니까 싸우는 방법도 민주주의식으로 싸워야 한다
하늘에 그림자가 없듯이 민주주의의 싸움에도 그림자가 없다
하…… 그림자가 없다

하…… 그렇다……
하…… 그렇지……
아암 그렇구말구…… 그렇지 그래……
응응…… 응…… 뭐?
아 그래…… 그래 그래.

— 김수영, 〈하…… 그림자가 없다〉

글쓰기와
언어공동체[41]

튕겨져 나가는 언어들

　제가 오늘 이야기할 주제는 현실과 글쓰기입니다. 처음에 강의 요청을 받았을 때는 '글쓰기'에 비중을 둔 제목이어서 제가 싫다고 했습니다. 현실에 대해서는 뭐라고 한마디 할 수도 있을 것 같은데, 글쓰기에 대해서는 뭔가 모르게 탁 튕겨져 나가는 듯한 느낌이 있었습니다.
　제가 공적인 매체에 글을 쓰기 시작한 것이 2002년부터니까

41　이 글은 2012년 8월 3~5일 담양에서 열린 교육공동체 벗 조합원 여름 연수 〈하여 함께 — 우리의 언어가 우리의 무기입니다〉에서 '글쓰기를 통해 내가 만났던 현실'이라는 제목으로 한 강연을 보완하고 정리한 것이다.

10년이 좀 넘었는데, 한창 때는 연재를 두세 개 하기도 했습니다. 학교 일, 전교조 지회 일을 하면서도 일주일 동안 글을 세 편씩, 원고지 150매를 썼던 적도 있습니다. 처음 글을 쓰고 발표했을 때 주변에서 잘 쓴다고 칭찬을 해 주니까 겁도 없이 막 써 댔습니다. 등골이 빠지는 줄도 모르고. (웃음) 세상에 자기를 드러내고자 하는 욕구도 있었고요. 나름 그동안 쌓아 둔 절실한 말들을 세상 앞에 웅변하듯이 터뜨리는 철없는 쾌감 같은 것도 만끽했습니다. 사람마다 잘하는 게 한 가지씩은 있듯이 저도 글을 쓰는 것에 대해선 다른 사람들보단 좀 덜 힘들었다고 생각합니다. 써야 할 주제가 있으면 써졌고, 자료를 읽고 정리하는 일이 그렇게 고통스럽지는 않았으니까요.

그랬는데 요즘은 전혀 그렇지가 못합니다. 글은 '기운'이 있어야 쓰는 것인데, 기운이 많이 빠졌고, 육체적으로도 지칩니다. 요즘은 고정적으로 글을 쓰는 매체가 〈한겨레〉 하나뿐입니다. 《오늘의 교육》과 《녹색평론》은 편집위원으로 이름을 올리고 있는데도 글을 못 쓰고 있습니다. 〈한겨레〉에 3주에 한 번 원고지 8.8매 쓰는 것도 힘들어서 이틀 저녁을 꼬박 자리에 앉아서 머리를 벅벅 긁다가 마감 직전에 초치기로 보내고 그럽니다. 마감이 지나고 나서도 원고를 못 보내서 대여섯 통 독촉 전화를 받고, 가판 인쇄 들어가는 데드라인 직전에 원고를 넘긴 적도 있었어요. '왜 이렇게 힘이 들까. 이런 적이 한 번도 없었는데' 하고 생각을 해 보니 이제 이럴 때가 된 것 같습니다. 무기력감을 많이 느끼는 듯합니다. '글'이 별로 힘이 없다는 것, 그러니까 내 글이 별로 사랑받고 있지 못하고, 사람들에게 부담으로 다가가고 있다는 느낌을 새삼스럽게 받기 때문인 것 같아요. 무엇보다 사람들이 일단 글을 잘 읽지 않습니다.

　글은 아무리 편하게 쓴다고 해도 거기에 적지 않은 시간과 노력이 들어갑니다. 이를테면 2005년도에 〈영혼 없는 사회의 교육〉이라는 원고지 110매짜리 글은 한 석 달 걸려 썼습니다. 그때가 교직 5년 차였는데, 교직 생활에서 대략 한 바퀴를 돈 것 같았어요. 신중하게 고민을 했습니다. 퇴직을 할지 말지요. 막막하더라고요. '앞으로 평생을 이렇게 살아야 한단 말이야? 내가 이러려고 교직에 들어온 건가?' 이런 고민이 쌓이고 쌓여 터지려고 할 때였어요. 교사 된 지 5년 정도 지나면 이런 고민을 한 번씩은 하게 되잖아요. 주변의 존경하는 선생님들께 여쭈었는데, 다들 말리시고 저도 자신이 없어서 결국 좀 더 해 보자고 결론을 내렸습니다. 그리고 일단 내 번민과 의혹을 글로 옮겨 보자, 이제 진짜 활동가로 이 현실과 맞서 싸우자, 이런 결심을 하면서 그 글을 준비하기 시작했습니다. 그동안 고민한 것, 메모해 둔 것, 참고할 책들도 보아 가면서 그해 여름을 꼬박 바쳤어요. 물론 마감 앞두고 초치기한 것은 다른 글이랑 똑같았습니다. 매일 야자 마치고 새벽 두세 시까지 쓰고 고치고 그러다가 몇 시간 눈 붙이고 출근하고 그랬더니 체중도 빠지더라고요.

　그때는 힘이 들었지만 보람이 있었어요. 그런데 요즘 와서 새삼스럽게 기운이 빠지고 나니 그런 생각이 자주 듭니다. '글의 시대'가 지나간 게 아닌가 하는. 대학생 시절에 학생회 활동을 하면서 대자보 원고를 도맡아서 썼습니다. 토론을 하고 난 뒤에 그 내용을 한 사람이 정리해서 집필하잖아요. 그럴 때도 정리를 잘한다고 제게 맡기는 일이 많았는데 사실 그때부터 글을 쓴 거지요. 제 글쓰기는 그 시절 대자보 쓰기의 연장선상에 있다고 생각합니다. 그렇게 생각해 보면 지금의 제 좌절은 꽤 오랜 시간 동안 쌓여 온 것이고, 그래서 나름대로 제겐 사건입니다. 제 글뿐만 아니라 글 자체가 사람들에게 안 읽히고 튕겨져 나오는 것 같습니다. 사회적 공론이라는 게 없고 잘 형성이 되지 않아요. 저 나름대로는 교육에 관한 것이건, 세상 문제에 관한 것이건 정말 열정적으로 이야기하고 떠들었다고 생각합니다. 그러나 대개 그 이야기들은 사람들이 쳐 놓은 유리벽 앞에서 그냥 튕겨져 나올 뿐이었어요. 제 이야기뿐 아니라 이 시대에서 만날 수 있는, 나름대로 진지하고 진실한 언어들, 육성들, 고통의 언어들이 당하는 대우가 다 그런 것 같아요. 요즘 안철수 현상이라든지 싸이의 〈강남 스타일〉 열풍이라든지 그런 걸 두고 하는 얘기가 아니에요. 그런 이야기들에 최소한 제가 껴들 이유는 없습니다. 그런 문제에 관한 한 얼마나 훌륭한 선수들이 많습니까. 정말 중요한 사회적 공론은 이런 것일 거예요. 예컨대, 석유 정점과 교육의 미래, 아니면 교육 불가능의 시대와 학교폭력, 그러니까 《오늘의 교육》이나 《녹색평론》 같은 데서 늘상 다루는 주제들이야말로 정말 사회적 공론이 형성되어야 할 절실한 문제라고 저는 생각해요. 그런데 이런 쪽으로 사회적 공론장이 옮겨 오는 일은 없었습니다. 앞으로도 잘 없을 것 같아요. 그냥 눈앞에 보이는 것만 두고 치고받으면서 하루하루 연명할 가능성이 높습니다. 아니 눈앞에 보이는 것도 외면하면서 그냥저냥 지나갈 겁니다.

여기에는 매체 환경의 변화도 작용하고 있는 것 같습니다. 요즘 트위터는 140자, 페이스북은 원고지 5~6매 분량의 짧은 글들을 통해 정권을 엎기도 하고 상대방을 죽이기도 합니다. 그런데, 그 분량을 넘어서면 일단 안 읽힙니다. 문장이라는 것도 없어요.

트위터에서 1960년대 작가 김승옥처럼 글 쓰다가는 멘션[42]을 하나도 못 받을 거예요. 내용이 별로 중요하지 않아요. 표제의 위력이 너무나 막강해요. 작년에는 〈프레시안〉에 서평을 1년간 연재했는데, 매주 금요일 저녁에서 일요일 저녁까지 'books' 코너 맨 위나 그다음 정도의 자리에 걸리지 않으면 댓글이 하나도 안 달려요. 그리고 톱에 걸리기 위해서는, 아니 톱이 아니라 평범한 자리에 걸리는 글도 편집 과정에서 처참한 꼴을 당합니다. 제목이 엄청 자극적으로 윤색이 돼요. 조회 수로 매체의 존폐가 갈리는 인터넷 언론의 속성을 이해하지 못하는 바는 아니지만, 표제가 글의 콘텐츠를, 글의 운명을 완전히 결정해 버립니다. 한번은 제가 마이클 톰슨이라는 심리학자가 쓴 책 《어른들은 잘 모르는 아이들의 숨겨진 삶》의 서평을 썼는데 원래 제목은 '어른들이여, 무력함을 인정하라'였어요. 그 글이 'books' 코너의 톱에 걸리긴 했습니다. 그런데 제목이 이렇게 바뀌어서 나갔어요. '강간·테러도 불사하는 아이들! 어른들은 모른다.' '괴물이 된 10대들'이라는 부제도 덧붙여졌습니다. 읽히기 위해서 이렇게까지 해야 하나 싶어 회의감이 확 밀려들었어요. 그래도 서평인데. 이 매체 환경에서는 그래도 제일 진지한 글로 분류가 될 텐데, 그런 글을 사람들에게 읽히기 위한 과정이 이렇습니다.

---

42 트위터에서 글 중간에 '@아이디'의 형식으로 다른 사람의 아이디 앞에 @를 붙여 해당 사용자를 언급[mention]한 것을 말한다. 답글도 멘션의 한 종류이다.

육성을 회피하는 시대

그리고 사람들이 육성肉聲이란 걸 회피하는 것 같습니다. 저는 글의 가치는 육성이라 생각했습니다. 육성은 삶에서 길어 올린 일종의 절규라고 생각하거든요. 다산 선생은 "세상을 걱정하지 않으면 시가 아니다"라고 하셨는데, 저도 진정한 글의 가치는 여기에 있다고 생각했습니다. 교사 하면서 느끼는 고통이 있는데 아무도 이것을 글로 쓰지 않으려 한다는 문제의식이 있었어요. 술자리에선 한탄과 고통과 눈물이 오가는데, 왜 이게 언어의 옷을 입지 못하는가 하는 거였지요. 그걸 풀어내는 제 나름의 방식이 글쓰기였습니다. 전 육성만이 가치 있다고 여겼고 또 자부심도 있었습니다. 요즘 인기를 얻고 있는 어떤 논객들처럼 키보드 워리어가 되지는 않을 테다 하는 다짐도 있었습니다. 인터넷 공간에서 하는 논쟁이라는 게, 논객이라는 신종 검투사들과 네티즌이라는 구경꾼들이 엮어 내는 그저 그런 골목 싸움 같았어요. 거기서 1등 먹고, 그러다가 체급 높이고, 챔피언 벨트 얻으면 뭐하나, 1차 방어, 2차 방어 하면 뭐하나, 계체량에 실패하면 링에도 못 오르니깐 세상 모든 문제에 늘 긴장하며 살아야 하고, 삐끗하면 대번 작살나는데, 그래서 세상을 바꾸는 데 기여하면 좋겠지만 그런 논쟁들, 입씨름들이 세상을 바꾸기는 했나, 그런 생각을 많이 했지요. "여기 진중권하고 김규항하고 싸운대" 그러면 우르르 몰려가고, "고재열하고 허지웅하고 트위터에서 붙었대" 그러면 또 그리로 갔다가, "진중권하고 한윤형하고 한편 먹다가 갈라섰대" 그러면 또다시 그쪽으로 우르르 몰려가고, 한마디로 쌈박질 구경하는 재미로 보는 거지요. 검투사들은 싸움을 통해 명망을 얻고 팬덤을 구축하고요. 이런 언어의 소용돌이가 저는 별 의미 없다고 생각했습니다. 나는 말로 살지 않고 내 몸으로 살아서 길어 올린 몸의 이야기를 하겠다고 결심했습니다.

　참 부끄러운 것입니다, 육성이라는 건. 제게도 이런 자각이 생긴 것 같아요. 언젠가 소설가 장정일 선생을 만난 적이 있습니다. 그때 제 글쓰기의 고초를 털어놓은 적이 있는데, 저는 소설가가 훨씬 낫겠다고 말했습니다. 소설가는 3인칭으로, 요컨대 '나'를 '그'로 표현하면 되니까요. 그렇게 해서 자기의 온갖 치졸한 상념, 이기심, 질투, 쪽팔린 욕망들까지 '그' 뒤에 숨기면 되잖아요. 그런데 세상 앞에 자기 육성을 터뜨리는 사람은 결국 1인칭 '나'로 자기 자신을 옴팡 다 드러내야 하잖아요. 그게 참 부끄러운 일이거든요. 전통적인 문학 장르 구분을 보면 서사, 서정, 극의 3분법에다 에세이 같은 교술을 넣잖아요. 제가 지금 같은 대중 사회에서 진짜 힘든 글은 '그'로 자기를 숨기는 문학보다는 '나'로 자신을 드러내는 교술일 거라고 하니까 그분도 끄덕끄덕하시더군요.

　10여 년 넘게 부끄러운 줄도 모르고 교사로서 이 세상에 대한 절망, 한탄, 좌절을 언어화하려고 애써 왔는데 최근에서야 듣는 이 없는 외로운 웅변을 하고 있다는 자각을 하고 무력감을 느끼고 있습니다. 고통스런 언어를 사람들이 잘 안 들으려고 하고, 세상에 넘쳐 나는 수도 없는 교설들 속에서, 유머와 예능의 홍수 속에서, 사람들이 공감하고 또 거기서 자신의 운명을 발견하고, 그래서 서로 연대하게 만드는 그런 육성은 힘없이 흩어져만 갑니다.

　사실 저도 그래요. 쌍용자동차 노동자들 이야기, 어디서 오랫동안 싸우고 있는 사람들의 이야기, 그런 것들은 잘 안 읽게 됩니다. 그러나 사실 이 시대에 진실한 언어가 있다면 그런 언어밖에 없지 않나요. 왜냐하면 나머지 언어들은 언제나 있어 온 이야기들이잖아요. 인생의 희로애락을 다룬 보편적인 언어들은 지금 시립 도서관에 가면 평생을 읽어도 다 못 읽을 정도로 어마어마하게 있잖아요. 물론 당대의 보편적 삶도 기록되어야 하겠지만, 그건 당대의 작가들이 하겠지요. 각자 한 사람 한 사람의 육성은 당대의 공적 담론 체제 속에 등재되지 않더라도, 그 사람이 속한 공동체 안에서는 아주 중요한 가치가 있을 겁니다. 특히 개체의 고통에 관해서, 공동체의 정의에 관해서 이야기하는 육성은 더욱 그럴 겁니다.

여기 오는 차 안에서 잠시 용산 문제에 대해 생각했습니다. 이유는 잘 모르겠는데, 아마 오늘 강의할 거리에 대해 생각하다가 용산에까지 생각이 미친 것 같아요. 제가 91학번인데 광주를 통해 의식의 세례를 받았다고 지금껏 이야기해 왔습니다. 실제로 1학년 때 선배들과 같이 빈 강의실에서 광주항쟁을 다룬 비디오를 보면서 큰 충격을 받긴 했으니까요. 그런데 돌이켜 보니 저는 거기서 의식의 세례를 받은 것 같진 않습니다. 광주에서 보았던 흉측한 살상의 장면들이 제 삶에 육박해 오지는 못했던 것 같아요. 그 끔찍한 군사 파시즘의 공포가 불과 그 앞 30년 전에 있었던 해방 공간과 전쟁 속에서 본 살육과, 또 그 이전의 우리 역사 속에 있어 온 많은 일들의 연장선에 있는 것으로 다가왔을 뿐이었던 거지요. 요컨대 광주는 제게 몸으로는 다가오지는 않았던 것 같습니다. 무엇보다 그 당시 제가 좀 철이 없고 어려서 그랬을 것입니다. 그런데 용산은 달랐습니다. 광주를 알게 됐을 때보다 나이가 들어서 그런지는 모르겠습니다만 굉장한 충격을 받았습니다.

내 삶으로, 내 몸으로 육박해 오는 뭔가가 있었어요. 거기 망루에 오른 이들이 바로 우리들 자신, 이 시대의 민중들이라는 분명한 감각이 있었고, 그 사건을 통해서 우리 당대의 악마들의 얼굴 또한 보았던 것 같습니다. 이명박, 김석기 이런 자들 말고도 삼성, 포스코, 대림 같은 것들까지, 그 악마적인 메커니즘 말입니다. 망루에 오른 이들을 진압하는 경찰들이 내가 가르친 아이일지도 모른다고 생각하니 아득해졌습니다. 취직을 못 해 저기 용역이라도 되기 위해 몸부림치는 게 이 시대의 삶이라고 생각하니 정말 모골이 송연했습니다.

　대학 때 저도 당시 운동권들이 으레 그러하듯 화염병을 던지고 그랬는데, 나중에는 참회해야겠다는 생각을 갖게 되었습니다. 제가 던진 화염병이 어느 전경의 방석복에 달라붙었을 때 서둘러 간이 소화기를 꺼내 불을 꺼 주던 전경들의 영상이 지워지지 않았거든요. 우리가 병을 들고 학교 정문을 나서면 셔터를 내리던 가게들, 리어카에서 장사하던 아저씨들이 서둘러 좌판을 걷어 골목길로 사라지던 풍경이 잊히지 않았습니다. 이들에게 참회해야겠다고 생각하고 있었습니다. 그런데, 용산을 겪으면서는 화염병이 간절해졌습니다. 화염병이 있다면 저 경찰청 본청에 던지고 싶었습니다. 그러나 다시 화염병을 들기에는 용기가 없었습니다. 그때 제가 '글을 쓰자. 화염병 대신 글을 써서 던지자' 이런 결심을 했습니다. 그러면서 그때까지 미적대고 있던 단행본 출간도 했고, 싸움을 위해서 소용되는 글이라면 주저 없이 써 왔습니다.

현실에 언어의 옷을 입힌다는 것

지금까지 드린 말씀은 그냥 푸념입니다. 글쓰기가 힘들고 사람들이 이런 언어들을 불편해하는 새삼스러운 사실 때문에 기운을 잃고 징징거리는 소리입니다. 한편으로는 글을 쓴 덕분에 여기저기 돌아다니게 됐고, 많은 친구들을 만났고, 밀양 송전탑 싸움을 많은 이들에게 알리기도 했습니다. 또한 글 속에서 제가 많이 성장하기도 했겠지요.《녹색평론》김종철 선생이 글을 열심히 써야 하는 이유를, 글을 써야 생각이 많아지고 책도 읽고 공부를 하게 되기 때문이라고 하셨거든요. 제가 실제로 그랬습니다.

조지 레이코프의《코끼리는 생각하지 마》를 읽으면서 이 이야기를 마음에 새겼습니다. 타히티 섬 원주민들이 근대 문물이 들어온 뒤 우울증에 걸려서 많이 죽었다고 합니다. 그래서 밥 레비라는 인류학자가 연구를 수행했는데 결론은 타히티 섬 원주민들에겐 '슬픔'이라는 언어가 없기 때문이라는 겁니다. 서구인들이 들어오면서 겪게 된 끔찍한 강제 노동과 착취를 설명할 길을 못 찾아서 그랬을 겁니다. 낙원에 슬픔이 틈입한 거죠. 삶의 모습과 자신의 정서를 표현할 언어를 못 찾자 우울증에 빠지고 자살을 했다는 겁니다.

저는 그 이야기가 이 시대 사람들에게도 던지는 메시지가 있다고 생각합니다. 왜 많은 사람들이 우울증에 걸리는 걸까요. 요즘 사람들은 조증 아니면 울증인 것 같습니다. 현실이 말의 옷을 입어 주고, 그래서 그 말이 자기 삶에 투영되고, 서로 공감하고 소통할 때 우리가 살 수 있습니다. 그런데 그 말을 못 찾으니 자기 안으로 침잠하고 자기를 학대하고 죽어 가는 게 아닐까요.

《오늘의 교육》을 보면서 이런 생각이 듭니다. 훌륭한 글들이 정말 많지요. 제가 편집위원으로 있는 매체를 칭찬하는 건 팔불출 같은 소리지만, 제가 편집에 큰 영향을 미치지 못하기 때문에 이런 소리도 할 수 있을 겁니다. 최소한 교육 영역에 관한 한《오늘의 교육》만큼 읽고 공부할 만한 가치가 있는 글이 실리는 매체도 드물 겁니다. 2012년 7-8월호에 실린 엄기호의 〈학교, 그저 살아 있게 하는 공간의 교육적 무능함〉, 채효정의 〈주먹은 울지 않는다〉, 하승우의 〈폭력에 관한 질문은 올바른가〉처럼 생각이 깊은 글을 어디서 볼 수가 있나요. 그보다 앞서 3-4월호에 한낱이 쓴 〈은밀한 폭력〉은 대구 중학생 사건 이후 우리 사회에 제기된 학교폭력 담론과 관련해서 가장 종합적이고 또한 중요한 글이라고 생각합니다. 그런데《오늘의 교육》에서 여전히 부족한 것이 있습니다. 그것은 '육성'입니다. 좋은 글은 그 속에 시적인 어떤 것을 거느리고 있습니다. 엄기호 선생의 글에서 빛을 발하는 대목도 어쩌면 현장 교사들을 인터뷰하면서 캐치한 그들의 육성, 이를테면 수많은 아이들의 "그냥요"를 도저히 이해할 수 없어 하는 대목에서 어느 선생님이 엄 선생에게 "선생님은 그냥 살아 보신 적이 없습니까"라고 했던 부분이 아닐까 합니다. 혹은, 지나가던 학교 운동장에서 아이들을 닦달하는 체육 선생의 기괴한 육성에 해석학적 코드를 부여했을 때 생겨난 반짝이는 시적인 깨달음 같은 것이지요. 좋은 글이 거느리는 시적 깨달음은 기본적으로 가공되지 않은 천연의 어떤 것이고, 그래서 육성의 언어가 최상급의 언어에 가장 가깝다고 저는 생각합니다.

언어는 없던 현실을 창조하기도 합니다. 그리고 분명히 존재하는 현실일지라도 그것을 설명하는 언어가 존재하지 않으면 없는 현실이 되어 버립니다. 일기라도 써서 붙잡아 놓지 않으면 우리의 기억은 아무것도 길어 올리지 못합니다. 세월이란 쏜살같이 흘러가 버리고, 우리의 삶에는 아무것도 남는 게 없어져 버립니다. 기록을 통한 기억이라도 없으면 우리는 그냥 늙어 죽는 길밖에는 없는 거지요.

이런 실험을 한번 해 보면 어떨까 합니다. 친한 친구와 떠든 수다, 찻집에서 진지하게 나눈 대화를 그대로 녹음해서 타이핑을 해 보면 어떨까요. 무위당 장일순 선생은 내가 여기에서 저기까지 걸어갈 때 몇백 가지 생각이 오간다고 하셨어요. 이런 사고의 회로를 5분짜리로라도 잘라 내서 글로 만들어 보면 어떨까요. 그러면 자신이 그냥 흘려보내던 굉장히 많은 현실이, 사고의 회로가 발견됩니다. 우리는 대단한 감각과 기억력을 가진 것 같지만 실은 언어라는 안받침에 기대지 않는 한 물고기들과 별반 다르지 않아요. (웃음) 감각이 좀 오래 남긴 하지만 감각이든 기억이든 잊어버리고 퇴색하는 건 매한가집니다. 우리는 이 중요한 작업을 왜 안 하는 걸까요. 왜 수없이 많은 글들을 소비만 하고, 수없이 많은 이야기들을 그냥 흘려버리기만 하는 걸까요. 삶을 언어화하는 것은 무엇보다 언어적 존재인 인간 자신이 살기 위해서 가장 긴요한 작업입니다.

우정의 공동체, 언어의 공동체

밀양 송전탑 이야기로 넘어가겠습니다. 보는 사람들마다 자꾸 제 걱정들을 하시는데, 저도 예전에 그런 상황에 있는 분들을 보면 그랬어요. 생텍쥐페리가 그랬나요. 조난을 당하게 되면 조난당한 사람이 아닌 나머지 사람들이 마치 조난을 당한 것과 같이 불안한 감정 상황에 처하게 된다고요. 조난당한 사람은 오히려 멀쩡히 자신의 실존을 확인합니다. 불안과 걱정은 실은 조난당하지 않은 나머지 사람들이 느끼는 겁니다. 그래서 생텍쥐페리는 '과연 누가 조난자인가' 하는 질문을 던지는데, 제게도 약간 그런 느낌이 있습니다. 바깥에서 지켜보는 분들은 무지 걱정들을 하는데 정작 그 안에 서 있는 저는 비교적 괜찮다는 겁니다. 그게 싸움의 속성인지도 모릅니다. 당사자보다는 지켜보는 사람이 더 힘든 그런…….

처음에 송전탑 싸움에 뛰어들고는 저희 부모님 간병할 때 느낌이 되살아나긴 했습니다. 엘리자베스 퀴블러 로스의 《인간의 죽음》이란 책에 보면 죽음에 이르는 환자들의 감정 상태를 단계화한 게 나오잖습니까. 처음엔 부정과 고립, 그리고 이어서 분노, 타협, 우울, 순응과 같은 단계를 밟는다고 하지요. 저도 그랬어요. 왜 하필 밀양에서, 왜 하필 내가 학교를 그만두자마자 이런 일이 일어났는가 했습니다. 그런데 요즘은 분노, 타협, 우울의 단계를 지났는지 그냥 순응하고 있습니다. 경찰 조사도 몇 번 받았고 내부에서 소소한 분란이 있어서 속상해하는 일도 있고 그래요. 오늘 강의에 지각한 것도 저희 대책위 안에서 어떤 분들끼리 다툼이 났는데 어느 분이 제게 하소연하는 전화를 하셨어요. 그거 들어 주느라, 도저히 끊을 수 없는 상황이어서, 담양 버스 터미널에서 30분 동안 그분의 이야기를 듣고 있었어요. 이런 일들도 있고, 고소·고발도 당하고, 무시로 감정이 허물어지는 순간도 있지만, 대체로 괜찮습니다. 오히려 마음이 벅찰 때가 있습니다. 사람들이 진짜 말들을 서로 하고 있거든요. 육성으로 합니다. 사람들은 앞뒤 재지도 않고 날것 그대로 들이받습니다. 한국전력공사하고 싸울 때도 그렇고 생각이 다른 주민들끼리 싸울 때도 그렇습니다. 날것 그대로 싸우고 다음 날 아무 일 없었다는 듯이 웃으며 보고 그럽니다.

이게 진짜 현실이라고 생각되는 거지요. 한진중공업이든 평택이든 쌍용자동차든, 전 늘 구경을 했고 관찰을 했습니다. 그렇지만 이제는 이 일이 제 생활이 되어 있어요. 그리고, 그 속에서 진짜 사람의 마음을 만납니다. 전 농민이 참 훌륭하다고 생각합니다. 할머니, 할아버지들 아직도 박근혜 좋아하시죠. (웃음) 하지만 이분들이 노는 모습을 보고 있으면 참 정겹고 좋아요. 산막에서 지내면서 심심하니까 매일 고스톱을 치시는데 판돈은 주워 온 돌멩이들입니다. 낫으로 가지를 꺾어서 그걸 쪼개서 윷을 만들어 윷놀이도 하십니다. 이웃 활동가가 바빠서 농사일을 잘 못 돌보니까 할매들, 동네 사람들이 우르르 몰려가서 하루 만에 고추를 다 따 주고 그럽니다. 한번은 열심히 활동하는 분이 빗길에 차를 몰고 공사 현장으로 올라가다 미끄러져서 트럭이 전복됐습니다. 그래서 병원에 갔더니 나 때문에 사람들 걱정 끼쳐서 미안하다고, 나 때문에 폐차되게 해서 차에게 미안하다고 하세요. 눈물을 주르륵 흘리면서. 그 말이 잊히지 않습니다. 기계잖아요. 그런데 그분에겐 트럭이 노새 같은 존재였을 겁니다. 트럭에게 미안해하면서 눈물짓는 것, 그게 사람의 마음 같고, 그게 사람의 말 같고 그렇습니다.

전체 단합 대회를 한다고 50~100명 정도 모여서 넓은 차양을 쳐 놓고 자리를 깔아 놓고 막걸리에다 수육을 삶아 놓고 노래를 부르면서 놉니다. 하늘에 별이 초롱초롱합니다. 밤새 이슬이 내리고요. 백석의 시 〈박각시 오는 저녁〉의 한 풍경 같지요. 동네끼리 섞여서 막걸리 마시고 웃고 떠들다 자기 동네로 돌아가고. 어떻게 이런 힘든 상황을 몇 년간 겪으면서 저런 마음으로 지내실 수 있을까. 있는 그대로의 '사람'의 마음을 가졌고, '사람'의 말을 하는 사람, 그런 분들은 이렇게 강하고 또 건강합니다. 그래서 지금까지 버티신 겁니다.

어젯밤에도 몇몇 활동가들이랑 신부님과 술 마시면서 그랬습니다. 지금까지 이 싸움을 버텨 온 것만으로도 사실 참 잘했다고요. 그러면서 싸움에서 이길 확률을 서로 이야기했는데 저는 4 대 6으로 말했고, 어떤 분은 아직 3 대 7이다, 신부님은 51 대 49다 그랬습니다. 여전히 질 가능성이 높긴 합니다. 그렇지만 주민들이 힘이 남아 있는 마지막까지 할 수 있는 모든 걸 다 하고 났을 때, 아무런 여한이 없을 때, 그땐 그분들이 송전탑이 꽂히는 것까지도 어쩌면 감당할 수 있을지도 모르리라 생각했습니다. 그러니까 질 수는 있지만, 질 때까지 끝까지 곁에 있어야겠다, 함께 싸워야겠다고 술을 마시면서 서로들 결의했습니다. 예수님도 패배했고, 해월 최시형 선생도 패배했고, 간디도 끝내 암살당했고, 인간의 싸움은 원래 지는 싸움이잖아요. 중요한 것은 우리들 자신이라고 생각합니다. 어떤 언어와 어떤 인간관계를 남기는가, 불탄 자리에 무엇이 남을 것인가, 그게 관건입니다. 끝내, 승패보다 중요한 게 바로 이런 것이겠지요.

우리에게 정말로 필요한 게 뭘까요. 윌리엄 블레이크의 말을 빌자면 "새에겐 둥지, 거미에겐 거미줄, 인간에게는 우정"이겠지요. 요컨대 우리는 관계의 존재입니다. 필요한 것은 우리 자신의 언어, 인간의 언어입니다. 우리 교육공동체 벗이 우정의 공동체가 되어야 하겠지만, 그러기 위해서는 먼저 언어의 공동체가 되어야 하리라 생각합니다. '스스로 말하는 것을 두려워'해서는 안 되리라 생각합니다. 육성을 터뜨리는 것을 쑥스러워하지 말자, 부끄러워하지 말자, 이런 이야기입니다. 솔직한 육성이 우정의 기초이자 모든 소통의 기반입니다. 무엇보다 그 언어로써 우리들 자신이 근원을 알 수 없는 우울과 무기력으로부터 헤어 나올 수 있습니다.

글의 출처

1부. 삶, 사회, 국어교육

우정을 위한 성찰	《우리교육》 2007년 1월호
국어 교사로 살아가기	〈전남국어교사모임 '젊은국어교사연수' 자료집〉
민중의 평화를 가르치는 고전 교육	《함께 여는 국어교육》 77호, 2007년 9-10월 / 〈전국국어교사모임 '2009년 겨울연수' 자료집〉 / 《녹색평론》 100호, 2008년 5-6월
논술 독재 앞에서	《함께 여는 국어교육》 74호, 2007년 3-4월
나의 작문론	《청소년문학》 2010년 봄호
공정택, 류근일, 그리고 하워드 진	〈프레시안〉 2008년 11월 3일
사람에게는 얼마만큼의 논술 능력이 필요한 것일까	《청소년문학》 2008년 여름호
아이들은 왜 욕을 할까	《민들레》 64호
아이들에게 인문학을 가르치자	《함께 여는 국어교육》 90호, 2009년 11-12월

2부. 삶을 위한 국어교육

지금 '삶을 위한 국어교육'을 생각하는 이유	《함께 여는 국어교육》 82호, 2008년 7-8월
'나'를 찾아가는 국어 수업	《함께 여는 국어교육》 83호, 2008년 9-10월
수업 시간의 여백을 어떻게 채울 것인가	《함께 여는 국어교육》 84호, 2008년 11-12월

소설을 어떻게 가르칠 것인가	《함께 여는 국어교육》 85호, 2009년 1-2월
이 좋은 영화 공부	《함께 여는 국어교육》 86호, 2009년 3-4월
아이들에게 '세상의 모습'을 어떻게 가르칠 것인가	
	《함께 여는 국어교육》 87호, 2009년 5-6월 / 88호, 2009년 7-8월

3부. 세상 속으로

혼란을 위한 메모	《우리교육》 2007년 3월호
2007년 6월의 단상들	《우리교육》 2007년 7월호
애국자가 없는 세상	〈참세상〉 2007년 7월 4일
젊은 교사들에게 보내는 편지	〈프레시안〉 2008년 9월 5일
사유하는 교사	《우리교육》 2007년 12월호
글쓰기와 언어공동체	《오늘의 교육》 2012년 9-10월호

교육공동체 벗

교육공동체 벗은 협동조합을 모델로 하는 작은 지식공동체입니다.
협동조합은 공통의 목적을 가진 사람들이 모여서 만든
권력과 자본으로부터 독립된 경제조직입니다.
교육공동체 벗의 모든 사업은 조합원들이 내는 출자금과 조합비로 운영됩니다.
수익을 목적으로 하지 않기에 이윤을 좇기보다
조합원들의 삶과 성장에 필요한 일들과
교육운동에 보탬이 될 수 있는 사업들을 먼저 생각합니다.
정론직필의 교육전문지, 시류에 휩쓸리지 않는 정직한 책들,
함께 배우고 나누며 성장하는 배움 공간 등
우리 교육 현실에 필요한 것들을 우리 힘으로 만들고 함께 나누고 있습니다.

조합원 참여 안내

출자금(1구좌 일반 : 2만 원, 터잡기 : 50만 원)을 낸 후 조합비(월 1만 원 이상)를 약정해 주시면 됩니다. 조합원으로 참여하시면 교육공동체 벗에서 내는 격월간 교육전문지 《오늘의 교육》과 조합 회지 〈벗마을 이야기〉를 받아 보실 수 있습니다. 출자금은 종잣돈으로 가입할 때 한 번만 내시면 됩니다. 조합을 탈퇴하거나 조합 해산 시 정관에 따라 반환합니다. 터잡기 조합원은 벗의 터전을 함께 다지는 데 의미와 보람을 두며 권리와 의무에서 일반 조합원과 차이는 없습니다. 아래 홈페이지 또는 카페에서 조합 가입 신청서를 내려받아 작성하신 후 메일이나 팩스로 보내 주세요.

홈페이지 communebut.com
카페 cafe.daum.net/communebut
이메일 communebut@hanmail.net
전화 02-332-0712
팩스 0505-115-0712

교육공동체 벗을 만드는 사람들

※ 하파타 순

후쿠시마 미노리, 황지영, 황정일, 황정인, 황정원, 황정욱, 황이경, 황윤호성, 황순임, 황봉희, 황기철, 황규선, 황고운, 홍정인, 홍유지, 홍용덕, 홍순성, 홍세화, 홍성구, 홍석근, 현복실, 현미열, 허효인, 허창수, 허성균, 허보영, 허기영, 허광영, 함점순, 함영기, 한학범, 한채민, 한지혜, 한은숙, 한영우, 한영선, 한소영, 한성찬, 한봉순, 한민혁, 한만중, 한날, 한길수, 한경희, 하정호, 하인호, 하승우, 하승ećim, 하순배, 하광봉, 탁동철, 최희성, 최현숙, 최현미, 최진규, 최주연, 최정윤, 최정아, 최은정, 최은정, 최은영, 최은숙, 최은경, 최유미, 최원혜, 최영식, 최영미, 최연희, 최연정, 최애영, 최승훈, 최승ун, 최승복, 최슬빈, 최선영, 최선정, 최봉선, 최보람, 최병우, 최미영, 최미선, 최류미, 최대현, 최기호, 최광용, 최경미, 최경련, 최강토, 채효정, 채종민, 채윤, 채욱엽, 채민정, 차종숙, 차용훈, 진현, 진주형, 진웅용, 진영효, 진영준, 진낭, 지정순, 지수연, 주윤아, 주순영, 주수원, 조희정, 조형식, 조현민, 조향미, 조해수, 조진희, 조지연, 조준혁, 조주원, 조정희, 조용현, 조은정, 조은경, 조은희, 이윤미, 이윤경, 이유진a, 이유진b, 이월녀, 이원님, 이용환, 이용석a, 이용석b, 이용기, 이영화, 이영혜, 이영주, 이영아, 이영상, 이연진, 이연주, 이연숙, 이연수, 이승헌, 이승태, 이승연, 이승아, 이슬기a, 이슬기b, 이순임, 이수정a, 이수정b, 이수연, 이수미, 이수경, 이소형, 이성원, 이성숙, 이성수, 이설희, 이선표, 이선경, 이선영, 이선애b, 이선미, 이상용, 이상화, 이상직, 이상배, 이상미, 이상대, 이병준, 이병곤, 이범희, 이민아, 이민경, 이미옥, 이미숙, 이미라, 이문영, 이명훈, 이명형, 이매남, 이동철, 이동준, 이도종, 이덕주, 이노민, 이남숙, 이난영, 이나경, 이기규, 이근회, 이근철, 이근영, 이광연, 이계삼, 이경화, 이경은, 이경욱, 이경언, 이경람, 은홍은, 윤호영, 윤종원, 윤영준, 윤영훈, 윤영백, 윤상혁, 윤상미, 윤규식, 유효성, 유재율, 유은아, 유영길, 유수연, 유병준, 위지영, 위양자, 원지영, 원윤희, 원성제, 우창숙, 우지영, 우완, 우승인, 우수경, 오혜원, 오중근, 오제혁, 오정오, 오재홍, 오은정, 오은경, 오유진, 오승ون, 오수민, 오세희, 오민식, 오명환, 오동식, 염정은, 여희영, 여태전, 엄황조, 엄지선, 엄재훈, 엄기호, 엄미경, 양희전, 양지선, 양해준, 양지영, 양은주, 양영희, 양애정, 양선화, 양선형, 양서영, 양상진, 안효빈, 안찬원, 안지현, 안지숙, 안지영, 안준철, 안정선, 안용덕, 안옥수, 안영신, 안영빈, 안순옥, 심항일, 심은보, 심승희, 심수환, 심동우, 심경일, 신혜선, 신혜경, 신충일, 신창호, 신창복, 신중희, 신중식, 신은경, 신은정, 신유관, 신미숙, 신미옥, 신관식, 송호영, 송해란, 송현주, 송영신, 송인혜, 송용석, 송승훈, 송명숙, 송근희, 손호만, 손현아, 손진근, 손은경, 손성연, 손민정, 손미숙, 소수영, 성학주, 성현석, 성유진, 성용혜, 성열란, 성상엽, 설은주, 설원민, 선휘성, 선미라, 석옥자, 석경순, 서혜진, 서지연, 서정오, 서인선, 서이슬, 서은지, 서우철, 서예원, 서명숙, 서금자, 서규진, 서강석, 상현희, 백인식, 백영호, 백승범, 배회철, 배희숙, 배주영, 배정현, 배정원, 배이상현, 배영건, 배아영, 배경내, 방등일, 방경내, 반영진, 박희진, 박희영, 박효정, 박효수, 박환조, 박혜숙, 박형진, 박형일, 박현희, 박현주, 박현숙, 박현석, 박춘애, 박춘배, 박철호, 박진환, 박진수, 박진교, 박지희, 박지혜, 박지인, 박지혜, 박은정, 박은하, 박은영, 박은경a, 박은경b, 박유나, 박옥주, 박옥균, 박영실, 박신자, 박승철, 박숙현, 박수진, 박세영a, 박세영b, 박성규, 박선영, 박복선, 박미희, 박명진, 박명숙, 박동혁, 박도정, 박도영, 박덕수, 박대성, 박노해, 박내현, 박나길, 박고형준, 박경화, 박경진, 박경주, 박경이, 박건영, 민애경, 민경화, 문지훈, 문정용, 문용식, 문경수, 문영주, 문순옥, 문수현, 문수영, 문수경, 문성철, 문봉선, 문경희, 모은정, 마승희, 류형우, 류창모, 류정희, 류재향, 류우종, 류명애, 류명숙, 류경원, 도정철, 도방우, 데와 타카유키, 노상경, 노미경, 노경미, 남효숙, 남주형, 남정민, 남윤희, 남유경, 남원호, 남예린, 남미자, 남동현, 남궁역, 날맹, 나규은, 김희정, 김효남, 김효진, 김효훈, 김호석, 김혜정, 김혜영, 김혜은, 김혜립, 김형렬, 김현진a, 김현진b, 김현주a, 김현주b, 김현영, 김현실, 김현정, 김현택, 김하중, 김필임, 김태훈, 김춘성, 김천영, 김찬양, 김진희, 김진숙, 김진명, 김진, 김지훈, 김지연a, 김지연b, 김지미a, 김지미b, 김지광, 김중미, 김준연, 김종범, 김종원, 김종식, 김정삼, 김재광, 김제민, 김인순, 김이은, 김민정, 김은파, 김은영, 김은아, 김은식, 김은숙, 김윤주a, 김윤주b, 김윤주c, 김윤우, 김원석, 김우영, 김우, 김용훈, 김용양, 김용만, 김용란, 김요한, 김영희, 김영진a, 김영진b, 김영정c, 김영주a, 김영주b, 김영아, 김영순, 김영삼, 김연정, 김연일, 김연오, 김연미, 김애숙, 김애령, 김아현, 김순천, 김수영, 김수진a, 김수진b, 김수정a, 김수정b, 김수경, 김소희, 김소영, 김세호, 김성탁, 김성진, 김성숙, 김성보, 김선희, 김선철, 김선우, 김선미, 김선구, 김석준, 김석규, 김상희, 김상정, 김상일, 김상숙, 김빛나, 김봉석, 김보현, 김병희, 김병훈, 김병기, 김민희, 김민선, 김민곤, 김민결, 김미향a, 김미향b, 김미진, 김미선, 김무영, 김묘선, 김명섭, 김명현, 김동훈, 김동일, 김동원, 김도석, 김다희, 김다영, 김남철, 김나혜, 김기웅, 김기언, 김규태, 김광민, 김고종호, 김경호, 김경일, 김경엽, 김경숙, 김갑웅, 김가연, 기세라, 금현진, 금현옥, 금명순, 권희종, 권혜영, 권태용, 권자영, 국찬석, 구희숙, 구자혜, 구자숙, 구완회, 구연실, 구수연, 구본희, 구미숙, 쟁이눈, 광휘, 곽혜영, 곽현주, 곽진경, 곽노현, 곽노근, 공현, 공영아, 고춘식, 고진선, 고은정, 고은미, 고윤정, 고유존, 고영주, 고영실, 고병헌, 고병연, 고민경, 강화정, 강현주, 강현정, 강현이, 강한아, 강태식, 강진영, 강준희, 강인성, 강이진, 강은영, 강윤진, 강영일, 강영구, 강순원, 강수미, 강수돌, 강성규, 강석도, 강서형, 강병용, 강경모

※ 2021년 3월 9일 기준 823명

* 이 책의 본문은 재생 용지를 사용해서 만들었습니다.
* 자원 재활용을 위해 표지 코팅을 하지 않았습니다.